U0113665

看山还是故乡青

徐悲鸿 吴作人 等著

回忆

张大千

中国文史出版社

百年中国记忆·文化大家

主　　编：刘未鸣　韩淑芳

执行主编：张春霞

编　　辑：（以姓氏笔画为序）

卜伟欣　牛梦岳　李军政　李晓薇

赵姣娇　高　贝　徐玉霞

张大千自画像

青绿山水

2

荷花图

芭蕉仕女

清荷

黄山云海

CONTENTS 目 录

第一辑　画坛巨匠：鞠躬尽瘁只为江山美

第二辑 悠悠绘事：漫步梅丘意闲珊

第三辑　故旧之思：江山如画无归期

第四辑　桃李情浓：恩师浩荡白云端

第五辑　眷属缅怀：遗恨难填是离散

附　录

百年
中國記憶
BAINIAN
ZHONGGUO
JIYI

第一辑

画坛巨匠：鞠躬尽瘁只为江山美

五百年来第一人*

徐悲鸿

夫独往独来，啸傲千古之士，虽造化不足为之囿，唯古人有先得我心者，辄颠倒神往，忍俊不禁。故太白天人，而醉心谢朓，吞纳（译音）画霸，独颂赞罗郎（译音）。此其声气所通，神灵感召，有不知其所以然者。大千以天纵之才，遍览中土名山大川，其风雨晦暝，或晴开怢荡，此中樵夫隐士，长松古桧，竹篱茅舍，或崇楼杰阁，皆与大千以微解，入大千之胸。大千往还，多美人名士，居前广蓄瑶草琪花，远方禽兽。盖以三代两汉魏晋隋唐两宋元明之奇，大千浸淫其中，放浪形骸，纵情挥霍，不尽世俗所谓金钱而已，虽其天才与其健康，亦挥霍之。生于二百年后，而友八大、石涛、金农、华岩，心与之契，不止发冬心之发，而髯新罗之髯。其登罗浮，早流苦瓜之汗，入莲塘，忍剜朱耷之心。其言谈嬉笑，手挥目送者，皆熔铸古今；荒唐与现实，仙佛与妖魔，尽晶莹洗练，光芒而无泥滓。徒知大千善摹古人者，皆浅之乎测大千者也。壬申癸酉之际，吾应西欧诸邦之请，展览中国艺术。大千代表山水作家，其清丽雅逸之笔，实令欧人神往。故其金荷，

---

* 本文为徐悲鸿先生于1936年为《张大千画集》所作之序言。

藏于巴黎，江南景色，藏于莫斯科诸国立博物院，为现代绘画生色。大千蜀人也，能治蜀味，兴酣高谈，往往入厨作羹飨客，夜以继日，令失所忧。与斯人往来，能忘此世为二十世纪上帝震怒下民酣斗厮杀之秋。呜呼大千之画美矣！安得大千有孙悟空之法，散其髯为三千大千，或无量数大千，而疗此昏愦凶厉之末世乎？使丰衣足食者不再存杀人之想乎？噫嘻！

廿五年夏悲鸿

悼念张大千先生

吴作人*

月前，闻张大千先生因病情恶化，住院就医，我们曾致电慰问。未几，即惊悉大千先生已于4月2日晨在台北溘然长逝。噩耗传来，画坛痛失巨匠，一水之隔，两岸同悲，伫望东南，遥寄哀思。

大千先生原名张正权，后改名爰、季、季爰，字大千，1899年生于四川内江。幼年受慈母及兄长熏陶，潜心书画诗文。及长，东渡日本，习绘画与印染工艺。归国后拜曾熙、李瑞清先生为师，画艺精进，早岁即名扬海内。大千先生尤以石涛、八大、石溪、渐江诸家，摩研深透，落笔乱真，知者咸为称异；又兼汲沈周、陈老莲、唐寅等名迹，于山水、花鸟、人物，无所不工，笔路之广，见者莫不折服。加之广游巨川名岳，撷取精英；两涉敦煌宝库，追溯源流；鉴藏宏富，阅历积深，遂熔传统生活为一炉；师古不泥，化之为我，自卓然成一家之体。用笔雄健，设色明丽，画风清雅多变，在当代中国画苑中留下了他丰富的印迹。

1949年，大千先生去国海外，萍踪万里，漂泊无定。初至印度，次迁香

---

* 中国美术家协会主席，中央美术学院名誉院长，著名书画家。

港，又移南美，曾在巴西建"八德园"，居十数载，复又转趋美国蒙特利，筑"环筚庵"，于70年代后期居台湾台北双溪"摩耶精舍"。30余年来，大千先生往来亚、欧、美诸邦，举办画展，声噪国际，被誉为"当今最负盛名之国画大师"；亦为介绍宣扬我国传统文化艺术，做出了卓著的贡献。早在20世纪30年代初，大千先生作品初参加赴欧展出时，徐悲鸿先生就曾赞其画"实令欧人神往"、"为国人脸上增色"。大千先生以他渊博的识见、令人景仰的成就，赢得了各国艺术界、评论界的尊重，增强了中国绘画艺术的世界影响。他的建树，是值得我们纪念的，他的声誉，是当之无愧的。

大千先生远离故土多年，乡恋之情，久而愈深。他曾慨叹："看山还是故乡青。"近年，有人辗转从成都带给他一包泥土，他捧土百感交集，老泪纵横……闻者亦为之泫然。他在海外创作讴颂祖国山川的作品，难以数计，如1968年所作《长江万里图》，自灌县至崇明，万里江山，收于一卷，节奏跌宕，激情满纸，为极难得的巨制。诗词印章中，亦时可见"平生结梦青城宅"、"家在西南常作东南别"、"尘蜡苔痕梦里情"等语句，充满离愁别绪。他眷念亲属骨肉，故交弟子，不时有文字书画传递；艺林也一直盼祷他能早日康复归来，未料竟成永诀。

大千先生为先师悲鸿先生契友。20世纪30年代，我在徐先生处常得瞻大千先生丰仪；40年代初，先生自敦煌归，蓉城展出，先生作品的艺术风采及其声容笑貌，40余年于兹，犹萦怀难忘。恨天不假年，大千先生未能亲携其精深造诣归来为吾艺苑之楷范，盛愿翻成空望，悲夫！

（原载1983年4月19日《人民日报》）

6

关于张大千

叶浅予[*]

据我所知，张大千年轻时和他二哥张善孖同在日本京都学习绘画和印染工艺。善孖画虎20世纪30年代就有了名，以"虎痴"为号。现在北京的胡爽盦，也以画虎著称，是善孖的学生。大千从日本回国后，先后从书法家曾熙和李瑞清学习书法。他对石涛的画发生兴趣并努力追摹，大概也在此时。1960年我在北京琉璃厂收到一个手卷，卷首题字为"最乘寺之杉"，是大千的手笔。手卷画了十几株老杉的根部，用描笔写生，略施淡墨渲染，颇有日本画的风姿。手卷是日本制品，可能是大千在日本练基本功的手稿。大千学画是从学习书法入手，一跃而进入石涛堂奥。学石涛而登堂入室，甚至可以乱真，没有扎实的山水基本功是做不到的。从"最乘寺之杉"可以看到，大千之所以越过石涛、八大，追踪老莲、唐寅、沈周、戴进等谨严而又放纵的笔墨，并非灵感所驱，而是他在形象思维中孕育着审美情趣所规定的发展道路。

老莲的工笔花鸟和唐寅的写意仕女，是大千在山水之外努力仿效的形象。仿效并非简单的模拟，而是学习前人的造型方法，为自己的艺术形象服

---

* 中央美术学院教授，中国美术家协会副主席，大千先生故交。

7

务。1945年，我在成都大千家做客，他为我画了一幅6尺唐装水墨仕女，基本上是唐寅的模式，其造型已渗有敦煌供养人的仪容，用笔则仿佛吴道子的飞动飘逸，已超越明人情调，向唐人追踪。

大千学宋人的工笔花鸟，着眼于造型特征和意境情趣。我有一轴5尺整幅荷花和一个荷荫小禽扇面，都是细笔重色。那个扇面，在满幅暗绿色调中嵌着一朵朱砂大荷花，十分醒目，而大荷叶底下藏着的那只墨羽小禽，表面看来是朱荷的陪衬，实际是这个扇面的结构中心。一般花鸟画，花是主体，鸟是陪衬，可是往往由于鸣禽或飞鸟的出现，使宁静的画面蓦然增添了生气，使宾主地位颠倒过来，这是画家在构思立意中的神来之笔。所谓"迁想妙得"的意义，其在斯乎？在我所收藏的大千作品中，这个荷花小禽扇面，称得上是精品中的精品。

山水是张大千发挥才华的主要方面。40年前"南张北溥"之说，是指20世纪30年代中国山水画的两大杰出画家。南张是张大千，北溥是溥心畬。中国山水画经两宋诸大家的发展，元四大家继承衣钵，掀起了明清两代的宗派洪流，如吴门的文（徵明）、沈（周）、唐（寅），浙派的戴（进）、张（平山）、蓝（瑛），加上稍后的金陵八家，娄东四王，蔚为大观。这时期，画家无不以山水竞相标榜，可以说山水画控制了整个画坛。到了清初，四王画派竭力提倡复古，排斥了对自然本身的探索，单纯追求笔墨出处，山水画成了僵硬的符号。此时石涛异军突起，力挽颓势，倡导"搜尽奇峰打草稿"。大千之选择石涛，说明他所向往的道路是创新，不是守旧。

大千初出茅庐之时，是花鸟画大行之世。叱咤风云的任伯年、吴昌硕虽已先后凋谢，他们的画派正风靡全国；齐白石、陈衡恪也在向吴昌硕流派靠拢。大千却在努力建造他的山水王国。当时上海也吹起一股石涛风，学石涛的人为数不少，其中有一位江西画家，专仿石涛支撑门面，至今日本许多藏家所收的石涛画册，是真是假，很难鉴别。大千在此阶段，以学石涛为中心，旁及石溪、八大、渐江诸家，进而研究沈周、唐寅，画法一变，逐渐由粗犷荒率走向细润华滋，用积墨、积色之法在熟纸生绢上作画。我收过他的《华岳》小条两轴，一轴画千尺幢至瘟神洞，一轴画北峰至苍龙岭，是这一时期的代表风格。

20世纪40年代，大千寓居成都期间，他畅游青城、峨眉，并在敦煌临抚魏、唐壁画两年多，画法又变，喜用复笔重色，其层峦叠嶂大幅，丰厚浓重，把水墨和青绿融合起来，完成了独创面貌。他在国外所创的泼彩法，是这一成就的发展。有人认为泼彩法是受西方新流派的影响，我认为是次要的。我们知道墨法中的泼墨法，由来已久，其成因是水墨运用的大胆创造，既使运笔简化，又得形象浑厚。在运用复笔重色的基础上，大胆创造泼彩法，是顺理成章，必然要走的一步。当然，这种创造不能排除外因的推动。

复笔重色是大千出国前形成的最后风格。60年代初，我在琉璃厂收到一轴他仿毕宏的《雾锁重关图》，一位朋友收到一轴《峨眉》，都是他的精心之作。把两轴画和他早期仿石涛、八大的挂在一起，简直不能相信出于一人手笔。我们懂得事物是发展的，有人画了一辈子油画，到了最后，不能忘情于毛笔宣纸；有人前半生画粗笔写意，后半生转到宋徽宗的工笔院体和瘦金书体中去，都不乏先例。

大千从近代的石涛出发，往上追，跨过明人、元人、宋人，直追唐人，越追越远，越追越精，他的艺术成就是在穷追猛攻中取得的。有两点精神值得我们学习：

一是学古为了创新。大千一心学古人，越学越广，越学越深。例如他画人物，从山水点景过渡到唐寅的仕女，进而仿赵孟頫的九歌，李公麟的七贤，落脚于敦煌的供养人，追寻人物画的渊源，取为己用。花鸟画我见过他的仿易元吉画猿。为了画猿，据说他在东南亚时养过一只长臂猿。见过他仿华新罗和陈老莲的细笔花鸟，而他的几笔游鱼和几笔海棠，又远离易元吉、华新罗、陈老莲，回到他醉心过的八大和白阳。上面提到大千山水画的发展过程，也是由近及远，又由远拉近，最后创造泼彩法，达到浑厚、华滋而又潇洒、秀逸的风姿。他在学古的道路上，坚持穷根追源，学深学透，而且不拘一格，善于旁敲侧击，因而做到精益求精，博而且深，进得去，出得来。他的作品，既不同于逸笔草草的文人画，也不同于刻板烦琐的院体画，而是符合于他所主张的"画家之画"。

他在日本学过画，接触过日本画的发展脉络，在他学古的道路上，他的艺术头脑里，为吸收新鲜事物留着余地。表面看来，各个时期的作品，好像都是有板有眼，遵循传统的规范，其实大千作品最显著的特点是鲜明的个人风格和时代气息，处处表现出形象、笔墨和意境的独创性。假使你是大千艺术的爱好者，无疑是受了他这种鲜明特色的吸引。

二是向生活学习。"师古人"和"师造化"是历来画家所遵循的金科玉律，而"师造化"更是早期画论的突出主张。大千向古人穷追的动力，是探索古人师造化的奥秘，从而为自己师造化借鉴。所谓师造化，用今天的语言来讲，就是向生活学习。如果只"师古人"，不"师造化"，所谓个人风格和时代气息，就无所依托，无从产生。要证明这一点，不妨看看他的近作《长江万里图》。

《长江万里图》创作于1968年，原作现存台湾张群画库。从印本看，内容包括从岷江索桥起首到长江出海结束，共分十个段落，高53.3厘米，长1996厘米。画法基本上是复笔重色，加上大片泼彩。论景是千水万壑，气势雄伟；论意是寄情山河，缅怀祖国。处理这样宏大的布局，寄托深厚的思国之情，不是一般"胸有丘壑"的山水修炼所能胜任，必须具备气吞山河的胸襟和饱满的爱国热情，才可以发挥得淋漓尽致。"外师造化，中得心源"之说，在这个巨幅画卷中得到充分体现。历来有出息的画家都是按照这个创作规律从事艺术活动的。《长江万里图》表现了画家的艺术造诣，也表达了画家的思国之情。1963年大千女儿心瑞到巴西去看望父亲，他对女儿说："山水外国也有，但不及中国的好。"中国画是中国画家在中国这块土地上和中国的历史进程中培育出来的文化。谁离开了他的祖国，疏远了培育他的土地和历史，在感情上都会感到若有所失，在艺术上将如婴孩断了亲妈的奶汁，感到缺乏营养。有个时期，我曾把大千侨居外国出版的画册细心阅读，从形象到题识，都隐约流露某种若有所失和期待营养的痕迹。

心瑞告诉我，十多年前她在巴西的八德园住了一年多。园内一切布置都按照中国庭园的格局设计。大千告诫子孙，在家要说四川话，可见他对祖国和家乡的感情之深。

大千受过现代文化教育，对新事物有浓厚兴趣。1945年我在成都大千家做客，天天看他作画，有时谈谈画理，使我在中国画的造型要旨和笔墨技法方面得益甚多，可以说他是我在这方面的启蒙老师。那时我致力于生活速写，刚访问印度回来，试着用中国画笔墨画印度形象，他对此大感兴趣，将我的两幅印度舞姿，当作蓝本，用他自己的笔法仿制了两幅，并题款："浅予兄作印度献花舞，今效其意……"云云。当时，我体会他仿制的动机可能有两层意思：一是觉得印度舞姿很美，可以为他的仕女画作借鉴；二是看到我在学习他的笔墨，就我的造型特点，给我示范。这个特殊的行动，也影响到他的学生，纷纷转摹他们老师所画的印度舞姿。

大千在成都后期，住郊区昭觉寺，用四张丈二大纸，画了一堂荷塘通景大屏。我见此气派，大为吃惊，于是运用我的漫画手法，画了一幅漫画，题为《丈二通景》，以后又连续画了《大画案》、《唐美人》、《胡子画胡子》等一共六幅漫画，作为我向他学习的临别赠礼。1948年，这组画由荣宝斋复印成套，题为《游戏神通》，算是我和大千交往的历史纪念。

1977年，有位朋友要我为大千的学生何海霞的画册题字。我写了一首五言诗，表达我对海霞的赞赏与期望，也表达了我对大千的怀念。诗是这样几句：

披读海霞册，仿佛见大风；

大风门下士，画迹遍寰中。

何氏识最晚，神韵早出众；

殷期创新意，放胆登高峰。

　　大千桃李满天下，有不少已成为当今国内著名画家。他的学生们曾几次联名写信，希望老师回国。但因为种种原因，暂时回不来。我们知道大千在侨外30多年中，艺术活动范围遍及世界各地，影响很大。据说1956年7月他在法国和现代西方艺术大师毕加索见了面，并互赠作品，传为国际艺林美谈。大千的艺术生命是祖国大地孕育出来的，他的艺术成就值得祖国人民为之骄傲。尽管他云游海外，他的思想感情始终和伟大的祖国紧紧贴在一起。

1980年8月写于北京，1986年10月略加修改

忆旧游　刘海粟

刘海粟[*]

　　正流莺歌倦芊芊草，碧门掩春宵。惊闻故人去，觉前尘历历，泪雨滔滔。方期五老峰上同听楚江潮，掀髯吟新诗，乡情万叠，压倒松涛。

　　迢迢隔东海，似踏浪归来，襟袖云飘。指点金瓯美，看琳琅满壁，俊逸妖娆。变奇幻为渊穆，真百世雄豪！愿早遂宏猷，彩虹跨海成巨桥。

　　痛悉大千老友辞世，作小词一阕题其遗作展览。

1983年4月19日

＊　中国著名画家，中国美术家协会顾问，南京艺术学院名誉院长。

《张大千书画集》第四集序

何浩天[*]

大千先生书画集，本馆曾编印三集，风行海内外，为艺苑所珍赏，然犹渴望时有新作印行。本馆因假自国内收赏家所藏，编为第四集，观者当欢喜赞叹，老笔纵横，愈变愈奇，承历世之传统，开当代之新风，继往开来，非此老莫属。谨以管见，略为述之。

论其画学：一曰临抚，勾勒线条，以求规矩法度。二曰写生，了解物理，观察物态，体会物情。三曰立意，人物、故实、山水、花卉，虽小境，要有大寄托。四曰创境，自出新意，力去陈腐。五曰求雅，读书养性，摆脱尘俗。六曰求骨气，去废笔。七曰布局为次，气韵为先。八曰遗貌取神，不背原理。九曰笔放心闲，不得矜才使气。十曰揣摩前人，要能脱胎换骨，不可因袭。十一曰传情记事，如写蔡琰归汉，杨妃病齿，溢浦秋风等图。十二曰大结构。如穆天子传，屈子离骚，唐文皇便桥会盟，郭汾阳单骑见虏等图，力探阃奥，直抒心得，深于画理，可

---

* 中国台湾"国立历史博物馆"馆长，大千先生生前好友。本文写于1982年。

谓画学十二要诀也。

论其画境：先生生于蜀地，长游四方。蜀中山水，天下四绝：巫峡天下奇，夔门天下险，剑门天下雄，峨眉天下秀，无不入于画境。复云游天下，足迹遍及全球，所历世界名胜，游息其间，体会物情，观察物态，潜移默化，融会贯通，故能运笔墨之灵，抒造化之机，"超然象外，物我两忘"。

论其画风：初则清新俊逸，直逼古人，足以乱真。明末四僧，青藤白阳，无不深入研摩。继而上溯宋元，寝馈鸣沙石室，摹绘三唐六朝壁画。又云游寰宇，名山大泽，无不流于笔端，跃然纸上。晚年饱经世变，和光熙煦，犹如垂天之云，冲霄之鹤，其清旷淡远，匠心独运，笔墨斧痕，与之俱化，达于"庖丁解牛"、"轮扁斫轮"之境。

近年画成长达三十六尺之庐山图卷，峰岫尧巍云树森渺，万象罗列，艺参造化，为历来画史之奇构。将于建国72年孟春之月在本馆国家画廊展出，以之弘扬中华传统美术文化，而浩天谨赘数语，用表钦慕之忱。

（原载台湾出版之《张大千书画集》第四集）

悼大千居士

江兆申[*]

　　大约在24年以前，王壮为先生50岁的灵辰会上，我初识大千先生。那年参加灵辰会的人特多，似乎不下百人。而大千先生也适巧回台，所以成为盛会的主宾。大千先生所至之处，一定形成热闹场面，四周为人群所簇拥。我那时还算年轻一辈的，所以和几位年纪相近的朋友坐在角落里谈天。后来，张目寒先生发现了我，拉着我的手，分开人群，带我到大千先生面前，替我报了姓名。大千先生与朋友谈心，背朝着我们，听到目寒先生的话，一骨碌就转过身来。那时他的健康情况很好，行动非常利落，目光炯炯如电。他见我时一言不发，先从头到脚很仔细地看了我一遍，然后抬起头来说："我在很多朋友口中听到你的名字。"我真有点局促不安，一时竟答不上话来。转眼间朋友们又重拾话题，而大千先生也忙于应对，所以我就退了下来。这是我第一次和他见面的印象，我觉得他很严肃。

　　后来我进了"故宫博物院"，大千先生也有好几次到过"故宫"。因为职务的关系，只知道他到了，而没有见面的机会。一次，特别幸运，他来

---

　　[*]　中国著名国画家、文物鉴定家，中国台湾"故宫博物院"副院长。

"故宫"看画并进午餐，我能参与末席。席面上尽是老辈，但大千先生的话锋却专注在我身上，谈了不少先师溥心畬先生的逸事和两人交往的情形。

1976年年初，我趁被邀参加美国密歇根大学1月25日文徵明书画特展开幕式和讨论会之便，第一站便到旧金山附近的康美尔去拜访大千先生，时间是1月18日，由于路程不近而且沿途流连风景，在下午5时过后才到达环筚庵。天井式的庭园，在暮霭中光线并不甚强。坐定以后，方见大千先生银须飘忽地从盆景丛中缓缓行来。座谈很久，直到留饭之后才走。

话题谈到顾恺之的洛神图，大千先生认为美国费里尔博物馆所藏和辽宁所藏卷子都不到晋代。我试探着说：费里尔藏卷旧传王献之所书的洛神赋原文，很可能是宋高宗临的，而画里用笔的方法，又常常可以发现马和之运笔的习惯。大千先生同意是南宋，而辽宁藏本却略晚。大千先生说："洛神赋中'腾文鱼以警乘，鸣玉銮以偕逝。六龙俨其齐首，载云车之容裔；鲸鲵踊而夹毂，水禽翔而为卫。'敦煌壁画中所画的洛神图，在洛神车驾四周，多画鱼龙之类的水生动物，其中形象也有像鳌鱼的。但从晋朝开始一直到武周时代，这些水族身上都不画鳞甲，传世的两卷却都加上了鳞甲。"的确，晚期的摹本往往较原迹加详，这种情况在研究古物的过程中，常常可以发现。

又谈到有一种笔墨比较细秀的八大山人，很可能是李蔚文仿作。大千先生早年在北平曾见过一张李蔚文画轴，画法全学八大山人，但较八大山人略秀。这张画题款是"李蔚文涉事"，另一行书"八大山人"。款在画的左上方，而在右下角又有一印，印文为"李蔚文印"。因为当时画商硬当真八大卖，价钱很贵，所以没有买成。大千先生说："其实买下来就好了，可以作比较用，那时候没有想到这些。"有些关键性的资料，研究价值实在很高。

随后谈到名山大川。大千先生以他的一生游历，始终觉得黄山第一。他说："黄山风景，移步换形，变化很多。别的名山都只有四五景可取，黄山前后海数百里方圆，无一步不佳。但黄山之险，亦非他处可及，一失足就有粉身碎骨的可能。"又说："画家与黄山多具夙缘，其中最杰出的是渐江、石涛、梅瞿山。渐江得黄山之骨，石涛得黄山之神，瞿山得黄山之变。这三位画家，虽草草数笔，亦无一笔不与黄山契合。"

大千先生于1978年回台湾，定居台北市外双溪摩耶精舍，与"故宫"距离，步行15分钟可到，亲近大千先生的机会自然也多起来。有一次我去看他，画室墙上正悬着董源的《江堤晚景》。大千先生在我身后说："你看像不像赵雍？"我心中着实吃了一惊，因为我内心所想的正是赵雍。当时我答不上话来。大千先生接着说："买进的时候，原认为是赵雍。但重裱之后，经过洗涤，树干上露出赵干的款来，像是后人加的。最后，我的女婿从北平给我找到故宫复印的赵孟頫书札。书札中说：'都下绝不见古器物，书画却时得见之，多绝品，至有不可名状者。近见双幅董源，着色大青大绿，真神品也。若以人拟之，是一个无拘管放泼底李思训也。上际山，下际幅，皆细描浪纹。中作小江船，何可当也！'信中所描述的，与这张画完全相同，所以最后定为董源。"以前我也曾听人谈过这张画曾经改动过题名，但说的人原委不清。这是我亲听大千先生说的，所以特地记录下来。

又有一次谈到倪鸿宝。大千先生说倪鸿宝精于书而不善于画，凡是好画，都出代笔。后来我看过一张倪鸿宝的兰石卷，款书与画都非常好，但细辨之后，觉得画笔出于蓝田叔。当然，求倪鸿宝而得蓝田叔，也和求王羲之而得羊欣的故事相仿，真假问题并不那么重要。

在外双溪所谈的事很多，并不是这篇短文所能容纳的。他入医院以后，我曾去看他。那天他感到身体不适，声音有些低哑。话题自然谈到庐山图。他直抱怨体力不济，还有许多部分没有完成。又谈到那张一丈二尺高的墨荷时，他说："在我眼力好时，大幅荷杆都是两笔完成，一笔从上至下，另一笔从下至上，两笔自然接榫。现在画一笔荷杆，要跑几步方能完成，而每一次走动，心脏便剧然作痛，所以每画一杆，必须先含一粒舌片。"

最后我见到大千先生，是2月5日在"故宫博物院"同饭。之后，就不曾再有机会看见他。去过一次，他已转入加护病房，没有见到。

曾几何时，而在4月2日早晨传来了大千先生的噩耗。虽然事在意中，但总有突然之感。刹那间往事如电，在心中乍隐乍显，没有一点儿头绪，真有说不出的紊乱与怅惘！

静下来再想，2月5日大千先生在"故宫"，那天正是大雨滂沱，送出门时，更为急骤。而几个月来也总是雨声不绝。不料风雨声中，这一颗光芒万丈的巨星竟悄然萎谢，似乎老天也在为之雨泣。将来要记的事也许很多，暂以一联寄托哀思：

寝馈敦煌，丹青万古风规远；

辍功庐阜，涕泣双溪水咽频！

（原载香港《大成》杂志第114期）

怀念张大千

谢稚柳[*]

　　1983年4月初，从四面八方传来张大千逝世的消息。开始我将信将疑，因为多少年来，不知有多少次从海外传来张大千逝世的消息，不久都证明不是真的，我希望这次依然是谣传。不幸，却不是谣传，老友真的于4月2日在台北病逝了。我与大千相交数十年，噩耗传来，使我格外悲伤！

　　大千终年85岁，回想起相识之始，我才二十三四岁，屈指已是50年前的事。1933年，中央大学聘大千任艺术系教授，那时我亦在南京。由于大千经常来学校上课，我们也经常见面，日渐亲密起来。我们同游过黄山。那时，黄山险处鲫鱼背，尚没有栏杆，只见对面过来的人是用手脚爬过来的。大千说：此处很危险，不过去吧。我有点踌躇，正在畏惧不前时，但见大千已走过去了。我当时年少气盛，不甘落后，也迅速地跟着走了过去。鲫鱼背是不到几公尺宽的狭长山径，绝无依傍，两面瞭望，一片白云，下临无地，大风拂衣，吹人欲倒，真有点惊心动魄。其时徐悲鸿也率领了一批学生来游，不期会合。第二日相率过鲫鱼背，并在鲫鱼背上留影。第二年，南京举行全国

---

　　*　著名书画家、鉴定家，大千先生挚友。

美术展览，北京于非闇、广东黄君璧、温州方介堪，都聚集来了。一天，大千与我和于非闇、黄君璧、方介堪同游雁荡山，并在那里作画，但我们都没有带图章，临时由方介堪刻一印，印文为"东西南北之人"，于非闇是北，黄君璧是南，张大千是西，我与方介堪是东，印文正是由于这样而来的。后来，大千几次画雁荡泷湫，都记述了这事的经过，他题道："雁荡山奇水奇，惟苦无嘉树掩映其间耳，此写西石梁瀑布，因于岩石上添写一松，思与黄山并峙宇宙间也。春间与蓬莱于非闇、南海黄君璧、武进谢稚柳同游兹山，永嘉方介堪为向导，下榻于雁歌山房，乐清县令索予辈作画，其时诸人皆无印，乃由介堪急就凿一章，文曰：'东西南北之人'。迄今诸人风流云散，惟予与非闇犹得朝夕相见耳。偶忆及此，因书画上，丁丑秋九月，蜀郡张爰大千父。"此图今在吾友广州王贵忱处。己未春，我在广州，贵忱出此图索题，我在画的左边题上几行："丁丑之春，蜀人张大千、蓬莱于非闇、永嘉方介堪、南海黄君璧与予相会于白门，因同作雁荡之游，回首已四十余年矣。顷来广州，贵忱持示此图，恍如梦影。此数十年间，非闇久已下世，大千、君璧长客海外，介堪老病乡居，往事如烟，旧游零落，对此慨然。"记得那次我们从雁荡下山，经过绍兴东湖。东湖有船，船身狭长，不能并坐，人坐船上不能动，动则船摇晃几欲翻。于非闇是北方人，颇畏水，下船后，惊魂甫定，尚心有余悸，此行是大千约他来的，乃骂大千几欲置他于非命。于是，相与大笑。现在大千又已逝世，真是人事沧桑，令人感慨万千！

在我认识大千之前，先认识了他的画，觉得他的才气横溢，令人难忘。及认识他，浓髯如茵，谈笑风生，性情豪放，才知道他的画笔，正是从他的情性而来。当时大千的盛名，交口称道的是善于写石涛。的确，大千写石涛可以乱真，但又不限于乱真，而是又发展了石涛。他走遍了祖国的名山大川，当时他的画笔描写黄山与华山的特别多，所给人的感受是雄奇瑰丽而富于写实精神。

张大千尽管以写石涛著称，事实上他又何止是石涛一家，渐江、石溪、八大、梅清，四王以外的各个画派，他无所不能，也无不可以乱真。这些画派的作品，在他历次的画展中，都能见得到，因而他的画是集众长于一手。从他丰富的生活，多方的借鉴，加上他自己的情性，形成了他自己的风貌。平素作品，一年之中不敢说千幅，几百幅也总是有的，下笔迅疾，顷刻满纸。他的性情豪放，但对于艺术的探求却是精细而深刻。这是他前期的情况。

大千的精力过人，因而他的艺术创造力特别旺盛，不断研究历代的绘画流派，收藏了历代名迹，不断改换自己的表现形体，逐渐脱离了上述那些流派的关系。元代的赵孟頫、吴镇、王蒙、倪瓒等的画派，又使他的画笔转到别一天地。他不仅善写山水，人物、花鸟也无所不能；不仅善于奔放的阔笔，也善于工细的描绘。即使是工细的，也不是细碎柔弱的风调，一种豪迈的气度，始终流露在他的画笔之中，显示了他的艺术特性。当他50岁左右，他的画风又产生了剧变，而倾向于两宋。南宋的李唐、马远、梁楷、牧谿，继而是北宋的范宽、董源、巨然、郭熙。这一系列的画派吸引着他，使他的画笔在这一时期的作品之中是如此的多样善变。

抗战开始时，大千在北平。北平沦陷后，大千不得不辗转回到故乡四川。当时，我已在重庆，遇见了大千，他为我写了一把扇子，是他临离北平时题自己的画像，是一首《浣溪沙》词："十载笼头一破冠，峨峨不畏笑酸寒，画图留与后来看。久客渐知谋食苦，还乡真觉见人难，为谁留滞在长安！"从这首词里，可以看出他当时的心情。他回到四川，先在重庆住了几天，然后去成都，游了峨眉。住青城山一年多。这一时期，他写了好多峨眉、青城的景色。不久，他又到敦煌莫高窟研究北魏隋唐的壁画先后两年又七个月。我到敦煌是在大千到敦煌的第二年。大千在莫高窟、榆林窟所临摹的大量壁画，当时在成都、重庆都曾展出过。

大千的人物画本来画得很好，自到敦煌后，他认为唐代的人物画，那种豪迈而雍容的气度是最高的艺术。所以当他临摹了大量壁画之后，他自己的人物画风，已完全舍去了原有格调。他后期的人物画格，正是从此而来的。

1950年，他到印度，巡礼了印度的阿捷达佛窟，还寄给我一册阿捷达壁画册。屈指算来，与大千相别已34年了。1979年，大千曾托人带来为我画的一幅山水；1981年我去香港中文大学讲学，大千闻说我到了香港，又托人带来为我画的一幅荷花游鱼图。他送我的那幅山水，是久居海外后所创的新格，他自称这一画派为"泼墨泼彩"。奔放雄健的格调，苍茫生动的气韵，明朗鲜丽的色彩，是令人惊绝的艺术创造。我以为，大千如没有经过他过去数十年的艺术探求和实践，是不可能达到这种境界的。

大千的艺术造诣，是生活、借鉴，循环不断地使它升腾幻化，滋养着自己的艺术思想与创作，从而产生了他独特而新颖的艺术风格。

20世纪60年代初，大千曾采集南美的牛耳毛在日本制成了两支毛笔送我。当十年动乱以后，我收到这两支笔时，心情是难以形容的。我曾写了以下这首诗："十年风腕雾双眸，万里思牵到雀头。英气何堪摇五岳，墨痕无奈舞长矛。蛮笺放浪霞成绮，故服飘摇海狎鸥。休问巴山池上雨，白头去日苦方遒。"这首诗，后来大千是见到了的。如今是"休问巴山池上雨，白头相见已无期"了。大千老友，永别了！

1983年4月于上海

23

张大千先生的生平和艺术

黄苗子[*]

　　张大千先生今年84岁了。去年收到他远道寄赠的近作，想到这位离别了30多年的老人，我总是忘不了他那虎虎有生气的神态。他有很深的诗文书画修养，是个谈笑风生的人物。谈到得意处，大胡子上下分开，纵声大笑。他不太拘于世俗的礼节，在别人家中做客，有时也把鞋子脱掉。他这种豪迈不羁的性格，常常成为朋友们谈话的资料。

　　张大千名爰，字季爰。1899年农历四月初一，出生于四川省内江县七贤湾老家。这是一个具有艺术气氛的家庭。母亲擅长绘画。二哥张善孖，很早就画画，后来成为以画虎著称的名画家。

　　张大千与二哥在艺术上有共同爱好，抗日战争前大千在上海和苏州，都和善孖住在一起。那时张善孖为了画老虎，就自己养了小老虎，观察它的生活和动态。因此，他的老虎画得栩栩如生。张大千对于山水人物，也不断深入观察、写生。他常说，画家必须对描写对象有深厚的感情，要进行研究，要有写生的基础。张大千几乎游遍了名山大川。在现代画家中，他是较

　　* 中国著名书法家，书画评论家。

早到敦煌大规模地临摹壁画的一位画家。他说："游历不但是绘画资料的源泉，并且可以窥探宇宙万物的全貌，养成宽阔的心胸，所以行万里路是必需的。"

他非常尊重他的老师曾熙（农髯）和李瑞清（梅庵、清道人）。在诗词书法上，他受这两位名师的影响很深。

这两位老师，都是诗词书画兼工的名士，大千受到他们的陶冶，能够从各种文艺中，吸收营养，丰富他的绘画。他曾说："作画如欲脱俗气，洗浮气，除匠气，第一是读书，第二是多读书，第三是须有系统、有选择地读书。"从大千平日的题画诗文中，即可看出他知识渊博。他有一手好书法，自成一家。他是一位不惜力量去搜罗宋元以来书画真迹的收藏家，因此，能够认真地吸收古人的长处。大千的文艺朋友遍于海内外，他们在文艺书画方面，互相切磋，相得益彰。

张大千是一位雅俗共赏的画家。他在绘画上是一位多面手，山水、花鸟、人物无所不工，而在画法上，由细致的双勾到泼墨，由工笔重彩到大写意，他无不擅长。路子之广是少见的。他的作品又有一个统一的风格，这种风格我想用"明逸清艳"四个字来概括它。晚年虽入粗放，在山水上大面积泼墨泼色，但仍然是秀气满纸。他自己说："作画笔触，贵在文而不弱，放而不野，沉而清润。"

张大千20来岁就从临摹石涛、八大山人，开始认真钻研国画。在人物小景方面，他还受到新罗山人的影响，上追吴门画派的唐寅，又揣摩了青藤、白阳等明代写意花卉。那时江浙一带的收藏家很多，他都千方百计去拜访，从而得以看到宋元以来诸大家的真迹，并且获得揣摩临摹的机会。由于他选择的艺术道路和坚毅的求索精神，他在50岁前就有了突出的成就。后来他栖迟海外，定居南美洲，直到近年住在中国台湾，观赏亚、欧、美各地风光，更加开阔了眼界，他的山水画就发展为用破墨、泼墨、积墨和青绿泼色，配合传统的渲染皴擦方法，形成一种独特的新山水画风。这就是张大千60岁至70岁以后的成就。

张大千在题材和技法上，都不保守。对于民族的、外来的东西，他都能恰到好处地用来表现他自己要表现的题材。

张大千说："画家自身便（应当把自己）认为是上帝，有创造万物的特权、本领。……造化在我手中，不为万物所驱使；这里缺少一个山峰，便加上一个山峰，那里该删去一堆乱石，就删去一堆乱石，……也就是古人所说的'笔补造化天无功'。"

张大千近年创作泼墨泼彩山水，有人认为是受到现代欧洲绘画风格的影响，但是他本人否定这种说法。他指出，从唐代王洽，宋代米芾和梁楷、石恪等，都已采用泼墨法，他只是在这个传统上加以发挥而已。

张大千一直在想念故乡。1960年，他写一首题画诗：

不见巴人作巴语，争教蜀客怜蜀山。

垂老可无归国日，梦中满意说乡关。

投荒南美八年矣，日归未归，眷念故山，真如梦寐中事，漫拈小诗，写图寄意。

这首诗感情真挚，可以看出他对故乡的苦恋。

张大千喜欢园林，爱畜花木禽鸟。1931年后，他住苏州网师园。前宅是他和张善孖的住处，后宅是叶恭绰先生住所。网师园至今还是苏州有名的园林，近年重加整修，力复旧观。我于去年在苏州小住，还专门到网师园去看了一次。当日"大风堂"的客厅，连我坐过的紫檀椅子，吃过饭的大理石面饭桌，还依然如故；客厅前面曲径旁边的假山，善孖先生当年养小老虎的那个山洞，也一如曩日。

张大千近年来念念不忘祖国大陆的山川草木，更深深怀念多年暌隔的家人亲友。今年有人从四川成都带给他一包泥土，他睹物思乡，捧着泥土流泪。这几年他多次托人送画给他在大陆的老朋友和学生。

张大千的作品，曾在巴黎、纽约、柏林、伦敦、东京等地多次展出，受到各国艺人的推重。

张大千对朋友、对后辈总是推诚相待。画友中只要有一点长处，他就加以发扬，真正能够做到吸收别人的特点丰富自己的艺术，所以美术界都推崇他。

（原载1983年4月13日《人民政协报》）

为艺术立心的大千居士

——序冯幼衡作《印象之外》

台静农[*]

　　幼衡将她近年所写关于大千先生的文章编成集子，要我写一小序。此时大千正卧病医院，我们心情都非常沉重，而她的书正待出版，一时实不知怎样下笔。幼衡因言：你只写点你对他的艺事的看法，或朋友间的杂事；我的文章则是忠实的记录，不必有何称美。幼衡在摩耶精舍任记室多年，日在大千画室左右，见闻自为亲切。以她真诚的性格，凡所叙述，皆写实可信，而她明洁的文笔又足以达之，其为大千传记部分的资料，则是无可置疑的。大千一生绚烂，世人多当他是传奇人物，其实他也是凡夫。大千平日告诉后生，三分天才七分功力，大千本人并不如此，他是无比的天才与功力，才得超凡入圣的。幼衡希望我能对大千的艺事有所评价，我固无此能力，即并世的评论，也未必能全窥其真风貌，将来历史自有定评。

---

　　* 著名文学家、书法家、书画评论家、台湾大学教授。大千先生生前好友。

且谈一二旧事吧。犹记30年前陪大千去台中北沟"故宫博物院"看画，当时由庄慕陵兄接待，每一名迹到手，随看随卷，亦随时向我们说出此画的精微与源流，看画的速度，不免为之吃惊。可是有一幅署名仇十洲而他说是赝品的着色山水，他不但看得仔细，并且将画的结构及某一山头、丛林，某一流水的位置与颜色，都分别注在另一纸片上。这一幅画，他在南京时仅一过目，却不同于其他名迹，早已记在心中，这次来一温旧梦而已。由这一小事，使我看出他平日如何用功，追索前人，虽赝品也不放过其艺术的价值。

　　当晚在招待所客厅据案作画，分赠"故宫博物院"执事诸君。大家一起围观，只见其信笔挥洒，疾若风雨，瞬息便成一幅，观者欢喜赞叹，此老亦掀髯快意，一气画了20余幅。因而想到抗战前，大千任中央大学教授，每周来南京，落脚在张目寒兄家。有次在目寒家客厅，一面作画，一面同朋友说笑，画一完成，即钉在墙上，看"亮不亮"，这是我第一次才听到画法上有所谓"亮"这一名词。其实便是西画法的"透视"。

　　幼衡谈到大风堂镇山之宝董源的《江堤晚景》。要知大风堂镇山之宝岂止一件，多着呢。如顾闳中《夜宴图》，董源《潇湘图》，黄山谷书《张大同手卷》，都是大风堂至宝，这三件至宝于我有幸，曾在我家存放过短短时间。早年大千将这三件至宝带来台北，台北鉴藏家一时为之震撼。时大千有日本之行，有一老辈想暂时借去，好好赏玩，而大千表示这三件上面都钤有"东西南北只有相随无别离"的印，有似京戏里杨香武要盗九龙玉杯，对方却"杯不离手，手不离杯"。毕竟短时间去日本，带来带去，海关出入，有些不便，由目寒建议，暂存在我家。我于字画古玩，既无可买，亦无可卖，不引人注意。于是他同目寒亲自送到我家，我当时有说不出的惶恐，只得将这三件至宝供养在壁橱旧衣堆里。传说凡宝物所在处，必有神光射入斗生，可是在寒舍的宝物，却没有神光射出，也许宝物自知借地躲藏，姑且收敛，不然定有人追踪而至。

大千拥有那些人间至宝，也以此自豪，因有"敌国之富"一印钤在那些名迹上。他愿"相随无别离"，却又有一印"别时容易"，往往两印同时钤在一幅书画上。他又说："曾经我眼即我有"，这话好像是自嘲，其实不然，海内外中国名迹，他不特都经眼过，并且都记在心目中。例如他对"故宫博物院"名迹之熟悉。既能中心藏之，一旦斥去，更无惋惜，故云"别时容易"。

他初到巴西，发现一平原，颇像故国成都，竟斥去所有，开山凿湖，经营数年，居然建成一座中国园林。一旦巴西政府要此土地，则掉头而去，毫不留恋。虽说"我真不成材啊"，可是古往今来有如此襟怀的人么？唯其有如此的襟怀，才能有他那样突破传统创造新风格的盛业。

大千在敦煌亲身调查石窟，编号标明，其编号久为国内外学者所引用，要算国内从事此项工作者第一人。另记每窟大小，窟中壁画画风与时代，或所画某一佛经故事，最为详细，名曰《莫高山石窟记》，久已成书，却长秘行箧中。30年前我就请他印出，竟未成事实。近年又不止一次与之谈及此事，在他入医院前曾向我说，石窟记稿已找出，日内交给我，要我先读一过。当时我建议，石窟记中未有的有关问题，如石窟之真正发现人，壁画上有洛神赋题材，以及壁画画法与印度有无关系种种，由他口授，幼衡笔记，分题附在书后，好供研究者参考，他也欣然认可。没想到他又入了医院，我想幼衡这一文集出版时，他已经康复了，再继续这一工作。我们祝福他。

1983年3月21日于龙坡精舍

（原载香港《大成》杂志第114期）

伤心未见耄耋图

——大千居士令堂之画

沈苇窗[*]

　　民国七十一年（1982年）5月10日，那天正是母亲节，台北联合报刊载了一段文章，题目是"耄耋图天伦泪"，作者陈长华女士，记述艺评家李叶霜先生拿着张大千先生的母亲曾友贞女士画的"耄耋图"印刷画片，到摩耶精舍去请大千先生过目，大千先生一眼就识得慈母手泽，当时他老人家激动得手抖泪流！事后他和我商量，他猜想这张画可能尚在人间，要我设法访求，并且向我作揖说："乔峰（姓李，亦大风堂高弟）常说：老师的事，沈叔叔一定有办法。现在我拜托你，要钱送钱，要画送画！"总之，但求访得遗迹，一切都可以商量。说完以后，又起身作揖，要我全权办理。我便说，将尽我所能，访求此画。

　　世人都知道大千先生的画最早是他母亲曾友贞女士所教，但谁都没有见过这位曾太夫人的作品，这幅画在大千心目中之重要，可以想见。而且画

---

　　*　香港《大成》杂志社社长、主编。

得在文静中见生动，虽然这是一个极普通的题材。画上，除了曾太夫人写的"耄耋图，戊午春，友贞张曾益"的题款之外，还盖上了两方图章，一方是白文的"张曾益印"，一方是朱文的"友贞"两个字，戊午是民国七年，距今64年了。

画上，还有四川老翰林，著名藏画家傅增湘（沅叔）先生的长题，时在癸亥年，亦即在此图完成5年后加题的。文如后：

> 此戏猫舞蝶图，内江张夫人曾氏友贞所绘也。夫人为吾友张君怀忠之室，清才雅艺，有赵达妹氏机针丝三绝之称。此虽写生小帧，而风韵静逸，正复取法徐黄。夫近人之物，最为难工，宣和内府所藏，画猫者惟取李霭之、王凝、何尊师三家，盖其难固在能巧之外者矣。夫人既擅绝诣，晚岁尽以手诀授哲嗣善孖、大千，视文湖州张氏女临黄楼障以传子昌嗣，竟成名家者，先后同符，而二子亦咸厉志展能，飞声海内，号为二难，清芬世守，当代贤之。抑又闻昔人之评画也，猫形似虎，独耳大眼黄为异，惜尊师不能充之以为虎而止工于猫，今善孖独以画虎名，循流溯源，意必承颜奉教为多，然则夫人之充类以神变化，固贤于尊师远矣。岁在癸亥九月江安傅增湘识于藏园之长春室。

傅沅叔先生是张善孖先生的老师，他在苏州网师园教善孖先生读书的时候，老虎可以匍匐在他们的画案下静卧，不吵不闹，可谓奇闻。在傅沅老这段长题中，说明了善孖、大千昆仲的绘画艺术得自母教，更从这幅遗画上窥见曾太夫人的用笔、设色，都非恒流所及，有此贤母，方能教导出如善孖、大千这样不世出的人才。惜乎大千先生没有亲眼见到这幅画，但我尽我心，总算不负他对我的重托，即以此画赠送给将来成立的"张大千先生纪念馆"永远葆藏，所以我挽大千先生的联语是：

三载面敦煌，事功俱在莫高窟；
万里求遗迹，伤心未见耄耋图。

联旁略书数语是："大千欲求其太夫人遗画，揖我至再，今画得而大千不及见矣，悲夫！"

（原载1983年5月香港《大成》杂志第114期）

一件珍贵的艺术纪念品

——张大千先生赠毛主席的荷花图

刘玉山

1949年1月31日，北平和平解放。寓居香港的国画大师张大千先生，出于对毛泽东主席的景仰，专意作了一幅《赠润之先生荷花图轴》，托何香凝先生带往北平转呈给毛泽东主席。

此图轴系纸本，纵132厘米，宽64.7厘米。墨画荷叶莲花，设淡色。左上方题款："润之先生法家雅正　己丑二月　大千张爱"。旁压两方朱印。图中近景画舒卷自如、卓然而立的茂荷两叶，中景画掩映于荷影中的白莲一朵。画面清新秀美，仿佛溢发着阵阵荷香之气，给人一种生机盎然、万象一新的印象。

全画构图饱满而疏密有致；用笔雄魄豪放，圆润凝重而脉络分明；墨色洒脱恣肆，却又浓淡有韵，直如一曲"水晕墨章"的交响乐。

此画现藏毛泽东故居。作为一件珍贵的艺术纪念品，它已被收入即将由人民美术出版社出版的《毛泽东故居藏书画家赠品集》中。

（原载1983年5月23日《人民日报》）

父亲的画业

肖建初　张心瑞*

　　我国当代著名国画家，我们的父亲张大千，少年时期随母学画，青年时期随兄善孖去上海，从李梅庵、曾农髯学习诗文、书法。曾、李两先生富收藏，精鉴赏，系当时名书法家。父亲朝夕受其熏陶，加上他的聪明才智和勤奋努力，学业突飞猛进，深受两位老师赞许，尽出所藏供其学习。父亲在中国绘画方面，对于陈陈相因，一味模拟，缺乏生气的画风格格不入，而对于敢破陈规，笔墨纵横，风格突出，富有生气的传统艺术却爱不释手。因此他对于石涛、八大、青藤、白阳，以及扬州八怪、石溪、渐江等诸家作品，喜爱异常，追源溯流，从不停步。对于石涛、八大两家尤为推崇。他的荷花、鱼类、禽鸟等简笔画，多师八大，山水画则多师石涛。他曾为了要看一幅石涛作品，不惜跋涉数千里，往返行程数旬，在20世纪40年代，他收藏的石涛书画不下百件，取名"百石堂"。对于石涛流传到现在的作品，可以说他得

　　*　张心瑞系大千先生长女，自幼随父学习书法、绘画，在四川美术学院工作。其夫肖建初先生，为四川美术学院教授，全国美协会员，国际文化艺术交流中心四川分会理事。

见十之八九。他曾说：石涛的画无一不是来自生活而法度严谨；无一不新颖奇妙而自辟蹊径。父亲不是终年困居"大风堂"下，追求笔墨情趣，而是经常深入到大自然中去，观察物态，体会物情，以便"搜尽奇峰打草稿"，为山川传神写照。他曾向京、沪两家笔店订制一种画笔，名曰"师万物"，可以看出他在学习传统技法之外，对于艺术源泉的重视。在这期间，他经常往游黄山。在当时，去黄山困难较大，悬崖绝壁，无路可行，稍不小心，就有丧生的危险。但父亲无所畏惧，一去数月，去必登临绝顶。后来他刻了一方"三到黄山绝顶人"的画章，以为纪念。在西岳华山苍龙岭，至今还留着他20世纪30年代重九归途题名刻石。在北京，他曾数度举行以华山为题材的个人画展，而黄山就成了他一生中画不完的稿本。过去，人说父亲"得天独厚"，意有双关：一说他启蒙就得名师指点，又有名迹真本供其学习；二说他精力旺盛，健康超人，取得成就理所当然。但具备"得天独厚"者，岂父亲一人，要看如何运用其长了。

父亲学习古人既专且勤，学得深透。比如他信手能写若干家的字，画若干家的画，以至乱真。但他并不满足于师古人之迹，而是把它作为入门的一个方面，却重在师古人之心。从他历年的个人画展来看，既具有浓厚的生活气息，又具有丰富多彩的传统技法，并善于将工笔与写意、重彩与水墨融为一体。作品里处处都在破除陈规旧套，但又处处具有规矩法度，真所谓信手拈来，头头是道。无论金碧辉煌的万水千山，或行笔如飞的一石一木，出现在他的画幅里，都能给人以一种生气蓬勃的艺术享受。

抗战期间，父亲返回四川，定居成都。常住青城山上清宫写生作画，我们也随往。当时，岷江与雪山之胜，青城山涧泉石之幽，成了画家取之不尽、用之不竭的资源。蜀中气候，有冰雪而不严寒，有盛夏而无酷暑。千姿百态的山花野藤，浓妆淡抹的粉蝶鸣禽，品目繁多，优美动人，为他山所罕见。尤以清秋红叶，在悬崖或草木丛中，红、橙、朱、紫相映，遍布山谷。

这令人欲醉的青城景色吸引着父亲，不分春夏秋冬，长年留在名山，为其传神写照。这个时期，父亲以青城为题材的作品不下千幅。其中以一枝红叶、一只蝴蝶、一根野藤为主题的作品，更为人们所喜爱。几片红叶，经过父亲的巧妙组合，别具匠心的描绘，形成娇艳的花朵；一只善于装点自己的蝴蝶，在寻花播粉的繁忙劳动之后，安详地栖息在清平的大自然里；一根古藤带着两三片朴素的老叶，体现它们在不适宜的环境里，不但顽强地生存下来，而且要愉快地活下去。这些在世界上微不足道的小小生物，父亲以歌颂的心情描绘了它们的形象。老而不枯，破而不残，虽是残山剩水，出现在父亲的作品里，毫无颓废之感。真所谓笔有限而意无尽，为花鸟草虫画开辟了新局面。

1943年，父亲从甘肃返蜀，又到青城，带回天水红爪玉嘴鸦10余只，放之山中繁殖。在上清宫种植梅花数百株，修复麻姑池，为麻姑造像勒石。像用单线白描，造型端庄清俊，姿态生动优美，飘荡有力的彩带，更见运笔功力之深。这是父亲在临摹敦煌壁画之后，为神话故事人物造像的一幅作品。他运用唐人壁画的风格，以造型健美，性格突出，用笔简练，行笔敦厚等优点，改变了他过去作人物画的面貌。

对于称为"天下名山"的峨眉，父亲也是常来常往。峨眉有积雪封山，不能长住，但5月初已有早开的山花出枝于悬崖峭壁间。峨眉山势雄伟，大气磅礴，云海亦与黄山有不同之处：黄山奇秀，峨眉纵横。由于峨眉气候变化大，雨多雾浓，来往匆匆的人每每一无所见而回。所以有人说峨眉虚有其名。实则峨眉最不易画。由于雨雪甚多，竹树茂密，落叶甚厚，苔芥丛生，因而峰峦岩壑起伏，非如他山之外露而易捉着。父亲在峨眉有一寺便住一寺，这样逐渐画到山顶。后来他又专住到接引殿作画。他说，画山住在半山好，上下往返方便。既可俯览，又可上望。接引殿观日出不亚于泰山，金光万道，瑰丽耀眼，变化奇绝，大海巨浪不能及。父亲后来常以金、朱、青、绿画雪山风景即本于此。在接引殿曾以十余幅峨眉山景及山中野卉装点殿堂（皆丈余巨幅）。后山寺毁于火，画皆不存。今峨眉老僧宽明法师尚能追述其事。

1941年，父亲往游嘉陵江，沿江而上至广元千佛岩，见唐代石造像已毁于修建公路，甚为惋惜。当时汽车已可到达玉门，因思西出嘉峪往寻敦煌石窟。遂乘车至天水，登麦积山。由于石窟多年失修，只能在下层观看，虽破烂残缺，但当年工程之浩大，艺术之高超，已可想见，于是便坚定了探寻敦煌石窟的决心。

西去敦煌，不仅车难找，路难行，食宿都成问题。朋友多劝其不去，父亲却风趣地说：我们试学唐三藏，还不能到西天？

在兰州遇到一位石油钻井工程师，他在玉门油矿工作，为父亲一行找到了油矿运输车，途中经过武威，得见西夏文碑记和其他一些历史文物，顿解途中疲劳。

汽车只能到达敦煌县城，欲去莫高窟，尚须穿行40余里的沙漠，并须自带食物与卧具以及一切生活用品。于是雇牛车，租马匹，由赶车人引导，经8小时跋涉，到了莫高窟。父亲一跃而至洞口，由于沙土堆积，不能进入，但洞外残存的壁画与彩塑已使人惊叹不已，深恨相见之晚。

敦煌石窟文物，1900年就被发现，早已闻名世界，然而我国在此之前尚未组织专业团体去过。

父亲到达莫高窟后，首先一面翻阅国外资料和国内点滴报道，一面做进入石窟洞内观察的准备。次日，天尚未晓，父亲即携带蜡烛与电筒，请了两名庙内僧人，带上铁铲排沙开路，尽一日之劳，得其大略。有三个寺院尚有喇嘛供佛；有的洞窟保持较好，窟门宽敞，光线充足，壁画与塑像保存较完整；而有的走廊已毁坏，许多洞窟通行困难；有的流沙堵塞洞口，不能进入。但无论洞窟大小，窟内窟外，下至墙脚，上至屋顶，满布壁画与彩塑。

数量之多，艺术之高，确属罕见。从历史而论，上至北魏、西魏，经隋、唐、宋、元以至清朝，经过1500余年，连续不断，可说是一部最丰富的活的中国美术史教材。

经过夜以继日的精读细审，十余日后，初步走遍了能进入的四层洞窟大小400余个。在此期间，父亲用他随身带去的绢素，选临了20余幅尺寸不大、形象比较完整的唐代单身壁画，其中有供养人、天女、高僧和菩萨像。而且用赞叹的语言，概述敦煌石窟状况，函告成、渝两地文化教育界的亲友，并将所临壁画寄到成都举行展览，当他的"西行纪游画展"在成都展出时，博得了社会上和舆论的支持和赞赏，同时也受到很多好心肠人士的劝告，他们说敦煌壁画就是水陆道场的工匠画，庸俗不堪入目，画家沾此气息便是走入魔道，乃是毁灭自己，而为之惋惜。父亲对此置之一笑，却决心对敦煌壁画作系统的研究与临摹，同时将自己收藏的明、清字画卖掉，以作开支的经费。接着从青海西宁塔尔寺请来5位从事宗教绘画的喇嘛，他们善于磨制颜色，缝制画布，烧制木炭条，制金粉、画笔等。他们运用金粉的亮度可谓绝无仅有，烧制的木炭条，细如发丝，宽如面条，刚柔适度。这5位喇嘛画家在父亲临摹敦煌壁画的工作中，起了一定的作用。

父亲一生不喝酒，不吸烟，不玩牌。善饮食，爱步行，记忆力特强，长年无休息，每日工作8小时以上。如有来客，一面应对一面作画。在敦煌石窟近三年，工作不分昼夜，对于石窟壁画，很快就能道出某画在某窟某处，条理出不同时代的各种风貌，研究出各种变色的原因，及其剥落者的原始面貌，进一步探索不同时代的各种表现手法，掌握其特点，并寻找窟内相类似的壁画，互为参考，使残缺者完整，变色者复原。他临摹的每一幅画，都是用尽了功夫，务期忠实地恢复原状。其中如第20窟供养人罗庭环夫妇像，因画在洞口外面南北壁上，清同治时曾遭火焚，又长年受风雪吹打，下部残缺，无丝毫痕迹可寻，上部戴冠，亦多模糊不清，然而此画确属唐天宝年间难得佳作，像高七八尺，优美生动，人物各具性格，背后又加衬鲜花绿柳，富丽典雅，其题名字迹，殊不减于李北海。为了完成这一画稿，父亲推敲了很长时间。同时，为了便于以后对敦煌艺术的研讨，父亲还对石窟的结构、彩塑与壁画的内容、多寡、大小均作了文字记载，并作了年代的考证。莫高窟上下四层，从底层由南至北，按顺序往返编制了窟号，共为309窟。

距莫高窟十数里为西千佛洞，离敦煌县约70里。戈壁分为南北两壁。南山党河急流灌其下，石窟崩毁殆尽；北壁有佛窟旧痕者绵延约三四里，壁中尚残存北魏至宋、回鹘、西夏等时期的壁画，自东至西共有19窟。考其原迹，当不在莫高窟之下。由于毁坏太甚，父亲只作了记录和洞窟编号，未作临摹。

安西万佛峡，唐代名榆林窟，去城南约一百六七十里。窟前绿树成荫，急流清澈如镜，但四周皆戈壁，无人烟鸟迹可寻，亦无寺僧，虽盛夏日中，水寒刺骨，风沙不停。窟的结构与敦煌莫高窟略异，外窟有里外窟，中通甬道，与他窟相连，今存29窟。自唐至宋、回鹘、西夏、五代均有壁画，亦有少数元代壁画。榆林窟第17窟的盛唐壁画，技艺之高，保存完好如新，又为敦煌莫高窟所未有。其西夏壁画，颇似宋代卷轴画，虽不似唐代壁画之富有生气，但工整仍属可取。父亲为探寻榆林窟，曾往返数次，临摹了其中具有代表性的作品10余件，因饮食与安全都没有保证，故未在此长留。

水峡口，考其原始应与榆林窟相近，绵延长数里，窟形与榆林窟相似。由于急流冲刷，仅残存6窟，为宋代壁画。考残迹，与北魏相同。父亲为洞窟编了号，未作临摹。

父亲在敦煌近三年，对于境内石窟寺院，都作了考察。他倾注精力做了当时所能做到的事，临摹了莫高窟、榆林窟两处流传下来的各个时期较有代表性的壁画，按原样大小，追索原作面貌。用喇嘛磨制的颜色与画布，严格按绘制程序进行，务期达到完整的效果。其定稿之认真，甚于他自己作画。

他常说，临摹是向前人学习，不能随心所欲，必须得其意，忠其形，传其神，不能靠文字解说。在壁画里，无论造型与设色，虽时代相近亦有区分，要看自己是否下够功夫。

父亲所临摹的敦煌壁画，有200余件，小者数尺，大者数丈，虽是临摹，有同创作，确系呕心沥血之作。

1943年晚秋季节，父亲由敦煌回到成都。为了整理壁画，他又借居昭觉寺。1944年分别在成、渝两地展出，观者称赞不绝。这200余件作品，现保存在四川省博物馆。

为了对敦煌艺术作进一步的探索，父亲拟去印度考察佛教艺术。1950年，他到了印度大吉岭，并应邀在新德里举行个人画展。继后在日本东京、南美阿根廷、法国巴黎、西德科隆、美国纽约等地举行画展，颇得好评。同时他的绘画艺术也在不断地发展，给予我们许多新的启示。他常以长江、黄山、华山、青城、峨眉、三峡等名山大川为题材，运用各式各样的表现手法，描绘祖国的壮丽山河。

父亲晚年患目疾后难作细笔画，常以泼墨、泼彩法作大染，运用青绿重色与黑墨，浑然一体，形成色墨融洽，光彩有致，意趣天成的妙景。他常称之为"狂涂"。实则为父亲数十年的绘画经验积累，胸中自有丘壑，随兴而至，呼之即来，自非偶然。

父亲不仅精于绘画，对于诗、词、书法、篆刻都有高深的修养。他的诗词多用于题画，书法则无论篆、隶、行、草，都有自己的风格。他一生所用印章甚多，既请国内名家为之治印，亦自己刻治。他以汉印为主，旁及宋、元，成就之大，不在他的诗、书、画之下。他常用的如下里巴人、大千父、张季、季爰、大千居士、可以横绝峨眉巅、春长好、大千世界（白文与朱文）等印章，便是他自己刻的。除此之外，他还擅长书画鉴赏。

父亲于20世纪70年代末旅居台湾台北市外双溪"摩耶精舍"，以耄耋之年，仍终日勤于笔砚，治学不倦。在艺术道路上，他是一位永不停步的老人。

1980年写于重庆

从银川举办我父亲张大千的画展谈起

张心智*

　　1982年春节期间，宁夏回族自治区展览馆、博物馆在银川联合举办我国著名国画家张大千先生的画展。我作为张大千先生的长子，心情非常激动。因为，尽管父亲已出国30余年，但祖国并没有遗忘这位从事绘画60多年的国画家，这说明国家对美术人才的重视和尊重。遗憾的是父亲的原作我收藏极少，只得把我探亲带回来的几本《张大千作品选集》和一些山水、人物、花草的水印本提供展出。我想这样多少也可以使我们自治区美术界的同行能对父亲的绘画艺术初步有所了解，同时也可以广泛征求对他绘画方面的宝贵意见。

　　父亲名爰，字大千，画室名"大风堂"。1899年生于四川省内江县。青年时期拜学者李梅庵、曾农髯先生为师，学习诗文、书法。曾、李两先生是当时有名的书画鉴赏家、收藏家，也是著名的书法家。父亲和两位老师朝夕相处，在他们的熏陶和指点下，受益颇深，加之个人的勤奋努力，对山水、人物、花草和书法、诗文、金石都下过苦功，在他闻名全国时，年仅30余岁。

　　父亲的作品，有独特风格。他善于向自然学习，向生活求教，善于钻研

---

　　* 大千先生长子，中国美术家协会会员。

探讨古人师造化的奥秘。他的作品广泛吸收和溶化了前代绘画的精华，却又大胆地敢于突破陈规，笔墨纵横磅礴。他一向反对一味模拟陈陈相因缺乏生气的画风。近一二十年来他所作的《山崖云屋》、《秋山晓色》等作品，整幅画面只有远山略用皴笔，而大部是泼墨渲染。有人怀疑他这种画法是受欧洲现代绘画的影响，父亲否定了这种看法。他曾说，他的泼墨渲染"主要是从唐代王洽、宋代米芾和梁楷他们的泼墨法发展出来"的。只是在光暗的处理上，采用了一点西方的手法而已。

父亲为了向大自然学习，曾跋涉千里，遍游祖国名山大川。他曾漫游长江、三登黄山、高攀华山、翻越峨眉，祖国辽阔壮丽的山川是他取之不尽、用之不竭的创作源泉。抗日战争爆发，北平沦陷后，父亲拒绝给日伪作画，历经艰险，冲破种种困难，绕道香港返回家乡四川，居住灌县青城山。青城山有品目繁多、优美动人的各色粉蝶、鸣禽和千姿百态的山花野藤，加上那令人欲醉的青城景色，确是写生绘画的好地方。记得我随父亲居住期间，父亲所作以青城为题材的各种作品不下千余幅。这些作品当时曾受到各界观众的好评。1941年父亲为了对敦煌壁画进行比较系统的研究，不惜忍痛把自己收藏多年的珍贵明、清名人字画卖掉，作为去敦煌的费用。他在敦煌研究和临摹壁画历时两年多，白天带领学生、子侄在石窟临摹壁画，给石窟编号，作文字记录，晚上回到住处还要在煤油灯下坚持作画。把完成的作品陆续寄回成都举办画展，将其收入用以维持在敦煌的庞大开支。在这段时间里，生活虽然十分艰苦，但他每天都坚持工作约10小时，有时甚至在12小时以上。父亲从来不吸烟、不饮酒，更讨厌玩麻将牌。每当他工作感到劳累时，就打开留声机听几段京剧或学哼几句孙菊仙的《三娘教子》、金少山的《牧虎关》（孙菊仙是京剧老前辈著名老生，金少山是著名铜锤花脸）后，便又振作精神继续作画。他在敦煌虽然只有两年多的时间，但对各个时代石窟的壁画通过细心的观察对比，基本上条理出了不同时代的各种风格，并对各种颜色的变化原因及剥落者的原始面貌进行了深入细致的研究。在他临摹的300余幅壁画中，都竭尽全力，尽可能地做到保持原状。这部分临摹壁画于1943年、1944年先后在兰州、成都、重庆展出，受到观众的喜爱和高度赞扬。

父亲1950年出国后，30年来先后旅居印度、巴西、美国等地，足迹遍及欧、亚及南北美洲。后住台湾台北市。在漫长的岁月中，父亲从来没有忘记哺育他的祖国大陆，深深怀念着大陆的亲人、旧友和学生，时刻向往着祖国大陆的一山一水、一草一木。他常说："山水外国也有，但不及中国的好。"从他画的《长江万里图》、《黄山倒挂松》和《峨眉三顶》等作品中，不难看出他对祖国江山的深厚感情和对故乡的怀念与赞美。

父亲84岁高龄之时，仍终日勤于笔砚，在绘画艺术上，始终精益求精，永不停步。父亲一生对艺术勤奋好学、孜孜不倦的精神，是我和弟妹们认真学习、永远仿效的好榜样。

1982年于银川

大千居士最后作品

司徒浩

张大千先生与疾病搏斗了25天，终于被病魔夺去了生命。中国失去这位驰名中外的国画大师，这是令人惋惜的。

大千居士享年85岁，算是高寿了。病魔虽然夺去他的生命，却抢不走他的艺术创作，60多年来所作的书画，凝聚着大千居士的大量心血，这些艺术品，魔鬼是夺不走的，将永留人间，为艺术爱好者欣赏。

我们这位国画大师，一生勤于绘事，精于书画和鉴赏，遗留下来的书画作品，如果不以万计也以千计。晚年对祖国山川，格外依恋，继手卷《长江万里图》之后，以80岁高龄创作《庐山图》，这幅高6尺长36尺的大画，是张氏作品中的巨制之一，也是最后遗作。人们对大千居士这一最后贡献，会表示衷心感激。

张氏在大陆工作的儿女，闻老父近年有大画《庐山图》之作，欣欣鼓舞，他们以老父能绘制这样的巨幅，估量这是他健康的象征，以为他们的老父会更高寿。而实际上，大千居士近几年来健康欠佳，心脏病更是令人担心。然而教人钦敬的是，以抱病之躯创制巨画；更使人欣慰的是，在病重入院前卒告完成这幅对祖国河山依恋不舍的大画。虽然画中某些地方还须加以润色，但从照片上看，已是一幅完整的画了。

台湾的美术评论家，对大千居士的《庐山图》，有这样的评语："《庐山图》不是画庐山的真面目；但大千先生将山之美和意境表达得淋漓尽致。其次，补景补得极好。他一层一层地加上墨色，上色也是层层相叠，如满山云雾。浓墨染成的云雾下，瀑布飞白，直通深涧；山势迂回，从渲染中开出石阶，筑庙建桥，用尽苦心。"（姚梦谷先生对张大千《庐山图》的评语）

张大千未曾到过庐山，而画庐山巨幅。看见过庐山真面目的人，看了这幅《庐山图》，可能会指手画脚地说这说那，指出这不像，那又不是这样；看到画中某些景物或许还会说，庐山根本没有此景，是作者"生安白造"。如有这样的议论，是不足为奇的，那是因为这种要求，是要画家都是写生能手，成为速写家，而不是中国画画家。更不理解中国画画家"胸中丘壑"是怎么回事。当然，对画家怎样用意境表达山水之美，用笔墨写出宏伟河山这种苦心，可能并非人人理解。

当15年前，大千居士写成《长江万里图》时，也曾有人以这图卷水向西流为话题，说这说那的，而不看图卷本身长江两岸的风物景色，使你觉得江山之美。

第二辑

悠悠绘事：漫步梅丘意闲珊

我一生难忘的两个一百天

张大千　口述

被绑票的一百天

我早年有两件事，对我影响很大：一是被土匪掳去，被迫为土匪当了师爷100天；二是出家做和尚，也是100天！

这是我17岁那年发生的事。那时我还在重庆求精中学念书，假期回内江途中遭遇的变故，现在回叙已是50多年前的事了。

放暑假的5月间，已经很热了。我们求精中学的同学，八九个人打算结伴回家，有住永川的，有住荣昌的，有住隆昌的、安岳的，我和我的十弟君绶回内江。当时就听说路上闹土匪不平静，心想我们是学生娃儿又没钱，土匪（四川叫土匪为棒老二）抢也抢不到我们。初生犊儿不怕虎，大家商量好还是决定回家，动身的时候，六大二小共八个同学。

说起来也妙，我们都没有钱做路费。我们的打算，是沿途都有同学的家，走一天到一家，到一家拿一块钱再走下面一段。就这样由重庆都邮街出发，第一天到了白市驿过夜，一个同学到了家，我们要了一块钱，七个人第二天再继续走。

下一站到了丁家坳，后来成了大人物的刘伯承，以前曾做过我们求精中学的体育教员，当时他受命在丁家坳招安土匪。我们到了那儿，自然去找他帮忙啰。他也叫我们不要走了，再下去乱得很。我还记得刘伯承当时说的两句话："江水浑得很，哥子们抓不开！"四川的哥老会口头习惯以"哥子们"自称，"抓不开"，"抓"音哈，意思是"管不了"，"江水浑得很"，就是局面乱得很。

但是我们只想赶紧回家，第三天到了永川过夜，又送了一位同学到家，我们又要了一块钱做盘缠，继续再走。

再走下去就有麻烦了，我们还有六个同学，四大两小，我们分成两组一先一后走，两个大的带一个小的。一位姓梁的同学是安岳人，还有一位隆昌人，他们两个带着我的十弟君绥，跟在后面。我和另外一个叫樊天佑的同学，带着一个姓杨的小弟，走在前边。

这一天哪，由永川走到邮亭铺之间，先后就遇到过六次小股的土匪找麻烦，我们也看不出土匪与民兵有什么分别。走到一处叫田坝子的地方，我们先听见有人在叫："弯到！弯到！"（站住的意思）路边跳出三个拿土枪的人，不准我们走，那边小屋里又钻出几个人来，说要检查。我心里知道怎么回事了，说是检查，我们是身无长物，也搜不出值钱的东西，哪晓得我裤腰上的一根皮带给他们看上了，那倒是上海货。土匪要我解下来给他做挂枪的带子，我说那我的裤子总不能提着走路嘛，土匪说给你一根麻绳好了！

第一关遇土匪就抽走了我的裤腰带，总算还好，放了我们走路。走不了好久，到油房沟，又遇见土匪了，两个小子，一个要扣留，一个叫我们滚，结果仍经过检查，搜不出什么财物，才放了走路。如是者又遇了四次拦路检查，也是有惊无险，因为我们实在没得被抢的东西嘛，心里也就愈来愈不害怕了，遇土匪也不过这么一回事，哪晓得要命割筋的还在后头！

真正出乱子的地方叫邮亭铺。邮亭铺在永川、荣昌、大足三县之间。

我们走累了，一日数惊，希望早点落脚休息，因此到了邮亭铺就向教堂里投宿。我还记得那位牧师叫磐定安。叫开了教堂的门，磐牧师神色紧张，他不但不留我们过夜，反劝我们赶快早走，离开邮亭铺愈远愈好，因为当天上午，民团打死了两名土匪，磐牧师说土匪当天一定要倾巢出动来报复，当地人都个个自危，生面孔谁也不敢留，怕被土匪误认为是民兵，连累大家都要遭殃。磐牧师说完，就把门关了，丢下我们六个学生娃儿面面相觑，进退两难！

我们同学中，那个杨小弟，人聪明而且蛮有主见。杨小弟首先不赞成再走，他说走也走不动了，也不知土匪究竟从哪个方向来，万一走出去碰上，黑夜之间，在路上更是不问青红皂白，准被打死；不走嘛，大家可以休息。看教堂的围墙不甚高，但是石块砌得还可以避弹，大家就决定睡在石墙脚下，生死只有听天由命了！

我们睡下来还不到两个时辰，只听见枪声像放火炮（爆竹），呐喊的声音逼来，我大胆伸出头向矮墙外张望一下，只见土匪成群结队，漫山遍野而来。这下大家都慌了，好像天下大乱，谁也沉不住气了，六个同学四散奔逃。我连自己的小兄弟都不知道哪里去了，只听见哭的哭，叫的叫，杀的杀，逃的逃！

我没有逃多远，就被土匪抓住，好像身上哪里被枪弹打伤了，但不知道痛，血脉偾张，支持着，人也并未倒。于是，我被他们反绑起来，有的土匪叫："又捉住一个爬壳！"好像又有人在辩说："不是爬壳，是学生娃儿！"（爬壳指民兵）我心想，如果被他们误认我是爬壳那就休想活命了。

这一阵仗，土匪完全征服了邮亭铺。到了晚上7点多钟，土匪也怕民兵来反攻，他们绑架了我们这一群俘虏要撤退，回他们贼窝子里去。公路两旁成串的绑着俘虏。我四处张望，只看见那个叫樊天佑的同学，也远远的绑在路那边，不知他看见我没有，其余的同学一个也未发现。当时我真想哭，看见被俘虏的总算还活着，未看见的八九都凶多吉少了，也没有看见我兄弟。我自己有死去活来的感觉，当时只有一个想法：所谓人死，必然就是这个样子！

我们被押在路上走，我只知道跟在我身边的俘虏是个西医，他注意到我头上的伤了，他说大概是枪弹擦伤，好在血已凝结起来封住了伤口，大概不要紧！

我又听见前后左右的土匪在七嘴八舌地说："前面那个穿绸衫、梳拿破仑头的杂种，好像是吃教饭的样子，吃教饭的多半没得钱，把他毙了算啦，省得押着走累赘！"又有人反对。所谓梳拿破仑头的，就是蓄的西装头，发偏分；还有梳华盛顿头的，就是正中分开的样式。梳拿破仑头的，好神气的啊，可是土匪看不顺眼，就有人提议要先毙了……

土匪把我们押到一处地名叫千斤磅的地方，我知道这儿出大水牛，是不是秤牛要用千斤磅，才叫这个地名，我就不清楚了。到了一家大客栈，看样子已被土匪占了，临时做了匪窝子。一个戴着巴拿马草帽、穿绸衫的人出来，连叫"兄弟们辛苦了"。我心里在猜：看派头，大概是匪头子了。我当时已在盘算如何才能脱身，注意谁是可能救我的对象，尤其是那些可以发号施令的头号人物！

在这个客栈里，土匪们都休息吃饭，但是没有给我们饭吃。土匪开始清查我们这批俘虏的底细，我才知道糟了，他们是把我们当肉票，要我们写信回家去勒索钱！

土匪问我姓什么，叫什么名字，家住在哪里，家里收租多少？我说，我姓张。从此，土匪们就叫我"老跳"了！土匪忌讳直称姓名，习惯上都要转几个弯。这倒充分显示四川江湖客们联想的丰富，姓张，联个成语，用得最多的就是"张皇失措"啰，张皇失措的表现之一是跳起来，所以把姓张的叫老跳，"跳"的音念来近似于"挑"。在匪窝里，从此我就被叫为老挑而不名！

他们问了我的姓名籍贯，也相信我是求精中学的学生而不是"爬壳"，但是他们要我写信回去要钱赎身。我说这个信怎么写嘛，要多少钱才能放我？

就是那个戴巴拿马草帽的人教我写信，后来我也知道他姓邱，叫邱华裕。他说："你就写龙井口的老二把我拉了，要赶紧送四挑银子来赎！"我才知道这伙土匪是龙井口的，他们要勒索四挑银子，一挑银子就是1000两。我说我家出不起这么多银子，就与他们讲价还价。我出一挑，他们就减为三挑，又要我加一挑，扯了半天，我知道这封信还是非写不可！

等我提起笔来写这封好不伤心的信，没想到土匪一看我的草书，有一个就以赞叹的语气叫出来："这个学生江娃儿写的字好溜刷（又快又好的意思）！我看留他做黑笔师爷好了！"学生怎么又叫江娃？因为江猪最肥嘛，被绑的肉票，土匪都视为肥猪，又因我年纪还小嘛，所以又被叫为娃儿，把这些多重意思加起来，他们省了几个字，凑合出这个名字就叫学生江娃儿！土匪们居然也欣赏我写的字了，我可不愿他们留我做什么师爷，我假装未听见，继续写我的信。那个姓邱的舵把子，大声吼住我："听见没有？不要你家里的钱了，我们要留你做黑笔师爷！"我说我不干，我还是要回家，继续去念书。土匪说："你念了书要想做啥子事嘛？"我说念了书将来可以教书！土匪说："教书能赚多少钱一个月？"我说教书可以赚8块到10块钱一月。土匪们哈哈大笑，他们说："你这个学生江娃儿真没出息，我们留你做师爷，随便分一股给你，每一趟都不止一两百个赖儿脑壳！"（指袁世凯的大头银元，因为袁大头的光头，癞子不长发，以"赖儿脑壳"来指大头银元。）

我还是不肯，那个姓邱的土匪头光火了，一拍桌子骂我："你狗坐轿子，不受人抬举！再啰唆，就把你毙了！"我还敢说啥子嘛，就这样被逼上梁山。17岁的中学生，竟做了龙井口土匪们的黑笔师爷！

我想先保住了命再说，我问他们当黑笔师爷要做些啥子事情，他们说要我给绑来的肥猪家里写信要钱啦，出告示啦，管账啦，都是师爷做的事情。

一听要我管账，我就计上心来，我说我在学校的功课中以数学最坏，钱与账一定会弄错的，我保举我的同学樊天佑来管账，我说他的算术最好。我说的倒是老实话，主要也是想先救我的同学，但是那个姓邱的土匪头说："有你一个人就够了！"

我惊魂甫定之后，又想起我的十弟了，我求土匪们帮我问问，有没有人看见另外的学生娃儿，特别是我的小兄弟。有个土匪回说，他看见过一个小孩，躲到人家房里去，在蚊帐中被烧死了……

唉，探听不到弟弟的确实下落，我的手是松了绑，樊天佑却绑在那边没有放。当天晚上睡觉的时候，两个抱着枪的土匪一边睡一个，把我夹在中间。临睡之前，他们还对我提出警告说："学生江娃儿，不，不，现在应该叫你师爷了，你给老子可要放漂亮点，半夜里可不要开小差啊！前后左右都是我们的人，逃是逃不了的，抓到了可就会给毙了，不要敬酒不吃吃罚酒！"

又怕又惊、又累又受伤之后，那一夜我也睡不宁，尽做噩梦。半夜里我梦见自己眼见君绥十弟被土匪杀害了，我放声大哭，都哭醒了，也惊动了旁边看守的土匪，他咕噜我说："你怎么搞的啊，半夜里号啥子，快睡！快睡！"

第二天，这一伙土匪还要去打劫峰高铺。那个姓邱的匪首，居然派了两个兄弟，还有一乘轿子，先送我这个师爷回龙井口窝子里去。居然有轿子坐，前后还有背枪的土匪跟着班保护，想不到黑笔师爷还如此神气！

我被两名土匪两个轿夫，押送到了狮子场，这儿也是土匪的势力范围。在路旁放哨的两个土匪，居然对着我的轿子行举手礼，敬了礼后，大概又发现不对，我听见他们在问押送我的土匪，一问一答颇有味道，我假装打瞌睡未听见，放哨的问：

"这小伙子哪来的？居然用轿子抬回来？"

"拉来的一匹江！"（他给我面子，省了那个猪字。）

"家里干啥的？是不是很肥？"

"听说是开杂货铺的！"（这是我对土匪们扯的谎，原想他们不要勒索得太多。）

"开杂货铺的多少油水？我看不如抛了算啦！"（我弄不清楚所谓"抛了"是"放掉"还是"干掉"，我又喜又怕，当然希望说的是放了！）

"那怎么行，邱哥子交代的，三房要把他留下来做师爷，怎么能放？"

"年轻娃儿怎么能做师爷？"

"哼，别看他年轻，人家可是洋学堂的大学生！写的字可真溜刷！"

"哦，怪不得要用轿子抬他，还派你两个跟着！"

快到土匪窝龙井口了，山路愈来愈陡，沿途偶尔撞见的都是土匪自己人，有人问我的两个土匪跟班："你们回来哪，抬的娃儿是不是油混子转抄来的？"他们回说："就是嘛！"

爬山路，上龙井口的时候，一个土匪跟班对我说："老挑，我们龙井口这里好险要啊，官兵就是一两师人都少来打转转！"他的意思是说，就是一两师人也不易攻上来。龙井口的地势的确很妙，山路很陡，但顶上却是平原良田，看起来就是一处四川富饶的农村，哪里像是土匪的山寨！

我的轿子一停下，好多男女老幼都围拢来，学生哥在他们眼里也成了稀奇活宝，大概他们以前掳来的没有学生娃儿。

两个土匪跟班把我送到一处楼房，他们说师爷你住楼上，蛮受优待的样子。中午饭吃的是粉蒸肉，晚上大伙儿都回来了吃得更好，又是肉又是鸡！

看土匪们班师回巢，他们也有一套仪式，所有的枪都架起来，杀了雄鸡，用鸡血祭枪，还要烧纸钱，由匪首来拜！

到晚上我才知道，龙井口的舵把子（土匪头），大家都叫他"老毕"，后来我才知道是篦子的篦，当然又是拐弯抹角叫出来的花样，不会是姓篦。老毕抽大烟，躺在烟盘子旁边。他们带我去见他！

老毕对我蛮和气的，居然还赏我一份见面礼，他说："你来跟我们做师爷，很好，听说你的字写得很溜刷……"他找出来了一对象牙章递给我说："这个给你，你们做师爷耍笔杆的用得着，我们玩枪杆的用不着这玩意！"接着他又找出来一顶带红结子的瓜皮帽，给我戴在头上，他打量一番，满意地说："这样就像个师爷了！"

老毕这些观念，我猜想他大概是看戏得来的，硬给我戴上一顶红结瓜皮帽，我的感觉是有被侮弄的成分，弄得像一个小丑，把我当猴子耍，让他们开心。可是那时候，我是既不敢怒也不敢言！

我看老毕对我还蛮和气的，我冒失问了他一句："请教贵姓大名？"他回说："我们黑道上的规矩，最忌讳人家问姓名，别人叫我啥子你就跟着叫好了！"土匪忌讳你问姓名是有道理的，谁知道哪一天就会有人被抓去，再亲近的伙伴也彼此不知姓名的好，否则一招出来头儿叫什么，不是方便抓吗，叫不出姓名来总不好通缉，也不会连累亲人。

但是后来我还是知道老毕本姓苏。姓苏的为什么叫老毕？梳子篦子嘛，又是这样联想出来的！谁说土匪没有学问？他们的名堂才来得多！

我在龙井口，并没有为老毕做啥子事，也没有安顿两天，就听他们说："水涨了！"军队追剿要来攻龙井口了。土匪要转移阵地，要带着我逃，对我这个师爷还是不放心，逃的路上就要把我的手绑起来。转了两处地方住，白天还准我走动走动，晚上就不准我出门，还是防我开小差！

离开龙井口，我就没有看见过老毕了，好像我被移交了，我属于另一个土匪头子，大家叫他老康。老康本姓赵，赵、罩同音，罩起来就是盖起来的意思，四川话"盖住"，就说"宨住"，所以姓赵的叫老康！（按：这个字的写法是宨，重庆有个地名叫宨井，在川语中似只有康字的音较近。）

老康是我在被土匪绑架后，所遇到的几个土匪中对我最好的一个，几次都是他救了我的命，要不是老康照顾我，那必然不能活着逃出来。所以每摆到这些龙门阵，老康虽是土匪，后来他也曾一度被招安了，虽然他逃不了惨死，但他讲义气，在我心目中，他还是我的救命恩人！

回想起来，好多经历也真妙。有一回被迫跟着老康他们去抢人，那次抢劫的是大户人家，只见土匪们翻箱倒柜地在搜，我站在旁边看热闹。有人警告我说：师爷你也得动手拿东西呀，否则要犯忌讳的，黑道上的朋友不能空手而回。我想我能抢啥子嘛？看了看，那家人书房里书倒不少，我就在书房里拿了一部《诗学涵英》，哪晓得又被另一个土匪训了几句，说别的不好抢，怎么抢书？输字犯忌的，逼我换别的，我无奈何再看，壁上挂了四幅《百忍图》，我就取了这四幅画，把那一部《诗学涵英》裹起来！一并带了走。

说起来你或许会不相信，我学做诗，也就是在匪窟里这段日子开始的。《诗学涵英》——抢的赃物，就是我自修摸索的启蒙书。没事的时候，我常捧着书本，酸味十足地躲在后院吟吟哦哦一番。有些时候，自己也胡诌几句，自己摇头晃脑地陶醉一番！

有一天，我自己正在后院里吟诗朗诵，突然听见角落里那间小房内有人在呻吟哼唔，我在窗边张望一下，看见一个带伤的老头子，他对我说："你这个娃儿还诌什么诗啊，这儿不是土匪窝子吗？我都要被他们折磨死了，你还有闲情逸致吟诗，岂不是黄连树下弹琵琶！"

你猜他是谁？我一问，才知道他是前清中过科举，有过功名的进士老爷。他被土匪绑了票，勒索信去了好久，要的银子太多，大概凑不足，未能送来赎人，过了期限不来，土匪就经常打他，给他吃苦头，所以他受了伤在呻吟。

这位进士公的姓名，我现在记不得了，中过科举的进士老爷当然做诗做得好啰。他听我胡诌的打油诗，只说我黄连树下弹琵琶，他还没有说我是孔夫子门前卖孝经哩！

从此，我为他求情讨饶，他教我做诗，我才弄清楚什么平仄对仗……

在跟康东家的日子，东移西动地随时在转换驻地，有一回与另一股土匪遇合住在一起，才又看见我那个可怜的同学樊天佑！

我们虽然同时被掳，但那一次的土匪来路不同，可谓三山五岳的人马，派别很多。我的运气很好，遇到的几个土匪头，老邱、老毕，以及康东家都比较仁厚讲义气，所以我受优待，未吃什么苦头。樊天佑可倒霉了，他落在一个很刻薄的土匪头子手里，所以一直受虐待！

我一看见樊天佑，他就直对我哭，他的两手仍然绑着，人瘦得不成样子，他的手被绑久了血脉不通，都肿了。他哭着求我救他，我也难过极了，与他抱头痛哭，结果招来看守他的土匪一顿臭骂。我安慰樊天佑说，我一定去求我的康东家出面来为你讲情，我一定设法先放你回去！

我义不容辞地去求康东家，老康说我的那个同学是跳蹿子手里的人，他做不了主。我求他出面讲情，跳蹿子也姓张，一脚受伤跛了，四川话叫跛子是蹿子。跳蹿子人很横，不好讲话，但康东家答应代我去说情，我要求放樊天佑回去，再送钱来给跳蹿子好了。

跳蹿子看我们康东家的面子，可以谈判放人，但先要问樊天佑能出多少钱？跳蹿子要价仍是四挑银子。我知道樊同学家并不富有，出不起这么多钱，请求减少，跳蹿子一瞪眼说："高等学校的大学生家里出不起钱？哪还能供他念大学！"我同樊天佑都求他说，我们念的是中学，不是大学，樊家确实没有钱，求他做好事！跳蹿子回答的话好狠，他凶神恶煞地说："就是一条瘦狗，我也要咬它三斤板油！"

几经讲价还价，还是我的康东家在旁帮忙说话，最后跳蹿子才同意800银元，条件是以我作保人才能放樊天佑，限他10天之内拿钱回来，否则他就要杀我这个保人！

我同樊天佑又哭了一场，他怕回家也凑不到800块钱，我说我写封信要他送到我家里去，一方面可以帮他凑钱，也是来救我的命；另一方面也通知我家里带钱来赎我，虽然康东家待我很好，但我也不愿意跟土匪过一辈子啊！

条件虽说谈定了，跳蹦子只肯解开绳子放人，樊天佑一个钱的路费都没有，怎么走得回去嘛。最后还是我们康东家仁义，给了樊天佑两百小钱做盘缠，外送他一顶斗笠。我与樊天佑真是痛哭而别，他是万分感激我求情，我担保，才能放他一条生路，但也知道我的命就系在他的身上，路上不太平，出任何岔子都会影响10天限期。我眼看他上路，只求他无论如何10天之内要赶回来，他哭着直点头，我送他真所谓"流泪眼观流泪眼；断肠人送断肠人"！

哎呀，把他送走了，我的心才开始紧张，天天算日子盼他回来，尤其过了六七天还无消息，那才真是愈想愈急愈害怕。跳蹦子那么凶狠的一个人，他说得出做得到。我天天在门口伸着颈项望，每望一乘轿子来了就心跳，结果总是失望！

到了第八天头上，我更是急得像热锅上的蚂蚁。最可恶的是跳蹦子有一个十二三岁的小兄弟，他当着我的面故意去磨刀，又跟他们那一帮土匪说，磨利了刀锋好砍某一个人的脑袋，已经够吓我的了；这个小鬼还不过瘾，他竟然把磨过的刀锋，放到我的肩头上来比画比画！

他向我说："喂！老挑，今天是第几天，你作保人总该知道还有几天限期？"我忍气吞声地回答："我知道，今天第八天，我相信在这两天内，我那个同学一定会赶着送钱来！"那个小鬼说："我怕再过两天，你老挑的脑袋要搬家了啊！"

当时我想八成这个脑袋保不住了，跳蹦子的小兄弟如此恐吓我，足证跳蹦子真的会下此狠心。我一夜睡不着，想来想去只有求康东家才能救我的命。第九天一大早，我就去求康东家，我把跳蹦子的小兄弟头天磨刀吓我的事对他说了，我说我的同学一定在赶路，只求康东家对跳蹦子说情，再宽限几天，否则他们要拉了我去砍头！

我着急害怕得不得了，哪晓得康东家只轻描淡写地说了三句话："你是我的人，跳蹦子有多少筒筒？他敢抢你去吗？"多少筒筒，就是指多少杆枪筒子。有了康东家这句话，我就吃了定心丸！我想，对啰！谁不知道我是康东家的师爷，康东家怎么肯让跳蹦子抢了我去砍头，不说顾我的命，他也要顾他的面子。但是我也担心，他们两派很可能要为我翻脸，说不定会自相残杀干起来，我自己能不能脱险，也总是问题！

第十天的一大早，康东家就带了我们走了，我开始还以为他是避免为我作保的事与跳蹦子起冲突，带领人马一走了之，结果才不是这么回事。原来康东家早已暗中与官方的人接过头了，他接受招安，被指定带了手下到来苏去接受改编。

到了来苏，我才知道这回事，心里很兴奋，既脱离了跳蹦子要命的威胁，又可以不再做土匪了！康东家既已接受了招安，大概我也可以请假回家去了。

可是只停了一天，康东家又接到通知要他把人马带到松溉去。松溉在泸州下游，扬子江边上，此地出碗。到松溉，我们康东家被改编做了连长，当了官；自然恢复本来姓名，可以叫他赵连长了。我这个土匪黑笔师爷，也跟着招安改编做了赵连长的司书了。嘿嘿，我这个司书在松溉还做了个把月哩。

我没想到招安之后，依然有人找我的麻烦：在康东家做土匪头的时候，手下有内管事、外管事之分，内管事管钱管账，外管事专责带领人马对外抢劫。康东家手下的外管事姓罗，此人一向对我不大好，但因碍于康东家，也不敢对我怎么样。招安之后，他也做了排长。

可是这位罗排长贼性不改，在他心目中他一直认为我是绑来的肥猪，所以他总想在我身上动脑筋弄些油水。有一天，这位罗排长突然把我叫去说，康东家目前虽被招安了，但至今上面还没有发过粮饷下来。他又说，康东家过去还欠他的钱，如今没办法，想来想去只有我家里有钱。又说康东家一直对我很好，要我报答康东家，要我写信回去，要家里赶快把钱送到永川，由他派人去取，拿到了钱，就可以放我回去！

我心想：当了这么久的师爷，他们还是把我当肉票要勒索嘛。我说要多少钱呢，罗排长说总得三四挑银子才能解决问题。我心里明白，先应付了他再说，佯装答应了，等我一离开罗排长，就去向康东家报告。我心想真要是康东家自己的意思，我感激他救了我的命，一定照办。康东家一听大怒，立刻就把罗排长叫来大骂他一顿，骂他不长进的王八蛋！当了排长还在想勒索，并且警告他再打坏主意，就要把他送去军法从事！

我知道罗排长从此更恨我了，我自加小心，不离康东家左右。

没有多久，队伍又开到来苏去，我再去找那个在福音堂教书的同学，不知家里有没有消息……

有一天忽然枪声连天，又打起来了。我一点也弄不清楚谁打谁，赶快向福音堂里躲。打到下午，枪声稀了，我想大概康东家把来攻的土匪打退了。教堂有人敲门，牧师去开门，我站在他背后，进来的民兵我都不认识。他们一见我就大叫，这后面还有一个，赶快给抓回来！

当时我亦大叫，你们不要认错人了，我是三营的司书张权！他们还是把我捉去了，幸好我自报姓名，大喊大叫，才未被他们乱枪打死，结果把我送到来苏寨上去，接受三堂会审！

我后来才知道，当时地方军队虽说招安土匪，但决不真的信任土匪，等到机会，安排妥当了就围剿。康东家就吃了亏了，几乎可以说是全军覆没，围剿他的是一位姓帅的麻子营长，把我捉去审问的就是帅营长，还有吴东海区长，另外还有一位姓王的区长。

我原原本本说出我是求精中学的学生，如何在放假途中被土匪绑票，做了师爷等经过，招安之后，改编做了司书，确确实实不是土匪。幸亏有福音堂的牧师来作保，证明我说的不假，但帅麻子把我暂交给区长看管，说派人到内江我家里去调查是否确实。

我住到王区长家里去，我才知道他是上一任的老区长，他同他儿子都待我很好。那一段时期我胃口奇佳，一顿要吃他们四碗饭。哪晓得他们也是要钱的，他们要我写信回去要钱，报酬他们供养我。真是想不到的事，土匪把我当肥猪要勒索，没想到做区长的，也想在我身上弄油水！

住在区长家里，我才探听出来康东家是被打死了。据说他是腿上带了伤，躲在墙角下，大概他的手下准备放火烧民房，康东家不许放火，大声叫着阻拦，声音出来了，被民兵发现，隔着土墙，一枪把他打死的。我听了很难过，他这人真讲义气，并不是坏蛋。

那个真坏蛋罗排长也被打死了，后来是集中尸体时，从他的裹腿上写的姓名才证实是他。

后来是我四家兄赶来荣昌，他写信拜托永川县长，来与帅麻子帅营长交涉，才把我接回去的！

我记得是5月30日遇匪被绑，直到9月10日才被四哥接回去，前后正好整整100天。

樊天佑确实送信到我家里去了的，他家里实在拿不出钱来，所以由我家里打点来营救我，我四家兄就是这样赶出来的。只因为那年头，四川乱得很，我四家兄还未赶到时，我又被康东家带走了，辗转追寻，一直托到永川县才总算找到我……

我被接回家才知道我的十弟倒很幸运，那天他居然逃脱了，就是那位安岳的梁同学一直拉着他的手在跑，后来由梁同学把他送回我们家的。我这位梁同学，以后还做了林森主席的卫队营的秘书，我们在重庆还会过面！

做和尚的一百天

我的未婚妻，原本就是我的表姐，比我大三个月，我们的感情极好，可惜她过早死去。她叫谢舜华，尧舜的舜，中华的华……我由日本回来，本想回内江祭吊尽心，可是正逢张勋在闹复辟，兵荒马乱，我回不了四川，家兄又命我回日本，那年我20岁。我21岁（1920年）由日本回来，当时我确实有过念头，今生不愿结婚了。

我家里信奉天主教，但我对佛学很有兴趣……

我当初决心要做和尚，是在松江的禅定寺，主持是逸琳法师，"大千"就是逸琳老方丈为我取的法名。起初，我完全根据佛经，崇奉释迦牟尼的方式："日中一食，树下一宿。"

当时佛门中声望最高的，是宁波观宗寺的谛闲老法师，我决定到宁波去求见谛闲老法师。我由松江募化到了宁波，观宗寺的知客僧对我这个野和尚闭门不纳。我回到小客栈去想办法，就写了一封信给谛闲法师。据说谛闲老法师正在闭关，外人见不到。我这封信发生了效果，老法师回信叫我去见他。观宗寺的知客僧一见是我，大不高兴，说我这个野和尚不知趣，又来找麻烦。我笑着告诉他，这一次是你们老方丈请我来的，直到出示了谛闲法师的信，他才无话可说，让我进门。

谛闲法师要我去，是看了我的信，认为字里行间颇有灵性。我与老法师天天论道，听他谈经说法。我虽说原本是去观宗寺求戒的，但临到要烧戒时我又怀疑了。

我与老法师辩论，我说佛教原没有烧戒这个规矩，由印度传入中国初期，也不兴烧戒。烧戒是梁武帝创造出来的花样，梁武帝信奉佛教后，大赦天下死囚。赦了这些囚犯，又怕他们再犯罪恶，才想出烧戒疤这一套来，以戒代囚。我说我信佛，又不是囚犯，何必要烧戒，不烧戒，也不违释迦的道理。

谛闲老法师说，你既是在中国，就应遵奉中国佛门的规矩。他又譬喻说：信徒如野马，烧戒如笼头，上了笼头的野马，才变驯成良驹。我回答他说，有不需笼头的良驹，难道你老人家就不要么？老法师笑而不答。

谛闲老法师当时已是70多岁的高龄，我20岁刚出头，少年气盛，辩论时老法师好耐心，我曾出妄言说：您老人家是当代高僧，可是我已得道成佛您不知道。老人家笑叱我一句："强词夺理！"

辩论了一夜，并无结论，老法师并未答应我可以不烧戒。我记得那天是腊月初八，第二天就要举行剃度大典。我实在想不通，要我烧戒也不甘心，终于在腊月初八那天，逃出观宗寺！

我当时虽然逃出了观宗寺，但我并不是要还俗，我只是不愿意烧戒，我打算到杭州西湖灵隐寺去，投奔一位认识的和尚。到了西湖旗下营，要过渡到岳墓，渡船钱要4个铜板，我当时只有3个铜板。我想他对出家人总可以客气点，上了船，就对他说明我的钱不够，请他慈悲。哪晓得船夫不但不慈悲，反而开口就骂，他说天天摇船摆渡，你们和尚渡来渡去多得很，如果个个都要我慈悲，我岂不是要喝西北风！

我忍气吞声，心想既然做了和尚，还争什么意气，逞啥子强。过了渡，倾其所有给他3个铜板，心想所欠有限，他会高抬贵手，让我走的。哪晓得他一把抓住我的僧衣不放，破口大骂，骂我野和尚不给钱。我也开口回骂。更令我恼火的，是他把我穿的和尚礼服"海青"扯破了，游方和尚没有海青，就不能挂单。

骂人还不要紧，拉扯之间，船夫竟然用桨来打我，我一怒之下夺过桨来，就把他打倒。他大叫救命，岸边的闲人等，也大叫野和尚打人，但是没有谁敢阻挡我了。

这件事对我刺激很深，那时候究竟是血气方刚，一点儿不能受委屈。我开始想到了和尚不能做，尤其是没有钱的穷和尚更不能做……

我仍然到灵隐寺寄住了两个月……

我写信给上海的朋友，不讳言自己的苦闷。上海的朋友们，也认为我长期寄居在西湖灵隐寺不是办法。他们建议：就是要住在庙里，也不妨住到上海附近的庙里来。我同意这办法不错，若到了上海附近，可以经常与朋友接触谈书论画，可免寂寞烦闷……

上海的朋友来信说：已代我接洽好两处庙子，我可以去挂单寄住。他们不告诉我庙在哪里，只约我某月某日坐火车到上海，他们指定我在北站下车，说是来接我，然后陪我去庙里。

那一天，我完全遵照他们的约定，到了北站下车，正在东张西望找我的朋友时，人群中突然有人抓住我的手膀子，大喝一声："总算把你捉住了！看你还能朝哪里逃！"

原来我是被我的朋友们"出卖"了，他们不但没有来接我，早已用电报通知我二家兄，由四川赶来，等在月台上抓我！

免不了把我一顿好骂。当天就动身，把我押回四川，而且回家后就在母兄命令之下结了婚。没想到家里已经另外为我订好亲事，结婚这年，我22岁，我的原配名曾正蓉。

由松江禅定寺开始，到上海北站月台我被二家兄抓住为止，前后刚巧又是100天。

（谢家孝笔录。节选自台湾《传记文学》第42卷第5期）

大师隔海寄深情

——张大千赠梅葆玖《梅兰图》

许姬传[*]

我早年曾担任过京剧艺术大师梅兰芳的秘书，我们友情甚笃，堪称挚友。1981年，居住在台北的国画大师张大千赠梅先生之子梅葆玖《梅兰图》一帧。这使我想起了33年前梅、张交往的一段旧事。那是1948年，张大千与梅兰芳（字畹华）、谢稚柳（名画家）雅集上海吴湖帆（名画家，因收藏隋《常丑奴墓志》字帖孤本，自号"丑簃"）的斋室，作成一幅梅兰图，题了一首"浣溪沙"小令：

> 试粉梅梢有月知，兰风清露洒幽姿，
> 江南长是好春时。
> 珍重清歌陈簇落，定场声里定芳菲，
> 丹青象笔妙新词。

---

* 戏剧研究家，大千先生及京剧艺术大师梅兰芳先生生前好友。

可惜这幅画早已失落。1981年，葆玖去香港演出，请友人求张大千补绘这幅画。大千念及梅先生早已长眠九京，十分哀痛，尤其当他看了葆玖演出的录像之后，至为满意，称赞他"颇有父风"，并提出要葆玖的戏装、便装照片留作纪念。葆玖返京后得知此事，十分高兴，迅即寄去戏装、便装照片各两张。大千先生收到照片后，即补画了一幅梅兰图赠梅葆玖。

这幅《梅兰图》是小写意花卉，画在一张约二尺来宽、三尺多长的宣纸上。左绘一枝高洁淡雅、芬芳若漾的梅花，右画一束挺拔秀丽、青翠欲滴的幽兰。右上部用干笔仍补书了那首浣溪纱小令。大千先生当年写这首词主要是盛赞了梅先生抗战时期留居香港、上海等地，蓄须明志，拒绝演出的民族气节；称颂了梅先生抗战胜利后重登舞台为人民歌舞的爱国热忱。这幅画的题跋是：

三十三年前，在海上与朋辈集湖帆丑簃弄笔为欢笑。湖帆先撷幽兰一握，畹华为补梅花，乃索予倚小令题之，稚柳且为予点易数字，畹华携归缀玉轩。顷者，其公子葆玖莅香江，云此画已成陈迹，不在人间矣；其尊人与湖帆俱相继弃世，倩友人要为补写。葆玖孝思如此，畹华当含笑九京。而予车过腹痛，老泪纵横矣！

大千老人这一段追昔抚今，感慨万千的文字，读来感人至深。题词和题跋共100余字，字体苍劲淳厚，与梅兰相映成趣。画的右上角盖一直径约半寸多的刻有"壬戌"纪年的圆印；右下角按一长方形竖章"摩耶精舍"。落款，跋后"八十四叟"之下，是"爰大千"的独特签名；再下，则是"张爰"和"大千"两个小方印章。

葆玖视《梅兰图》为至宝，因为这幅画凝结着一段张大千和梅兰芳两位大师的珍贵友情。

1982年

忆八叔二三事

张心俭[*]

张大千先生是我的八叔。在我的记忆中，最重感情、最孝顺、最慈祥的长辈要算是八叔了。

安徽尽孝

那是1929年我7岁时，八叔和另三位长辈奉阿公（祖父）灵柩由江苏松江县迁葬安徽郎溪县侯村之花学园时，八叔那深沉的忧伤和虔诚的添土垒墓的神情使我至今难以忘怀。1930年，阿婆（祖母）70岁大寿，几位长辈从各地又会集于安徽郎溪城内前桑园街新建楼房。八叔是由上海来的，他的礼品中没有忘记老人的爱好，带来了阿婆最喜欢吃的苏州"花生酥"。这种点心既香甜又松软，阿婆一见，特别高兴。1935年，安徽发生了百年罕见的大水灾，郎溪城一片汪洋，我家楼下一层也水深三尺，全家人移居楼上。当时，

---

* 大千先生侄儿，长期在交通部门工作。

八叔正新迁居苏州网师园，闻讯后，火速赶赴郎溪省亲，在叩拜阿婆知其安然无恙时，那种悲喜交加之情，难以言表。1936年，阿婆不幸仙逝，诸长辈均到郎溪奔丧。八叔守孝100天才回北平。当年八叔在北平城内住武定侯胡同5号和颐和园养云轩，在那里绘画，接待友人。1937年七七事变爆发，日本大举侵华，八叔被羁绊于北平，1938年才设法离开北平，绕道香港返回四川老家。

神 交

李秋君娘娘是八叔亲如兄妹的神交密友。1948年农历四月初一日，在上海卡德路李秋君府上，大家为八叔和李秋君娘娘祝寿。他俩坐在客厅大圆桌上方，四围亲朋满座，欢聚一堂，谈笑风生。时有上海金石名家方介堪敬献"百岁千秋"方印两枚。原来他们两位都是1899年出生的，八叔是4月，李娘娘是9月。按上海风俗计算，两位的年龄加起来刚是100岁。八叔生平最喜欢友人在诗词中包含"千秋"二字，因为此二字乃取两人名字中各一字合成，并象征他们的友谊千秋长存。因此，当时八叔手捧那两枚"百岁千秋"方印，心中十分高兴，随即与李娘娘当场挥毫合作回赠方介堪国画两帧。不久，八叔应邀出国讲学，遍游欧亚及南北美洲。多年来与李娘娘鸿雁频传，寄兄妹之情思从未减少。

1986年于四川内江

父亲在抗战中的旧事

张心智

北平沦陷

1937年7月7日，卢沟桥事变爆发。当时我家住在北平颐和园听鹂馆旁边西一所。父亲张大千正在上海，他为了接姨母和我们兄弟三人回四川，并准备将家中收藏的一批珍贵古字画运走，便专程从上海赶回北平。这时候，北平局势极为紧张。父亲回家后不几天，北平沦陷。日本侵略军到处烧杀抢劫。当时颐和园很不安全，父亲便携带全家搬回城里的住处——府右街罗贤胡同16号。从此父亲闭门不出，终日考虑如何离开北平，也不再卖画，更不举办画展了。开始，我们一家人的生活仅靠父亲一点小小的积蓄来维持，没过几个月生活就难以维持了。于是姨母便经常翻箱倒柜拿几件绸缎、毛料衣服或皮袄，让管家李某送到当铺去抵押一点钱。记得这段时间生活十分困难，但父亲并不因吃了上顿没下顿而发愁，使他伤脑筋的，仍然是如何想办法离开北平，返回四川。

被日军关押

父亲性情直爽，且又健谈。有一次在吃饭时，对在座的客人说："日本人侵占了我们的国土，还口口声声说他们对中国如何如何友好。日本侵略军占了北平，到处烧杀，无恶不作，比'棒老二'（四川人称土匪为'棒老二'）还要坏。"他还列举了在颐和园附近乡镇上的一家肉菜铺被日本侵略军抢劫一空，老板娘被日军强奸后，上吊而死一件事。殊不知这些话被传到日本人那里。有一天突然开来了两辆小轿车，从车上跳下来五六个穿西服的日本人，声称："久慕张先生大名，特来拜访。"这伙人进屋后，便对父亲说，他们是奉上司的命令，有事专程来请张先生去面谈。父亲还没有来得及问明情况，便被这帮家伙连拉带揉地拥上了汽车，疾驰而去。姨母和我们兄弟三人都被这突如其来的遭遇吓得手足无措，不知该怎么办才好。多亏了李管家。他上了年纪，为人忠厚，一面安慰我们，一面托人四处打听父亲的下落。一个星期过去了，仍没有消息。一天，一个姓郑的四川人（此人精通日语，听说后来当了小汉奸）来到我家，说张先生会回来的，让我们放心。时间一天一天地过去，十天、二十天、一个月，仍不见父亲回来，大家心急如焚，姨母更是日夜发愁。父亲的朋友不断来安慰和了解情况。有的朋友知道我们靠当押、变卖旧衣服过日子，便送些钱来周济我们。

一个多月以后，12月的一天，父亲真的回来了，是被几个日本便衣特务用汽车送回来的。大家悬着的心总算放下了。原来父亲被关押在西长安街府右街口的一幢小洋楼里。据说这里是日本侵略者的一个特务机关。当时关押父亲的"罪名"是"诬蔑了皇军的名誉"，说要调查。但在事实面前，日军最后只好不了了之。

"我是中国人，不会给日本人干事"

父亲回家后，家里客人仍然不断。常来的客人有已故的著名工笔花鸟画家于非厂老伯和著名京剧表演艺术家程砚秋、马连良、金少山以及陆素娟等，还有琉璃厂古玩店的掌柜、店员和在北平的学生。这些熟悉的朋友来看望父亲时，都是直奔他的画室。其中有的朋友，常把听到的消息告诉父亲。我常见他们用手比个"八"字（意思是说八路军），说这个在某地打死了多少多少日本兵。当时父亲对八路军虽然不了解，但听说消灭了多少日本兵总是极为高兴，还叮咛我们兄弟三人，不准给胡同里的孩子们乱说。另外，家里也常来一些不速之客（可能是汉奸），这些家伙每次走后，父亲的脸色总是很难看。听父亲说，这帮家伙是来传达他们日本主子的旨意，让他出来为日本人干事，哪怕是当个名义上的什么委员、校长之类都行，但都被父亲拒绝了。于是他们便以威胁的口吻对父亲说，日本人叫你出来干事是看得起你，是对你的尊重，你得掂量掂量！父亲说："我张大千是中国人，决不会给日本人干事，有什么可掂量的？"最后有一个叫汤尔和的大汉奸（父亲说此人是四川人，当时在北平担任日伪的文化教育总头目），亲自登门拜访，居然恬不知耻地以老乡身份，用"关心"的口吻劝父亲认真考虑，让父亲不要辜负日本人的"好意"，话里还带有"不要敬酒不吃吃罚酒"的意思。父亲对这帮为日本人卖命的民族败类恨之入骨，但为了避免像上次那样吃眼前亏，只得佯装镇静，托故说上海收藏有大批的古字画，现在下落不明，需要去上海，以此拒绝为日本人干事。

这段时间，尽管父亲精神上的压力很大，但每天照常接待好友，照常谈戏论画，好像若无其事，实际上他的内心里无时无刻不在盘算着如何摆脱日军的控制，离开北平。

脱离虎口

自北平沦陷后，看得出父亲的日子很不好过，一时又无计脱身，加上家里藏有不少古字画无法带走，更使父亲发愁。为使古字画不落在日本侵略者手里，父亲写信与在上海居住的四伯父张文修商量。最后四伯父决定来北平，让父亲争取时间早日出走。

1938年三四月间，有一位曾在铁路上工作的徐栋臣先生，自告奋勇愿把我们兄弟三人先送往上海，这样就为以后父亲离开北平减少许多麻烦。于是当晚我们哥仁（哥哥心亮，弟弟心一）即随徐先生取道天津到了上海，住宿在西门路西成里17号四伯父家里。同行的还有刚从日本上学回国的同乡晏济元先生。一个月以后，父亲和姨母终于脱离虎口，先后来到上海，父亲住在卡德路好友李祖韩、李秋君兄妹家里。

父亲到上海后，有的朋友见他仍然是长长的胡须，衣着如故，都奇怪地问：日本人对你很熟悉，你怎么不化装改扮一番？还是照样，怎么能脱身呢？父亲说："是啊，我临走前也反复思考过，日本人检查很严，假如化了装，一旦被发现就麻烦了。"父亲接着说，在北平临行前，有位好心的德国朋友表示要护送他到天津上轮船。父亲想，我是堂堂中国人，在自己国家的土地上行走，何需外国人护送，去沾外国人的"光"呢！那位外国朋友的好意被父亲婉言谢绝了。有的朋友还跟他开玩笑说，听说你被日本人杀害了，我们正准备给你开追悼会呢。父亲听了，笑着说：上海谣传我在北平被日本人杀害，好多关心我的朋友写信打听消息是否确切。有的还在信里告诉我，说我的学生×××听到我被害的消息后，就画了一批画，冒充我的作品，在上海举办"张大千遗作展览"。当时我听了很生气。后来，考虑这个学生的做法固然不对，但是，这件事也给我帮了大忙，我还得感谢他呢。因为，我在离开北平以前，有意放出风说，这是人命关天和艺术声誉的大事，一定要亲自到上海当面澄清。这样我不化装，万一被日本人发现，我就说，为这件事专程去上海也在情理之中，他们也把我奈何不得。当然，最好还是不要被日本人发现，结果"上帝保佑"，总算是平安无事，谁给谁都没有找麻烦。

辗转返蜀　义卖救国

父亲到上海后，停留了一个多月，便同姨母和我们兄弟三人乘轮船到了香港，晏济元先生和我们同行。在香港我们一行住在铜锣湾利园山秀海棠简琴斋先生家里。简先生是父亲好友，广东人，擅长书法，十分好客。我们住他家后，整天陪同父亲谈书论画、参观游览。秀海棠是一座别墅式的房屋，坐落在半山腰上，这里树木花草茂盛，风景幽美，环境雅静，正是父亲作画的好地方。我们住在这里不久，正好某影业公司名演员王次龙、黎灼灼等十多人来这里拍电影，他们见了父亲，犹如见了亲人，纷纷向父亲打听大陆抗战的情况，个个忧心忡忡，还要求父亲和他们合影留念。

在香港停留了一个多月，父亲安排我和心亮哥哥随晏济元先生乘轮船取道广西梧州等地先回重庆。他为了设法把在上海收藏的一批古字画带回四川，还需在香港继续停留。殊不知随着战争局势的发展，交通运输一天比一天紧张，父亲在香港等待了近三个月的时间，才陆续托朋友把他的古字画运回四川。后来，父亲又应当时广西省主席黄旭初先生邀请，去桂林和徐悲鸿老伯、李济深先生同游阳朔等风景区，然后取道柳州、贵阳，于同年十月回到重庆。当时除四伯父远在北平外，父亲终于又和善孖二伯父、丽诚三伯父在山城团聚，畅叙离别之苦以及陷于日本侵略者魔掌的坎坷经历。朋友们都说父亲"吉人天相"，逢凶化吉。

父亲在重庆期间，经常与二伯父一起作画，献画义卖，支援抗日战争，并和二伯父联合举办抗日爱国流动画展。又共同准备了100余幅作品，以赈济委员会的名义，由善孖二伯父携往欧美举办画展，为抗日战争募集捐款。在此以后，听说又与晏济元先生举办抗日募捐画展，赈济难民。这年冬初，我们全家到了成都，借居在骆公祠街18号古书籍收藏家严谷声老伯家里。严老伯的侄儿严敬斋先生，当时任监察院甘宁青监察使，驻地兰州，曾到过敦煌莫高窟，这次在成都见了父亲，详细介绍了那里的石窟艺术，促成了父亲以后的敦煌之行。

在青城山上

四川的青城山，向有"青城天下幽"的盛名，父亲当年在北平时，曾听我的师兄肖建初详细介绍过。这次返蜀后，决定率家前往，在那里居住一段时间。

青城山坐落在成都以西约55公里的灌县境内，其主峰在灌县西南大约16公里处。山上有长生宫、建福宫、天师洞、上清宫、圆明宫和玉清宫等道教庙观。这里山清水秀、树木成林；奇花异草，遍山皆是；飞禽彩蝶种类繁多；环境幽静，景色宜人，是写生绘画的好地方。1938年年底，父亲带领全家居住在上清宫。这里的住持马道长极为热情。为了使父亲作画有个较好的环境，专为我们一家人安排在有十余间房屋的一所独院住宿。有时候父亲应天师洞住持彭道长的邀请，带了我们去那里小住几天。在这期间，父亲先后为上清宫的麻姑池绘制了麻姑仙子像，为鸳鸯井题了字，不久便刻在石碑上，分别竖立在麻姑池和鸳鸯井的旁边。并给天师洞的彭道长，上清宫的马道长、冯道长作了画。父亲喜爱梅花，闲时亲手在上清宫院内和登主峰的石板路旁边，栽种了不少红梅和绿梅。

父亲感到他能从日军魔掌中挣脱出来，重新获得自由，真是"上天保佑"。从此，他在青城山带领学生、子侄潜心习画。幽幽青城的自然景色，为父亲提供了描绘不尽的素材，更加激发了他的艺术创作热情。记得父亲在青城山居住的两年间，画了以青城、峨眉等为题材的各种作品达1000余幅。《青城山全景》通屏是他比较集中而系统地表现青城景色的巨作。

1986年于银川

张大千临摹敦煌壁画画册序

叶浅予

　　1944年在重庆看了张大千临摹敦煌壁画，初步认识敦煌艺术的面貌。1954年我带了学生到敦煌去学习祖国伟人的艺术传统，为期三个月，次年以临摹的成绩，印了一本《敦煌壁画临本选集》，在序言中发表我的观感：

　　"中国绘画艺术的发展，自六朝至隋唐的阶段极为重要，可惜留存世间的作品极少。对于那个时期的大画家如顾恺之、陆探微、张僧繇、吴道子的艺术造诣，只能从画史画论的著作中获得想象，它们的真实面貌到底如何，是无法看见的了。可喜的是，敦煌莫高窟保存了大批魏隋唐几个时代的壁画，替我们弥补了这一缺陷。虽然这些作品并非上述诸大名家的手笔，可是敦煌画工的艺术造诣是并不逊色的。比如220窟的帝王像，和同时代大画家阎立本的'历代帝王像'可以媲美；130窟维摩诘像的'清羸示病之容'，可以联想到顾恺之所创造的维摩诘。此外如魏画的生动形象、唐画的灿烂色彩，都是我国绘画传统中的优秀典范。"

　　回过头来看看大千的观感如何。他在1944年为成都临摹展的序言写道："大千流连画选，倾慕古人，自宋元以来真迹，其播于人间者，尝窥其什九矣。欲求所谓六朝隋唐之作，世且笑为诞妄。独石室画壁，简册所不载，往哲所未闻，千堵丹青，遁光莫曜，灵踪既闷，颓波愈腾，盛衰之理，吁乎极矣！今者何幸，遍观所遗，上自元魏，下迄西夏，绵历万禩，杰构纷如，实六法之神皋，先民之榘矱。原其飙流，固堪略论：两魏疏冷，林野气多；隋风拙厚，窍奥渐启；驯至有唐一代，则磅礴万物，洋洋乎集大成矣；五代宋初，蹑步晚唐，迹渐芜近，亦世事之多故，人才之有穷也；西夏诸作，虽刻画极钝，颇不屑踏陈迹，然以较魏唐，则势在强弩矣。"

我在敦煌三个月的感性认识和大千在石室面壁三年的理性认识，虽有相通之处，然而他对各代画迹的演变得失，洞察极深，非我辈浅尝者所能辨。

论及敦煌佛教艺术的盛衰，大千认为五代宋初之所以走下坡路，叹世事之多故，人才之有穷，触及到当时政治和历史的原因。据我理解，五代宋明以后，中原政权对西域的统治渐衰，本地区的变乱渐繁，丝绸之路渐塞，佛教信仰渐疏，往后则海路渐通，敦煌的政治和经济文化的中心地位渐失。到了清代末朝，道教盛行于玉门关外，莫高佛窟成了道士的乐园，大批宗教文物被西方的冒险家盗走，成为外国博物馆的稀世宝藏，实在叫人心痛。

大千从北平逃脱敌伪的羁绊，回到四川，是1938年的事。他在成都定居之后，什么原因促成敦煌之行，是个谜。他的两篇有关敦煌的记序也只提到此行的经过，而未见其动机。唯一的线索是林思进在《大风堂临抚敦煌壁画集序》中一段话："吾友张君大千，夙负振畸，究心绚素，名高海内，无暇拙言。其平生所觌宋元法画至伙，顾犹未足，更思探月窟，问玄珠，乃裹粮具扉，西迈嘉峪，税驾瓜沙。……间特告余，此不徒吾国六法艺事之所祖，固将以证史阙，稽古制。而当时四夷慕化，取效中州，其衣冠文物，流行于今之欧西新世者何限。吾所以勤力为此者，意则在斯。"这么一说，大千的动机和目的是为了穷探六法的根源，满足他梦寐以求的六朝隋唐真迹。

大千于1941年春初探敦煌时，也许以一种"诞妄"和"猎奇"的心情去接触一下梦寐以求的六朝隋唐真迹，及至身临其境，面对几百窟瑰璋珍宝，于是日夜坐卧其下，如醉如痴。他一面看，一面想，"既入宝山，岂能空手而回"。我们知道大千有一只奇妙的临画魔手，临什么像什么，几乎可以乱真，年轻时以石涛的仿本骗过好多鉴赏家。为此他养成一个习惯，只要得到一件好画，一定临摹一遍。一来是学习，二来是留一个副本，万一因急用时必须出卖那件真本时，手头还有一个副本，可以随时打开观赏。石窟壁画，搬不动，只能临，这次临了20多幅送到成都举行"西行纪游画展"。有人认为敦煌壁画是水陆道场工匠画，庸俗不堪，画家沾此气息便走入魔道，为大千惋惜。大千对这种浅薄而真正的庸俗之见，当然置之不理，反而更加坚定了长期深入研究敦煌艺术的决心。他在《莫高窟记序》中说："三十年春，来游敦煌，始为窟列号，其冬还兰州。明年春复携门人肖建初、刘力上、六侄心德、十男心智及番僧（青海喇嘛）五人居此，又阅十余月，抚写壁画若干幅，其制色及图描花边之事，悉番僧为之。"据刘力上说，他于壬午（1942年）冬11月应大千召，自成都去敦煌，在莫高窟临画，次年5月结束，然后转到安西榆林窟，临画一个多月，6月结束。合计起来，自1941年春到1943年夏，前后共两年余。

　　大千临画的方法，是透过现象，恢复原状为目的。凡现状有变色或破损处，尽可能推测其本来面貌，行笔着色虽有所损益，仍忠实于原画的精神。当时有人反对他的复原临摹法，说他太多主观，不够客观。其实他们不理解大千临画的目的，在于学习古人的造型设色和用笔的方法，为自己的创作所用，这就是我们所说的学习和借鉴。1954年我带学生去敦煌，以临摹为手段，达到学习敦煌艺术的目的，强调忠实于现状，避免补损与复原。由于强调了客观，忽视了主观认识，不等对原画的分析和认识，就动手画起来，变成了对壁画的写生，而不是临摹；有人特别热衷于做旧与填破，把学习壁画变成了复制壁画。

近几年来，美术院校规定学习敦煌壁画作为学习民族绘画传统的必修课程，这是一个好制度。然而由于指导者的不力，产生了一种本末倒置的倾向。有些学生对魏隋洞窟的变色形象，特感兴趣，误认为这些形象是古代画家有意识的创造，津津乐道其美感，并模仿它用到自己的创作中去。这是现代西方抽象艺术的趣味在中国的反映。

在1944年成都举行张大千临摹敦煌壁画展览期间，有一种论调认为临摹是艺术中的末事，创造才是艺术中的正事，所以认为大千的临摹不一定是件可喜可贺的事。这种论调根本反对临摹在学习艺术传统中的作用，显然是片面的。但是他不得不承认"以个人的力量在敦煌数年之久，带回来画稿有数百种之多，这种精神也同样使人肃然起敬"。也同样是指巴黎一位女画家，在罗浮宫专临达文西那幅"蒙娜丽莎"，卖给艺术爱好者。这和大千临摹敦煌壁画的动机和作用是不能等同起来的。

到底怎样来评价张大千敦煌之行的作用呢？还是"敦煌学"倡议者陈寅恪说得好。他说："自敦煌宝藏发见以来，吾国人研究此历劫仅存之国宝者，止局于文籍之考证，至艺术方面，则犹有待。大千先生临摹北朝唐五代之壁画，介绍于世人，使得窥此国宝之一斑，其成绩固已超出以前研究之范围，何况其天才独具，虽是临摹之本，兼有创造之功，实能于吾民族艺术上别创一新境界，其为'敦煌学'领域中不朽之盛事，更无论矣。"这是高度评价大千介绍敦煌艺术在学术上的成就。

1944年在成都和重庆两地举行的"张大千临摹敦煌壁画展览"，震动了学术界和美术界。这是他学习古代艺术的一次历史性创举，也是促成他在人物画方面攀登高峰的决定性因素。

大千的人物画最早见于1936年在南京举行的一次画展。一幅30岁松下自画像，一幅竹间高士图，似乎是石涛点景人物的扩大。此后他努力于唐寅的水墨仕女，对人物神情姿态和衣纹转折大加钻研，显然有所提高。待到探索敦煌艺术之后，人物画的面貌大大刷新。佛教菩萨和经变故事中的生活形象，使他从程式概念的造型中解放出来，开创了古装人物画面向现实并反映时代的风貌。他的《掣龙图》和《醉舞图》可以作证。经过这一番寻根探源的磨炼，他的看家形象《策杖高士》也排除了公式化，向个性化前进。

作为一个在艺术上已有很大成就的画家，为了追寻六朝隋唐遗迹，不避艰辛，投荒面壁将近三载，去完成只有国家财力才能做到的事，他的大胆行动已超出个人做学问的范围。尽管后来国家组织了敦煌艺术研究所，为保护石窟和艺术研究做了大量工作，但不能不承认张大千在这个事业上富于想象力的贡献及其先行者的地位。

1984年9月25日于北京

（原载四川省博物馆编辑之《张大千临摹敦煌壁画》）

大千话敦煌

江兆申

大千先生于本年（1983年）4月2日病故于荣民总医院。他捐赠"故宫"的敦煌壁画摹本61件，秦心波先生原意在大千先生85岁生日，也就是农历四月初一以前出版，为先生祝寿。目前祝寿的本意改成遗作整理，与敦煌画特展同时提前到4月16日先生灵蜕安厝之日举行。为这一代杰出的学人，笑容满颊慈祥而豪迈的长髯老者寄其哀悼。

由于大千先生知道我没有去过敦煌，同时对于卷轴画尤其是山水感兴趣，所以平时话题很少谈到敦煌。然而也并不是绝对没有谈过。

他说："人物画到了盛唐，可以说已达到了至精至美的完美境界。"为了形容壁画之美，他风趣地说："有不少女体菩萨，虽然明知是壁画，但仍然可以使你怦然心动。"

他说："壁画到了最下端，已经靠近地面，但人马车骑，一笔不苟，还是那么完整而有力，可见画家是匍匐在地上画的。"

他说："传世的夏圭山水，我认为可靠的很少，因为画得并不够好。我送给'故宫'的安西榆林窟西夏普贤菩萨赴法会一铺，原画上半幅的远景山水，是夏圭一派画风，画得都极好。当然，夏圭不会亲自去画，要去的都是他的徒子徒孙，但事实上比传世的夏圭画都要好。你想，祖师爷怎会画不过徒子徒孙们，那不全证明是假的吗！"接着又客气地说："兆申兄，你是知道我不会画夏圭那一路画的，但对本勾摹，得其大略，以外行人做内行事，居然有此规模，由此便可想见原作人之高妙了。"

他说："中土和尚，结庵坐禅，叫做'坐庵'。敦煌一带缺水，游方和尚遇到有泉水的地方才结庵，所以不叫'坐庵'而叫'坐泉'。"谈到敦煌缺水的问题，他便补充着说："有一次在回程中，带着家人、弟子、人从，在沙漠里走得累了，便随地坐下休息。顺手一摸，发现沙里有东西触手，叫人把沙扒开来看，原来是一具僵尸，也就是所谓木乃伊。盔甲俱全，从装束看来还是一位小将领。面部皮肉完好，却深深地被砍了一刀，也许就是这一刀致死。头下枕着一张像账单似的东西，记着他历次的战功，最后记写着在此一战役奋勇阵亡的经过。根据所记日期，原来还是唐高祖（618—626年）的事，已经1000多年了。假如不是气候干燥，在浮沙之中，绝对不可能把一具尸体保持得如此完好。我看完这件文书，仍要弟子们照原样用浮沙盖了起来，了此一桩功德。"接着他感喟地说，"有人说我敦煌盗宝，其实连这种手头的东西我都没有要，而悠悠之口，却是不肯轻易恕人！"

以上这几节，都是在摩耶精舍闲谈所得的片段。至于大千先生在敦煌从事洞窟编号和临摹壁画的艰难经过，要看谢家孝先生的记录：

敦煌的千佛洞，在张大千去前，也有过编号，那是法国人伯希和做的，编得凌乱而无序。因为伯希和主要的目的，是为了摄影。他认为没有摄影价值的就不编。1、2、3、4洞，伯希和都没有编号，而编得的第1号却自第5洞开始，当中又跳了好多洞不编。可是如果他回头又发现第2洞还有摄影价值，也要摄影，他又会顺他自己的顺序给个45的编号。诸如此类，毫无系统。

张大千先生重新编号，是根据祁连山下来水渠的方向，由上而下，由南至北的顺序，再由北向南，如是者四层，很有规则地编了309个洞。如果只是去游览的，顺着大千先生编的号，不会走冤枉路，一天可以浏览完毕309个洞。但这项工作，大千先生率领着门人子弟却辛辛苦苦地整整做了5个月。这也是他们第一次进入敦煌的全部工作。

第二次进入敦煌便开始正式临画了。所谓临画，并不如我们想象的那么简单，种种困难，都等待着一桩桩地解决。而临摹时之辛苦与精确的程度，更是局外人所难了解。

大千先生第二次再入敦煌，经过两个多月的准备，除5名喇嘛而外，率子心智，侄心德，门生刘力上、肖建初、孙宗慰，外加一厨二差。准备的食物、画具，装载骡车七八辆。

关于临摹敦煌壁画的困难，先以工具来说，纸绢没有这么大的。要喇嘛们去，主要任务在准备画布。最大幅的壁画，就有12.6丈。制作画布，除了并缝之外，要钉在木框上，涂刷胶粉三次，使其匀净。再用大石磨七次，画布才光滑能下笔。

至于颜料，早期都是自矿物中提取。所谓石青、朱砂、石绿等，因是矿石，可以历久不褪。提炼的主要功夫是研磨，必须磨得很细很细才能用。这部分工作是雇用儿童做的，但必须由大千先生亲自验定方能使用。在敦煌所用的颜料，每种都以数十斤计。一般买颜料，都是以钱为单位，因为这类颜料，实在太贵了。临摹的原则，是完全要一丝不苟地描，绝对不能参加己意，这是大千先生一再告诉门生子侄们的工作信条。若稍有误，就得要大千先生重描，由此令他们叫苦不已。每幅壁画都要记下色彩尺寸，全部求真。问题是千佛洞内，每窟除佛龛佛台之外，空隙的地方太小，不能平置画案，所以只有雇木工造架立起临摹。

多数洞窟光线都不够，苦的是还要一手持蜡烛，一手拿画笔，因地制宜。有时站在梯上，有时蹲着，还有要躺卧在地上描的。虽然是冬天，勾画不久，都要出汗喘气，头晕目眩。门生们虽有力不从心，也不好意思告退，因为大千先生总是领头在做。每个人都蓬头垢面，多数日子是清晨入洞，薄暮出来，有时候还得开夜工。

壁画颜色多已斑斓，还要手执蜡烛静观很久，才能依稀看出线条。大千先生主要的工作在观摩揣想上面下功夫，往往要经过数十次观研之后才能下笔。为了不愿意浪费材料，临摹时先以玻璃纸依原作勾出初稿，然后粘此初稿在画布背面，在极强的阳光照射下，先以木炭勾出影子，再用墨勾。稿定之后再敷色。

凡佛像，人物主要部分都由大千先生亲画，其余楼台亭阁不很重要的部分，则由门人、子弟、喇嘛分绘。每幅都注明谁画哪一部分等合作者姓名。因此，每幅画均手续繁复、极力求真。大幅要两个月才能完成，小幅也要十几天。

大千先生曾告诉我说："你暂时是没有机会去敦煌的。不过新德里、伦敦，都有不少敦煌卷轴画，值得去研究一番。一般人研究敦煌画，着眼点都集中在佛像上，其实供养人像却非常重要。因为男供养人都是对人写像，女太太们虽然不便面对画家，但当时的衣饰总是不会错的。而时代鳞比，次序井然。要了解人物画的断代问题，这是唯一可靠的资料。"似乎大千先生对我这块朽木还寄予很多期望。但是"自知之谓明，反听之谓聪"，我自度并无此能力。所以转告同道：大千先生这几句简单而明畅的话，对一个有智慧、有毅力的艺术从事者来说，无疑是一盏导海的明灯！

1983年4月6日

（摘录自香港《大成》杂志第114期）

张大千敦煌行

张心智

　　1937年，我随父亲张大千住在当时的北平。抗日战争爆发以后，北平沦陷。父亲拒绝为侵略者做事，便想尽一切办法，通过朋友们的帮助，终于在1938年初夏随带家属离开北平，绕道上海、香港、广西、贵州，于同年秋天返回四川，居住在成都市和灌县的青城山。父亲一向好客，家里各行各业的朋友不断前来，其中有一位叫严敬斋的，曾担任过国民党中央政府监察院驻甘（肃）宁（夏）青（海）监察使，他多次向父亲介绍甘肃敦煌莫高窟（又名千佛洞）石窟艺术。父亲对此极感兴趣，在查阅了一些有关敦煌石窟艺术的资料后，下决心要去敦煌看一看。

路经河西走廊

　　1941年春末，父亲带着姨母杨宛君和我共3人，由成都乘飞机先抵兰州，然后等待在重庆中央大学任教的孙宗慰先生同往敦煌（孙先生系徐悲鸿老伯的学生）。孙先生到兰州后，父亲又带我们一行先去青海塔尔寺参观。

在塔尔寺父亲结识了昂吉、格朗、三知、小乌才朗和杜杰林切等几位中青年藏族画师，并详细地观看了他们的作品——佛帧。父亲对他们的绘画艺术、制作画布、加工矿质颜料等技术十分敬佩，决定让我以昂吉等为师，并约定从敦煌回来以后，将我留在塔尔寺向藏族画师们学习。

父亲和我们一行离开兰州，踏上河西走廊。经过武威时，通过朋友介绍，认识了当时担任甘肃省参议会副议长的著名书画家范振绪老先生。范老先生年近70，比父亲长20多岁。父亲对他非常尊敬，称呼"范老伯"，让我称"范太老伯"。范老先生是甘肃人，长期居住在武威，但是还没有去过敦煌。他和父亲结识后，相谈甚投，故决定和父亲一同去敦煌参观。父亲在武威停留期间，范老先生等陪同参观了文殊山、西夏碑等名胜古迹。没过几天，我们原来几个人便和范老先生乘坐"羊毛"卡车登程了。抗日战争时期，西北的交通非常不便，轿车少得可怜。交通部门用卡车代替客车，有人说这种汽车是用羊毛从苏联换来的，也有人说是国内载运羊毛的，故名"羊毛车"。西行经过张掖停留住宿一晚，父亲和范老先生不顾旅途疲劳，连饭也顾不上吃，便带领我们去看大卧佛等文物古迹。次日又乘车前往酒泉。

从酒泉到安西没有班车，只得包租一辆"羊毛"卡车，虽然费用多，但比较方便一些。当我们路过嘉峪关的时候，汽车可以一直开到关下，我们一行可以就近观赏这雄伟的古代建筑。

当时的嘉峪关除因自然风蚀受损外，部分被人为地破坏，已残缺不堪。父亲和范老先生在关下徘徊浏览，仔细观赏，赞不绝口。对它遭受的破坏甚感惋惜。记得父亲当时还对我们讲："前人曾说：'一出嘉峪关，两眼泪不干，前看戈壁滩，后望鬼门关。'这四句话说出了嘉峪关外是多么荒凉可怕。"他又说，"古人在戈壁荒滩上修建这么雄伟壮观的建筑，可以想象要花费多少心血，要经过多少艰难，他们才是了不起的无名英雄呵！"说完又转过话头对我和姨母开玩笑说："一出嘉峪关，两眼泪不干，你们今天出了嘉峪关还没有哭出来，总算不错。"他又说，在成都动身以前，就有人介绍过西北艰苦的情况，特别提到河西走廊和关外，说上路的人吃的是凉水拌炒面，有时候没有水喝，实在坚持不下去还要啃西瓜皮、喝马尿。我们现在条件好得多，不致喝马尿，但也要准备吃苦。这事在成都动身前就说过，现在再说说。《西游记》里的唐僧带着他的三个徒弟，历尽千辛万苦才到西方取经。我们为什么不在成都好好待着，也不听朋友劝告（父亲去敦煌以前，有些朋友善意劝告他，说是去敦煌花费大，又没有收入，生活又艰苦，得不偿失，不必自讨苦吃），却要吃苦到敦煌呢？还不是为了取"经"，不过这是取艺术上的"经"。我们吃的苦比起唐僧可差得远哩！我们从成都动身乘飞机到兰州，坐汽车一直到安西，以后还可以坐大车，一路上有吃、有喝、有住。当然，要说舒服还是比不上成都吃得好，住得好，有电影看，有戏看。但是要使绘画艺术不断得到提高，老待在家里是不行的，必须走出来，到艰苦的环境里磨炼意志，开阔视野，勤奋好学，才能有所收益。父亲的教导，我至今还牢记不忘。

嘉峪关至安西的路上

汽车离开嘉峪关，快速奔驰在辽阔的戈壁滩上，向安西进发。父亲一向尊敬长者，自武威上车以后，总是请范老先生乘坐司机台（驾驶室），他和我们都坐在后面车槽里的行李上。汽车虽然行驶在一望无际的戈壁滩上，数十里无人烟，但父亲的目光总是留神地看着沿途的一切。一路上偶尔看到长长的骆驼队或三五辆的胶轮大车队，他便指着这些对我们说，这都是我们画画的好素材。又感慨地说："我们比他们可享福多了。他们到了晚上还不晓得在哪里过夜呢？说不定还要在戈壁滩上睡觉哩。"

嘉峪关外的确十分荒凉。我们乘坐的卡车走了半天，除了在玉门县城关看到一个汽车站、一家小饭馆和十几户人家以外，别的一无所有。我们一行在玉门吃过午饭后，随即西行去安西。这一路上我们只能看到骆驼队、胶轮大车队，还在公路两侧不时地看到死马、死骡和死骆驼的骨骸，父亲为此而感叹不已。

黄昏时候，汽车开进安西城里。范老先生和父亲一行住宿在安西县税务局里，因局长范某是范老先生的侄儿，经范某介绍，得知距安西县100多华里的地方有一处名叫"榆林窟"的石窟群，当地又叫"万佛峡"，有几十个石窟。父亲听了很高兴，恨不得马上赶到那里去，当即请求范某帮忙安排大车骡马。两天后，父亲和范老先生由范某陪同去榆林窟，遗憾的是我因病没有随同父亲一起前去。

安西县城坐落在戈壁滩上，城外没有看到居民住房。这里整天不停地刮着四五级大风，有时候还刮六七级大风，本地人都说安西一年只刮一次风，从正月初一刮到大年三十，可以说是一座"风城"。城里主要有东南西北呈"十"字形街道，十字正中有座鼓楼，街面萧条，大都是居民住的破土坯房。鼓楼门洞里稀稀拉拉地摆着十来个小摊档，大概算是安西县的商业中心。

四五天后，父亲和范老先生一行从榆林窟返回安西城。听父亲对朋友们说，这次到榆林窟虽然是走马观花，但已经是大饱眼福了，表示敦煌之行结束后还要去那里。为了感谢安西各界朋友对他的支持和盛情挽留，又在安西多住了几天，专为这里的朋友作画留念。

夜行戈壁滩

安西距敦煌据说有两站路（骑马或坐大车需在中途停宿两次），沿途是戈壁荒滩，为了避开初夏的炎热，行路都在夜间。没过几天，安西县的范某已经为我们准备好了去敦煌的大车、骡马、干粮、蔬菜、干柴以及用大葫芦盛的饮水。

在一个夕阳西下的傍晚，我们分乘几辆大车、十余匹骡马，浩浩荡荡地离开安西城直奔敦煌而去。走出不远已是明月当空，那月光正好为我们照明指路。父亲行路喜欢观赏沿途的一切景物，尽管是沙丘、戈壁，他骑在马上仍然是一边仔细观察，一边向带路的向导了解当地风土人情。行至深夜，一路上除了父亲和向导的讲话声外，便是大车轮转动在沙滩上单调的沙沙声。走了整整一夜，次日黎明到了第一站疙瘩井。我们一行便在这里休息、吃饭，要到黄昏太阳西落才能动身继续前进。

疙瘩井是一个不满10户人家的小村落。村庄周围光秃秃的，看不见有农田，仅有的三四个当地群众，正在赶羊出圈准备放牧。我们一行十余人就地架柴起火烧开了水，每人端着一碗大叶茶，啃着晒干了的馒头。看样子父亲吃得很香，而范老先生只好吃开水泡馍了。父亲当时还风趣地对我说，要不是到敦煌，在成都想吃这个还吃不到呢。我当时年纪小，不懂事，回答说，吃到吃不到，反正我不爱吃这个。没有想到这句话把父亲惹生气了。他说："老子小时候，屋头（四川话把家里叫'屋头'）穷得很，跟着阿婆（指我的祖母）在内江街上卖画，回到屋头连红苕（红薯）都吃不饱。今天你们享福了，挑这挑那，老子能吃，你倒不能吃。"说完怒气冲冲地转身走了。过了一会，父亲的气可能消了，他又微笑着对我说："你看，这里的人好穷啊，他们吃着带麸皮的黑馍馍，喝黄米汤，只有一把盐，但还吃不饱，哪还敢想吃这个（指白面干馍），你咋个能嫌白面馍不好吃呢？"

父亲一向健谈，无论是书画、诗词、戏剧、体育、历史及各地风土人情、方言、烹调等等天南海北，一谈就是几个小时。虽然要在这个四面都是戈壁滩的荒村野地休息七八个小时，但由于父亲谈笑风生，大家并没有感到寂寞，不知不觉地几个小时过去了，又到了开午饭的时候。午饭是拌面片，还有一碟凉拌萝卜，和早餐相比，可说是丰富多了。因为晚上还要行路，饭后，我们一行用马褥子、线毯等铺在群众房檐下午睡。

下午太阳偏西时，我们一队人马继续西行。一望无际的戈壁荒滩，犹如干涸的海洋。黄昏时候，在我们的右侧五六十米远处发现一大群黄羊，这群黄羊似乎知道我们不会伤害它们，看来没有逃跑的意思。一个个好奇地昂首望着我们这伙生疏的客人，一直目送我们走了很远很远。父亲从向导的谈话中，知道戈壁滩上随时都可能遇到少则十余只、多则数十只乃至上百只的狼群。向导说，如果人少遇到了狼群，往往会被狼伤害吃掉。我们听了真是吓得毛骨悚然。

月色朦胧，黄沙漫漫。一路上马蹄声、车轮声紧紧伴着我们，不知道是什么时候，又把我送入梦乡。一觉醒来已是凌晨，我听见车外有人说已到了甜水井。

甜水井和疙瘩井一样，也是只有10余户人家的小村落。这里没有农田，居民靠放牧生活，看来生活相当艰苦。村里唯一的一眼水井，名曰"甜水井"。可是井里的水不仅不甜，而且又苦又咸，只能供牲畜饮用。真不知道"甜水井"的美名因何得来？这里居民饮用的水，据说要用毛驴从数十里以外的地方去驮，一次仅能驮两木桶，一户人家就得使用好几天，所以当地居民说，这里的水和油一个价钱。这时我才明白我们在安西县出发的时候，为什么要带几大葫芦的水。

我们停下休息，准备吃早饭。这一顿仍然是单调的一锅白水面片，汤里漂着一点点油炸葱花和几滴滴油珠，另外用盐和醋拌两碗水萝卜。父亲怕范老先生不习惯，取出在酒泉时别人送的点心，双手呈送给范老先生，他自己端着一大碗面片呼噜噜地几下就吃完了。

"甜水井"蚊子很多，而且个大，足有半寸来长，人被咬后马上鼓起一个核桃般大的包。加上戈壁滩上气候闷热无风，人像在蒸笼里一样透不过气来。好不容易熬到黄昏，又重整行装继续登程。原计划次日早晨可到敦煌，由于大家在"甜水井"都没有休息好，走了大半夜，才到达距敦煌县城40华里的四十里铺，已经疲劳得难以支持，决定停下来休息。我们连饭也顾不上吃，就分头找地方睡觉，有的躺在车上，有的借宿当地居民家里。一觉醒来，已经是烈日当头，可以说是离开安西后两三天来，睡了一次最好的觉。因为天气太热，又只好等到下午才动身。

四十里铺与疙瘩井和甜水井相比，却大不一样。这里有好几十户人家，有稀稀拉拉的树木和农田，因而尚无荒凉之感。父亲带着我和姨母在村里转了一圈，发现有的居民房前屋后还有梨树、杏树。有的居民看我们是外地人，还热情地让到他们家里休息。

父亲性急，恨不得马上赶到敦煌，和范老先生商量后，决定提前在下午5点左右出发。离开四十里铺，一路上经过许多小村庄，我们一行十多人，加上三辆大车和十来匹骡马，可说是浩浩荡荡。说话声、车铃声、马蹄声难免不惊动沿途村庄里的居民。村里的男女老少都站在门口好奇地观望，甚至连他们喂养的狗也跑出来在路边窜来窜去摇晃着尾巴，汪汪地叫个不停。

晚上8点多钟，天黑以前，到达距敦煌县城三四华里的地方。只见前方有数十人站立在大路的两旁，其中两人骑着快马跑来，到了跟前大声喊话询问："是范副议长和张大千先生吗？"父亲和向导骑马走在前面，回答说是。来人立即满面笑容地告诉父亲说，前面是章县长和张会长（县商会会长）等人，已经等候多时了。

夜抵莫高窟

父亲听来人说"父母官"和地方各界人士已来迎接，随即下马禀告范老先生，同时也通知我和姨母下车恭候。这时章县长和当地驻军马长青团长（骑兵第五军马步青部）等人走向前来——握手，客套一番后，大队人马步行到敦煌县城外一座堡子里住下。

堡子的主人是一位大商人，叫刘鼎臣，原籍河北省，到敦煌已经多年。听说他往返新疆经营药材皮毛发了财，在敦煌置了房地产业安家定居，为人耿直，广交朋友。他听说范老先生和父亲要来敦煌，一再向地方当局表示接待。当我们一行到达他家后，刘先生大摆宴席盛情款待。范老先生和我父亲精神很好，席间，父亲向章县长等人提出，次日要去鸣沙山月牙泉参观游览，同时也表示要满足主人们的要求，待参观了月牙泉后，专门抽出三两天时间为他们写字、作画。

次日凌晨，范老先生和父亲一行由章县长、马团长等人陪同分别乘轿车（系骡或马拉的双轮带篷的车）或骑马去月牙泉。月牙泉在敦煌县城南约15华里鸣沙山下，是个沙丘围绕中的一弯天然湖泊。湖面呈月牙形，泉水从湖底涌出，据说水深达数丈。离湖岸不远有一座小寺庙，大家在小庙休息片刻，随即沿月牙泉湖岸绕了一周。听当地朋友说，爬上鸣沙山高处，往山下滑行，将会听到隆隆的声音。我们一行20多人除范老先生等少数几人没有上山外，大家都吃劲地爬上了鸣沙山，然后又一齐往下滑，不到两分钟时间，果然听到四面发出轻轻的隆隆响声，由远而近，越来越响。当我们滑到山的下半部时，隆隆的声音犹如重型轰炸机从四面而来，十分有趣。

午后，太阳西落，我们一行返回住所时，早已有好几十人等着，看来敦煌全城的名流都已光临。吃饭请帖一一送来，父亲性直，首先向来者表示感谢，他征求了范老先生意见后说："诸位盛情，范老和我心领了，饭就不必吃了。我与范老打算在县城留下两三天时间，专为诸位写字画画，希望诸位谅解。"经过多次解释，最后总算把赴宴的事推辞了。

父亲是急性人，晚饭后令我准备纸砚笔墨，当晚为求画者们作画到深夜。不到三天时间，求画者的要求算是满足了。父亲紧接着向章县长等人提出要动身去莫高窟，便在次日下午7点钟左右，由章县长等人陪同骑马、坐轿车，一行人浩浩荡荡离开住所向莫高窟进发。

莫高窟千佛洞，离敦煌县城东南约45华里。出城10里左右即踏上了戈壁荒滩，父亲骑在马上，习惯地四面观望。一路上，有人哼着秦腔，有人唱着青海花儿，不知不觉四个多小时过去了，到达了目的地莫高窟。这时已经是晚上11点多钟了，当晚住宿在下寺。父亲和范老先生稍事休息，便急切地带了电筒、蜡烛开始参观下寺附近的一个大石窟。这座石窟高大且深，又因为是夜晚，石窟里更加漆黑，但从微弱的光圈中，能看出石窟中间是一座倚山而坐的大佛，高达数丈。在石窟甬道的左侧（北面）有一小窟（耳洞），父亲进入耳洞用电筒四面照看，在正面墙上见有彩绘侍女一身，面部丰满，眉目清秀，服饰线条柔和而有力，一手持杖亭亭立于菩提树下。父亲赞叹不已，反复观察，久久舍不得离去。由于骑了几十里路的马，又已深夜，加上朋友们劝说，父亲只好带着遗憾的心情回到下寺住所。他躺在炕上还对我说："听说这里有三四百个石窟，我们半天看一个，也要两百来天。原来打算走马观花，往返三个月，现在看来要下马观花了，最少也要半年时间。哑弗（我的乳名），能陪爸爸在这里待下去吗？"我当时自然是留恋成都的生活，但对父亲不敢说半个"不"字，便有气无力地回答说："能。"父亲又说今晚看的那个甬道旁边的小耳洞，就是当年的藏经洞，可惜里面的写经被英国人斯坦因盗走了不少。当时的政府并不是不知道，而是软弱、无能、腐败，外国人明目张胆地公开抢劫，不仅不敢追问，哼都不敢哼一声。由于疲劳，后来父亲还对我说了些什么，就不知道了。

下决心在莫高窟待两年

来到莫高窟的头三天，父亲一直陪伴范老先生参观石窟。因为范老先生将要返回武威，父亲更是形影不离。范老先生回武威后，父亲听说下寺经常来人，为了不影响工作，便搬到石窟南头的上寺住下。这里距离下寺大约两华里，比较安静。从搬到上寺后，父亲首先考虑的是对石窟进行记录。他沿着窟群用铅笔画了一幅石窟分布草图，按图纸给石窟临时编了号。后来父亲便每天带着我提着一盏煤油马灯，开始对石窟逐个详细观察，同时用铅笔作记录。父亲在作记录时，还把复杂的壁画内容以及各朝代的石窟形式、绘画特点都一一告诉了我。由于当时我仅十四五岁，对父亲所讲的领会不多，有时心不在焉，现在回想起来，真是一大损失，也是极大的遗憾！

莫高窟石窟坐西向东，由南至北，窟群排列基本整齐。有的地方有四层，也有的地方有三层或两层，以至一层。窟与窟之间原来有走廊或栈道相接连，由于自然和人为的破坏，加之年久失修，走廊或栈道已经不复存在。两层以上的石窟，后来一部分在窟内的左右墙壁开凿了一个门洞，和左右的石窟连接，故不少石窟的左右墙面上的壁画都遭到严重破坏。少数个别位置较高的石窟，攀登时必须搭梯子或从山上绕道方能进入。这给父亲记录带来极大的困难。作记录必须把石窟里所有的内容（包括塑像、壁画和题记）全部记录下来，这不仅是繁重的脑力劳动，也是繁重的体力劳动。这一重大任务仅凭父亲和我两人，看来是很难进行下去（孙宗慰先生当时主要画石窟里的塑像）。由于石窟里面的壁画需要拷贝把画稿描下来，有很多地方需要先搭上扶梯，还要来回搬动。高处要用绳子把两架梯子绑接起来，或同时要用两架梯子并排而立，父亲上去作记录，我爬上另一梯子提着马灯给父亲照明，而下面没有人扶梯子当然十分危险。鉴于这一情况，父亲托城里的朋友介绍了两位油工师傅，一位叫窦占彪，另一位叫李复（新中国成立后在敦煌文物研究所工作）。不久城里驻军马团长又派来4名士兵，父亲无法推辞，最后留下了两名。他们来到莫高窟后，帮助我们在石窟里搬抬梯子，父亲和我上到高处也不害怕了。请的油工师傅，都会画画，有时候父亲还请他们帮助拷贝壁画画稿，这就加快了父亲的记录速度，从此工作也比较顺利了。

转瞬间两三个月过去了，父亲的记录工作仅记了四五十个石窟，即便是进行到年底，也就是说半年的时间，最多也只能完成四分之一。没有记完就回成都，岂不半途而废？父亲为此反复考虑，因为这次来敦煌一切费用都由自己担负，长期在敦煌，从经济上说，只有出，没有入，不仅在敦煌要用钱，四川家里一大家人要吃饭，怎么办？这些实际问题给父亲带来很大的压力。最后还是从事业着想，毅然下定决心在莫高窟待上两年。

艰苦生活中的最大乐趣

当时我出于年幼无知，对父亲在事业上的追求很不理解，心里暗暗叫苦，心想这下可糟了，年底回不了成都，以后一年多的艰苦生活怎样熬下去？

父亲首次来敦煌，地方各界人士在生活方面都很关照，但和这些新朋友尚无深交，特别是当官的，父亲尽量避开，更不愿意在生活上去麻烦他们。幸好我们住所上寺的住持者易喇嘛有一匹马和一头磨面的小毛驴，父亲和他议定付给一定的报酬，借用他的马和毛驴每过十天左右派人到县城去买一次生活必需品。县城蔬菜缺少，有时还买不到菜，或是易喇嘛骑马出远门一时不回来，父亲和我们只好吃白水面或是馍馍夹油炸辣子，一个月总有好几天过这样的生活。要是吃一顿大米饭，菠菜炒豆腐之类，可以说是改善生活了。

从父亲决定要在莫高窟工作两年后，他更加繁忙了。为了准备下一步的工作，还需要筹备大量的经费。他白天在石窟工作，晚上回到住处在烛光下作画到深夜，有时候要画到后半夜两三点钟才放下笔休息（新作的画陆续寄回成都委托朋友举办画展）。当父亲和我感到疲劳时，便打开留声机听几段京剧唱片，如孙菊仙的《三娘教子》、金少山的《牧虎关》和《连环套》等。当父亲画得比较满意时，便放下画笔也学着唱一段余叔岩的《打棍出箱》，或者给我们讲一段故事。这对父亲当时来说，可算是艰苦生活中的最大乐趣了。

对石窟的编号和建议

来到莫高窟已经四五个月了。眼看寒冬即将来临，父亲虽然不停地对石窟进行记录，但距完成这项工作，还需要相当一段时间，更不要说临摹壁画了。父亲周密思考后，决定让姨母先回成都，让我母亲和叔伯哥哥张比德（二伯父张善孖先生之子）次年（1942年）开春后携带绘画工具和材料以及四季衣物来敦煌。父亲另外又分别致函谢稚柳叔叔（著名书画家、鉴定家，当时任监察院秘书）、学生刘力上（现在中央工艺美术学院任教）和肖建初（著名国画家，现任重庆四川美术学院教授）同来敦煌参加壁画的临摹工作。

父亲每天仍坚持记录。因起初临时编号时把大窟左右两边的耳洞也按另一个窟计算编号，这就把一个大窟的整体分成三个窟，不太合适。加之编号时，下面一层有的小窟被沙子埋没，以后清理出来再补编号，又显得有些乱。如不重新编号，记录工作就难以进行。为此，父亲决定暂时停下来，给石窟重新正式编号。

编号前，父亲泡了一大盆石灰，经过滤以后，放一些盐和胶水，由油工窦、李二师傅和我以及马团长派来的两名士兵，提着石灰桶，抬着梯子，从南向北和父亲一起重新按顺序进行编号。

父亲对石窟的编号很认真，要求极严格。他分配我和窦、李师傅轮流爬上梯子用排笔刷石灰长方块，干后由父亲用毛笔书写号数。并向我们几个人提出：一、刷石灰方块不准影响壁画画面，梯子要轻靠，搬动要小心；二、方块要刷得整齐，大小规格虽不用尺量，但要差不多，刷石灰时不要流淌滴水，弄脏石窟墙面，特别要注意不准脏了壁画；三、必须注意安全，防止事故发生。开始父亲还给我们示范刷了几个石窟，以后刷石灰方块这项工作，全由窦、李二师傅和我按父亲的要求来完成。

编号工作进行没有几天，于右任先生（当时任国民党政府监察院院长，著名书法家）和高一涵先生（当时任监察院甘宁青监察使，著名书法家）在甘肃省军政官员的陪同下视察河西走廊，来到敦煌。于右任先生和高一涵先生都和父亲有深交，故父亲没有把他们作为当时的高级官员看待，并未敬而远之。因而于先生来到莫高窟时，父亲一直陪同参观石窟并作详细介绍，回到住所还亲自下厨炒菜留于先生和高先生吃便饭。饭间，父亲对于右任先生半开玩笑而又认真地说："我张大千是一个小小百姓，只是为了追求艺术事业而四处奔波；你是政府要员，有责任出来为保护我们祖先创造的丰富灿烂的文化遗产说几句话啊。莫高窟是国宝，给斯坦因、伯希和等外国人明目张胆地偷、抢，把我们国家的国宝一偷就是几十骆驼运到英国等国家的博物馆收藏，我作为一个中国百姓，怎不感到羞辱？"并向于右任先生提出莫高窟必须建立专门的管理研究机构的建议，希望于先生返回重庆后广泛宣传、呼吁，促使莫高窟的管理机构早日建立。于右任先生表示回到重庆即向政府有关方面提出成立"敦煌艺术研究院"的设想。他说重庆有关方面如果采纳他的设想，将请父亲重来敦煌工作。父亲听后笑着说："人家说和尚走八方，我是走十方，哪里待得住？再说我连书都教不好（指30年代曾应徐悲鸿老伯的邀请在南京中央大学任美术系教授），哪能负此重任呢？"饭后父亲又临时决定，让我随于右任先生便车同去青海西宁，到塔尔寺请藏族画师来年到敦煌参加临摹壁画工作。

于右任先生一行在莫高窟的下寺住宿了两夜。这两个晚上父亲都到于先生住所和他聊天，讨论保护敦煌石窟的事。

于先生是著名书法家，出门随带文房四宝，陪同他来敦煌的甘肃省军政人员和敦煌地方人士，看见纸砚笔墨一切现成，岂能放过良机，纷纷求于先生写字，而于先生的随员也不会失去机会，个个请父亲作画。于先生当时虽然身居要职，却平易近人，不摆官架子，有求必应，提笔就写，两个晚上就写了几十幅单条和对联。父亲也给于先生的随行人员每人作画一幅。

三天后，我叩别了父亲，随于右任先生一行离开了敦煌，经兰州又去青海西宁塔尔寺。十天以后，到达西宁塔尔寺，由父亲的朋友魏兰芳先生（曾任青海省财政厅厅长）安排住宿在一位大喇嘛的住宅里，不久便向塔尔寺的藏族画师学画画。以后父亲也从敦煌来到塔尔寺，曾说从我离开敦煌后，他仍带领窦、李师傅等人继续进行石窟的编号，后来天气一天比一天冷，石灰水刷在石窟外面的墙壁上就结成冰，要等待太阳晒几天才能干透，再写上号码，手冻时只好在火盆上烤一会再写，石窟的编号就在这年的冬天艰苦地完成了，共编了300余窟。

青海之行

　　1941年年底，父亲只身一人从敦煌经武威、永登、窑街到了西宁，住宿在当时的蒙藏委员会护送班禅活佛回藏的专使行署。专使赵守钰先生是父亲的好友，事先就安排好食宿，准备热热闹闹地接待一番。赵专使得知父亲青海之行目的是请藏族画师，对父亲半开玩笑地说："你张大千有钱请几位喇嘛，但青海是'土皇帝'马步芳执政，和别的地方不一样，控制很严，你请人出青海不经过马步芳的同意是出不去的，也没有人敢跟你走。你不是不愿意跟当官的打交道吗？这次可要好好打交道了。"父亲在兰州、敦煌时，对马步芳早有所闻，看来这个交道不打不行了。他说："我是一个画画的，和马步芳素不相识，我怎么能去拜访求他？"赵守钰先生了解父亲的为人，他笑着说："文人清高，臭架子还不小。这样吧，你是名人，你来了我当然要给你洗尘，也请马步芳来。"一两天后，赵先生就在专使行署办了几桌回民席，马步芳也准时到了。原来赵守钰先生曾担任过军长，和马步芳的父亲是旧交，马步芳对赵先生以长辈相待，非常尊敬。父亲经赵介绍认识马步芳后，便说明了来意，向马提出邀请藏族画师的事。马步芳当即满口答应说："张老夫子（实际父亲当时只42岁，因留着一脸的大胡子之故）要请几个阿卡（指喇嘛画师）都可以，没有问题。"席后又派人送来黑紫羔皮筒、干蘑菇等土特产品。父亲在西宁城里住了十多天，少不了赴宴应酬，给新老朋友作画。临动身去塔尔寺前，西宁的朋友们送来大批的牛羊肉、砖茶、白糖等物。赵守钰先生还给父亲介绍了一位厨师。父亲到了塔尔寺后，首先去拜访藏族画师昂吉等人，以后经常去向他们学习制作画布、加工金粉以及磨制各种矿质颜料的方法，还请他们讲解佛教故事画的内容。

　　父亲来到塔尔寺一个多月了，这时已是农历年底，春节将临。塔尔寺每年举办一次酥油灯会，由藏族喇嘛里面的一百多位能工巧匠紧张地赶制酥油花，准备正月十五晚上在塔尔寺外面摆出，供人们参观叩拜。

酥油花是用各种颜色染过的酥油塑成佛像、菩萨像以及其他佛教里面的人物和各种花卉。塑像大小不等，有单个的，也有以十几个神佛组成一组的佛教故事。总之，从内容到形式都是丰富多彩。特别是晚上透过在塑像下面摆着数以百计的铜质酥油小灯发出的亮光，更是五彩缤纷，使人眼花缭乱。

春节前后，塔尔寺和山下不远的鲁萨尔镇呈现着一片节日气氛。各民族兄弟身穿民族服装从各地专程到塔尔寺朝拜。他们有的自带帐篷，在山坡上临时找块平地住下。父亲乘此机会带着本子去速写。有时候还冒昧地走进蒙、藏、土等民族兄弟的帐篷里去做"客"。好客的各民族兄弟总以奶茶和糌粑、油饼或大块手抓羊肉来接待我们。不几天父亲和他们熟悉了，交了朋友。以后父亲到他们的帐篷，总要带一些砖茶、白糖之类的东西送给他们。后来这些民族兄弟听说父亲是有名的"大画匠"，要求给他们作画留念，父亲尽管很忙，也要抽时间为他们作画，满足他们的要求。

父亲在这一段时间里，以兄弟民族生活为素材，作了许多速写。以后在国外画的《享堂峡》、《醉舞图》、《黑虎》等作品，大都是这次青海之行速写中积累的素材。

从西宁去敦煌途中

父亲在塔尔寺两个多月期间，给新老朋友都作了画。同时为了以后在敦煌生活的一切开支做准备，又画了一批富有大西北特色，特别是富有藏族特色的作品，如《远眺三危》（在莫高窟远眺三危山）、《兴隆山小景》（甘肃榆中县兴隆山）、《享堂峡》（兰州去西宁两省交界处）和《藏族妇女》、《醉舞图》、《藏犬黑虎》等，这对父亲来说还是初次尝试。父亲这两个来月，可说收获不小，但他认为收获最大的是新交了不少兄弟民族朋友。这些朋友对他在艺术创作上，从各方面给予了帮助。在这期间，父亲又托当地朋友在塔尔寺、鲁萨尔（塔尔寺山下的一个集镇），购买了数以百斤计的藏蓝（石青）、藏绿（石绿）、朱砂等矿质颜料。这些颜料据说是从西藏运来的，每斤约30至40块银元。这些颜料足够我们在敦煌使用一两年。在这同时，聘请的藏族画师昂吉、格朗、三知、小乌才朗和杜杰林切，已从他们的家乡来到塔尔寺集中，等待和父亲一起出发去敦煌。

父亲临行前，进西宁城向朋友辞行。马步芳已经得知父亲要离青海去敦煌，当即举办宴会给父亲饯行。席间，马步芳表示同意五位藏族画师去敦煌。紧接着就是他的下属人员接二连三地为父亲饯行，把父亲忙得不可开交。父亲理解朋友们的心情，总是在忙中抽时间给他们作画，以表示答谢。

一切准备就绪后，在西宁包了一辆卡车，父亲带着我和五位藏族画师以及厨师何师傅、勤务员孙好恭共九人整装出发。当晚住宿青海、甘肃交界处的享堂，次日午后到达武威。因范振绪老先生居住这里，加之上次去敦煌时，马步青（河西走廊驻军骑兵第五军军长，马步芳的哥哥）也曾给予关照，为此父亲决定在武威停留两天，专门拜访范老先生，并向马步青表示感谢。我们一行仍被马步青安排住宿在那所半土半洋的招待所里。马步青部下团长以上的高级军官，不断到范老先生家以看望父亲为名，拿了纸悄悄请父亲随便画几笔，父亲当然是有求必应。

离开武威，汽车过了永昌县后"抛锚"误了时间，当晚只好住张掖。幸好时间已晚，没有应酬，我们一行都睡了一个好觉。

第二天下午很早就抵达酒泉城外，这时马步青的女婿马呈祥（骑兵第五军第五师师长）和酒泉地方各界人士已在城外迎接。我们被安排住宿在城里一家河北人开的大商号里。这是一座较大的四合院，上房五间，三明两暗，我和父亲住上房两侧，中间的三间会客室父亲正好作画。晚饭后，就摆开笔墨纸砚开始动笔。父亲作画很快，包括应酬时间在内，三天就画了几十幅，可说是尽量满足求画者们的要求了。但是，没有想到酒泉地区的一位专员，不仅不满意，甚至后来对父亲进行报复，给我们带来不堪设想的麻烦，使临摹的敦煌壁画遭受了极大损失。

事情的起因是：父亲对求画者们的要求，只要时间许可，不论职位高低，一视同仁，有求必应。父亲给这位专员画了一块奇石，石上面有两只小鸟，石的后面是墨竹，画款落在左上角。这是一幅写意画，包括题款只不过半个小时即完成。这位专员拿走后，没想到第二天又把画拿来，要求父亲在这幅已经完成的画上多添几笔。父亲对此很恼火，压住气说：这幅画我自己还满意，请你先放下，以后我给你再画。但两天过去，直到离开酒泉，父亲没有给他再画，并且把那张画撕掉了，从此埋下了祸根。

从酒泉出发，当天住宿安西县，次日下午离开安西城。

汽车奔驰在辽阔的戈壁滩上，不到村庄不见人烟。这次由于乘坐的是汽车，四个多小时就经过了疙瘩井、甜水井，晚上大约8点左右到达敦煌县城外。还在离县城三四华里的地方，敦煌县的各界人士一二十人拿着电筒，点着灯笼在等待父亲。父亲忙下车招呼。和上次来敦煌不同的是彼此都熟悉了，只是来接的人里，少了章县长，新来的是陈县长（后来得知叫陈儒学，湖北省人）。父亲和他们寒暄了几句，即登上卡车（主人们骑骡马）直到刘鼎臣先生处下榻。

大规模临摹壁画

父亲上次在莫高窟半年时间，和敦煌地方人士相处关系融洽，特别是后来渐渐和刘鼎臣、张雨亭（县商会会长）二位先生有了交往。这一次来敦煌，刘鼎臣先生早已经把父亲一行9人在莫高窟所需用的柴米油盐一一准备齐全。同时为解除父亲后顾之忧，以便集中精力工作，他每隔三四天即送一大车生活用品来。他怕父亲客气不接受，还对父亲半开玩笑地说：老夫子用不着客气，反正以后我要和你算账的。

这次我们到莫高窟来，加上在县城请的李复、窦占彪两位师傅和驻军马团长派的两名士兵，共13人，仍住在上寺。父亲为了尊重他们不同的生活习惯，13个人就开了三个灶，刘鼎臣先生骑马到很远的牧区给五位画师买酥油和青稞炒面。

这次来敦煌，临摹壁画所带的各种用品比较齐全、充足。我们一住定后，第二天就开始有计划地分工进行临摹壁画的准备工作，我和李复、窦占彪加上勤务员孙好恭随父亲带着上次所勾的壁画稿到石窟里去核对，同时把要临摹的壁画按墙面尺寸量好后交给画师，以便加工画布。

临摹壁画分两组进行，我和李复、窦占彪、孙好恭仍随父亲为一组，昂吉等三位画师为一组，留下三知等两人继续加工画布和石青等矿物颜料。父亲临摹壁画严肃认真，临摹每一幅壁画都要找同一时代同样内容的壁画互相对照参考（因为被临摹的壁画有的残缺，有的颜色起变化，需要对照参考）。他说，相互参考可以使我们临摹得更准确一些。特别是人物的面部、手脚以及人体其他露出部分，父亲都是反复观察壁画原作，然后才下笔勾线。我和李复等人的分工是每人着一种颜色，和现在的流水作业法相似。

在石窟里临摹壁画，和在室内作画大不一样，特别是临摹大幅壁画的上面部分，一手提着煤油马灯，一手拿着画笔爬在梯子上，上下仔细观察壁画，看清一点，然后在画布上画一点，一天上下爬多少次梯子，就很难统计了。我当时胆子小，每当爬到最高处时（大约距地面3米左右或更高一些），两条腿不由得就发抖，而父亲从来胆子很大，无论是攀登悬崖峭壁，或是独木高梯，都如履平地，毫不影响他的观察和动笔。我想这或许是他遍游名山大川久经锻炼所致吧。

当进入石窟后，就会发现从石窟的顶部直到四面墙壁的底部，都是五彩缤纷的绘画，整个窟里面可以说没有一点空隙的地方。当我们临摹到壁画的底部时，还得铺着羊毛毡或油布趴在地上勾线、着色，不到一个小时，脖子和手臂酸得抬不起来，只得站起来休息片刻再继续临摹。

在临摹壁画的过程中，父亲时常对我们说：临摹不是照猫画虎就了事，而首先要把临摹的对象搞清楚。敦煌壁画大都以人物为主，在临摹时不仅要临摹出人物的形，更重要的是要表达出人物的情，不仅要形似，更要神似。他说："壁画中的佛像肃穆端庄，菩萨慈祥可亲，飞天秀丽活泼，天王、力士威武雄壮。"他又说："肃穆端庄不是呆板，秀丽活泼不是轻飘，威武雄壮不是凶恶，这些都是需要认真仔细观察研究的。"父亲说，壁画中人物的服饰，各朝代画的从表面看，似乎大同小异，如果仔细看，再多临摹几幅，就会发现有较大的差别。特别是供养人更不一样，因为每一个朝代所画的供养人，大多是当时的人物，他们的服饰是当时的写实，所以各个朝代都有各朝代的特点。因此，一定要把临摹对象的服饰以及其他特征搞清楚。比如佛像的袈裟，菩萨、飞天的裙带以及头上戴的发冠和发髻等等，不搞清楚就交代不下去。壁画残缺的地方，要是照猫画虎不加思索地画上去，看起来就很不舒服，就会发现所临摹人物的衣服，好像纽扣扣错了，或是裙子系松了，总之就像穿了一身不合身的衣裙，很别扭。谈到用笔时，父亲说：中国画无论是山水、人物、花鸟，工笔或写意都很注意笔法。他说勾线、皴擦、渲染都有个用笔的问题。勾线要用中锋，皴擦就要用侧锋，而渲染则中锋和侧锋都要用。谈到临摹的意义时，父亲说，对于初学画的人，临摹十分重要，临摹多了就能掌握规律，有了心得，这样可借前人所长参入自己所得，写出胸中的意境，创造自己的作品，那才算达到成功的境界，这样我们就有可能超过古人。但是不下苦功，是永远也达不到那个境界的。父亲接着说，有人认为画画靠天资，我并不否认，但我认为主要还是靠苦练，也就是说七分苦练，三分天资。至于功夫下的得当不得当，这里面就有个天资问题了。

临摹工作顺利地进行着，不知不觉三个多月过去了。这时已是盛夏，就在这时候我母亲和姨母以及谢稚柳叔叔、师兄肖建初、刘力上、堂兄张比德先后分别从重庆、成都到达莫高窟。这无疑加强了临摹壁画的力量。由于人员增加，又逢瓜果上市季节，刘鼎臣先生几乎三天两头派大车送瓜果、蔬菜和肉类等食品到莫高窟来，使我们在莫高窟生活有了充分的保障。

父亲对子侄一贯要求极严。比德六哥来后，当即把他叫到一边说，敦煌距成都几千里，我们来一次很不容易，这里的生活艰苦，但你们这次来这里，比起去年我初到这里的时候大不一样了。如果明白了我们为什么要到这里来的目的，那么生活上的艰苦也就会自觉地克服了。父亲的这些话，从离开成都后，少说也给我讲过两三次，这一次我算是"旁听"。

父亲在谈到莫高窟石窟艺术时，他说，这里从六朝到唐宋元各朝代的壁画、泥塑都有，风格各异，内容丰富，可以说是绘画、雕塑艺术方面最大的博物馆。我们到这里，不仅是要多临摹，尽可能还要多记录，以便将来进行研究。记得父亲还说，他在青年时代，跟着曾、李两位太老师（曾农髯、李梅庵）学书法、诗文的时候，看过他们收藏的一些古代名人书画珍品，这是很难得的，因为一般人要想在收藏家那里看几件珍品谈何容易。但个人收藏毕竟有限。现在这座最大的艺术宝库摆在我们眼前，我们就要百倍珍惜在这里的时间，哪怕是一分一秒，也不要白白放过。父亲在谈到临摹壁画必须注意的细小事项时说，敦煌壁画遭受了严重破坏，除因年久自然残蚀剥落外，令人痛心的是有些外国人，特别是斯坦因、伯希和偷偷揭取破坏和盗走了大量的壁画、塑像以及写经。而当时政府软弱，竟不敢追究。我们来临摹壁画，务必注意，千万小心，比如在石窟里搬挪梯子桌凳时，不要碰着墙壁，甩笔时不要把颜色或脏水洒在墙上。这些看起来都是小事，似乎不值得一提，但稍不注意就有破坏玷污壁画的可能，我们岂不成了历史的罪人。父亲还惋惜地说，莫高窟是世界艺术宝库，是我们国家的国宝，却长期无人管理，当然就谈不到保护了。这个责任应该由政府来负。因此，去年我给于右任先生当面建议，请他回到重庆后向有关方面呼吁，也许有点希望。

莫高窟的夏天，白天气温高达30多摄氏度，窟外炎热，窟里却很凉爽，并且不因下雨影响工作，这对我们临摹壁画极为有利。自从谢稚柳叔叔和肖建初、刘力上师兄以及比德六哥他们来了以后，临摹壁画和记录工作的速度比以前更快了。父亲晚上回到上寺住处，还要作画寄回成都，经好友肖翼之、杨孝慈二位先生变卖后，来维持这里的庞大开支。

由于刘鼎臣先生和敦煌县城朋友的关照，父亲在生活方面无忧无虑，整个工作进展很顺利，不知不觉两三个月又过去了。由于人员的增加，临摹的壁画由几平方米的局部，发展到几十平方米的整个一堵墙面，可算是大规模的临摹工作了。

为营救刘鼎臣被敲诈

记得有一天，刘鼎臣先生送东西来到莫高窟，一见父亲就说城里发生了大事。他说，昨天"中央军"（指国民党胡宗南的军队）足有一团人，有的乘军用卡车架着机枪开到县城，把马团长（指马步青部驻敦煌的骑兵团长）

从家里押到团部，限他三天内带军队撤离敦煌。现在县城里面，到处都是"中央军"，详细情况还不清楚。就在这时候，马长青团长和他团部的几名军官骑马来莫高窟向父亲告别。马团长说，马步青奉命调青海任柴达木屯垦督办，骑兵第五军全部开到青海。他说，不能伺候老夫子到底了，希望多保重。这时大家才搞清楚，原来是军队换防。父亲为了感谢他们派士兵进行保卫工作，当即给马团长等人每人画了一幅写意画作为纪念。待马团长他们回城后，父亲又拿出几百元法币（当时相当于60块银元）送给马团长派来的张得珍和一位姓杨的士兵。他们都流着泪辞别了父亲。

又过了几天，敦煌县长陈儒学、商会会长张雨亭等很多人，陪着新来的驻军步兵团长到莫高窟拜访父亲。这位"中央军"团长身穿一套呢子军服，胸前还戴了几个牌牌，一副白手套，一只手捏着一根皮马鞭，带有几分傲气地走在众人之前，见了父亲行了一个军礼。经陈儒学介绍，才知道这位团长姓夹名国选，浙江省人。父亲和他寒暄了几句后，夹表示要派兵来保护父亲，父亲当时婉言谢绝，但夹坚持要派。后来父亲听人说，夹的步兵，人数比骑兵多一倍，在县城没有地方住，决定派一连人驻莫高窟，名义上是保护父亲，实际上是解决住处，何不做个顺水人情。果然不几天，由一位姓乔的连长带领一百多人住进了下寺。乔连长一到莫高窟就来拜访父亲，并说奉团长命令，将派一班人来保护老夫子，又说要是老夫子谢绝，他向团长就交不了差。这样上寺又住进一个班的军队。从此以后，夹团长常到莫高窟来看望父亲。在他和父亲的交谈中，看来他对绘画方面似乎也懂得一些。因此父亲和他还谈得来，慢慢也就熟悉了。

转瞬间秋去冬来，城里的刘鼎臣先生正忙于给我们准备冬季取暖的事。有一天刘鼎臣的亲戚张某来告诉父亲说，刘鼎臣的家昨晚被从兰州来的两个军官（一名上尉，一名中尉）带着便衣抄了。把刘的家翻个遍，最后拿出一小包大烟，说是在刘鼎臣房里柜子底下搜查出来的，然后说刘犯了贩卖大烟罪，当即被戴上手铐送到县法庭关押起来。张某又说刘鼎臣从来连香烟也不抽，明明是他们搜查时偷偷放在柜底的，然后再拿出来问罪。父亲听后，考虑此事来头不小，里面肯定有文章，便写信请夹团长和陈县长先了解一下情况，再商议如何搭救刘鼎臣。夹、陈了解后，来莫高窟告诉父亲说，那两个军官都是军统特工人员。经过几番周折，后来其中一个姓胡的（上尉）对陈县长说，你不是和张大千先生有交往吗，只要你能代我向他求几幅画，我们也算没有白跑一趟了。至于释放刘鼎臣，既然陈县长和张先生是朋友，不看僧面看佛面，我只好从命啰。

姓胡的"戏"演得不错，等父亲把画给他后，刘鼎臣先生果然被释放出来。父亲为此事被这个人敲诈了七八张画才算了结。

莫高窟的冬天

刘鼎臣释放回家后，气得害了一场病。父亲听说，带着比德六哥和我骑马去探望。刘鼎臣一见父亲，首先表示感激。他说："要不是老夫子出面，陈县长从中周旋，我恐怕被押送到兰州了。不说别的，给我定个贩卖大烟的罪，我不死也落个家破人亡，这一辈子也就完了。"刘鼎臣接着说，他做买卖，一向安分守己，从来不做犯法的事，说着说着竟流下了眼泪。父亲听了表示同情，但又半开玩笑地说："你做买卖发了点财，但你不要忘记了你是一个老百姓，所以才会有人来'关照'你啊！这也不足为奇，俗话说，破财消灾嘛！"

冬季即将来临，天气一天比一天寒冷。敦煌不产煤炭，当地取暖多用木柴。刘鼎臣先生病愈后，为父亲一行雇了骆驼队，请民工到200里以外的沙漠中去寻找、挖掘原始枯木作为我们取暖之用，往返一次至少要七八天时间。记得当时大约有二十几峰骆驼，不停地驮运木柴，整整一个冬天。

石窟里面，虽说是冬暖夏凉，但因绝大多数石窟没有窟门，十冬腊月里，冷风长驱直入，冻得人难以招架。特别是一些较小的石窟，甬道很短，石窟距洞外很近，最冷的时候，往往滴水成冰，临摹壁画十分艰难。由于临摹一幅壁画，要在一堵墙壁的某一位置，连续工作时间较长，尽管身穿老羊皮大衣，仍然冻手冻脚，把颜色着在画布上，不一会儿就冻住了。加之一手拿画笔，一手端颜色碗，有时候还要爬梯子、上架板，极不方便，临摹效率很低。然而父亲对临摹壁画工作有个比较切实可行的安排，即决定把工作转向室内进行，先临摹一部分单幅小型的壁画。他让我们把在夏秋两季用玻璃纸在壁画上描下来的画稿，附在事先绷在木架上的画布背面，迎着亮光勾在画布上，然后按画稿上标明的颜色，普遍着一两层色。这样，大家便可分头在住房里面上稿勾线和着色了。

有一天，下了一场鹅毛大雪，父亲和大家都到外面欣赏雪景。当时在我们住的上寺后面河滩的对岸，发现有不少藏族牧民，男女老少总有20多人，周围是一群群牦牛（也有少许羊只）。他们正在对岸"安营扎寨"——搭帐篷。父亲见了特别感兴趣，便过去和他们攀谈，才知道这批牧民是流动放牧来到这里的。父亲见他们正在忙碌，不便打扰，约定下午再去看他们。

父亲为了和这批牧民交朋友，同时也很想画一些反映藏族兄弟生活方面的作品，下午带了白糖、砖茶去帐篷专门拜访他们。记得共有三四顶帐篷，每顶帐篷的门口，都用铁链拴着一两条黑色大藏狗。这些狗和内地的普通狗不一样，见了生人不是汪汪地叫个不停，而是等你靠近主人的帐篷时，才猛地向你扑来，要不是主人出来紧紧把狗拉住，你就休想靠近帐篷，更不要说进到帐篷里面了。父亲对这种狗非常喜爱。他说，这种狗体壮、凶猛、好看，可以入画。当地人把这种狗叫"笨狗"，其实一点也不笨，相反，对待主人，比起洋狗来，要忠诚得多。父亲在谈话中流露出以后打算带一两条藏狗回四川去。

这批藏族兄弟和我们在青海塔尔寺相识的一样，都非常好客。他们见父亲去了，个个笑脸相迎，让进帐篷后，席地坐在羊毛毡上，随即倒上奶茶，拿出酥油和炒面要给我们搅拌糌粑吃。他们大都能讲汉语，开始误以为我们是来找他们交换什么东西的。父亲对他们来了个自我介绍，说自己是四川来的"画匠"，到千佛洞来画佛爷的。在相互交谈中，了解到他们缺少燃料，后来父亲便让人专门送去几大捆木柴。就在这短短的两三天里，父亲和他们熟悉了，在和他们说笑和挤奶、散步的时候，父亲速写了一本反映他们生活、服饰的画稿。后来作品中的《训犬图》、《藏族姐妹》等，都是采用的这些原稿。

石窟里面又"热闹"起来

由于人多，工作安排得比较有顺序，室内作画进展很快，到第二年春天，我们清理完成的半成品画达到100多幅。但是父亲并不因取得这些收获而稍有松懈。他说，这部分画毕竟不是成品，还有大量工作要在石窟里面去做。又说，我们这次来敦煌临摹壁画，具备了三个有利的条件：一是人多，力量集中；二是有青海请来的藏族画师协助工作；三是得到西北各方面的支持，特别是敦煌各界朋友的关照。我们算是一个民间小团体，自费来到这里工作，仔细想一想，真不容易啊！因此，不能错过机会，一定要利用这有利的条件和时间，多画，画好。否则就辜负了帮助我们的朋友。

我们几个人和藏族画师昂吉等，分成三四个小组，集中力量，突击把一个冬天在室内所画的中、小幅壁画的半成品，又带到石窟里面去一幅一幅地照着壁画原作核对，补着颜色，从此我们的工作又转向石窟现场。我们着完颜色后，人物的面部、手、脚以及服饰等所有的线条，全部由父亲来勾勒。因此，父亲出入石窟频繁，非常辛苦。

父亲作画，除画人物的五官时，精力集中，屏息不语外，一般情况下，总是喜欢和周围的人（主要是当地派来帮助搬梯子、抬桌凳的人）"摆龙门阵"，天南海北无所不讲。父亲有时候还把留声机（手摇唱机）带到石窟，等到去石窟外休息的时候，边晒太阳，边听唱片。他考虑到派来的士兵大多是天水、秦安一带的人，特意给他们放几张陕西易俗社秦腔著名演员王天民、李正敏唱的《蝴蝶杯》、《柜中缘》等让大家高兴高兴，轻松一下。当县城里的朋友来看他时，也是在石窟里面边看他临摹壁画，边"摆龙门阵"，直到"下班"吃饭才带着客人回到住处。在这一段时间里，沉静了一个冬天的石窟，又变得"热闹"起来。

"他们才是了不起的画师"

时间在这古老的石窟群中，一天天地消逝，不知不觉又是一个多月过去了。父亲带领我们顺利地完成了冬天在室内所画的100多幅临摹壁画中的大部分。这样我们在莫高窟前后共临摹了大小近300幅壁画。这时已经是1943年的4月中旬了。父亲本来还想临摹一些壁画，由于所准备的颜料、布匹、画绢等作画用品已经剩下不多，加之还计划去榆林窟临摹一部分壁画，尤其是那几位在青海聘请的藏族画师时间也快到了（父亲曾向马步芳表示至多不超过一年半的时间），鉴于以上原因，只得停止莫高窟壁画的临摹，进入了紧张的结尾工作，并为去榆林窟做准备。

父亲从十几岁开始就四处奔波，对于出门整理行装，特别是携带书画，颇有些经验。临摹的将近300幅壁画（最大幅的达几十平方米），全部是在丝绢和布匹上面画的，所着的颜色，多是石青、石绿、朱砂等矿质颜料。如何运输包装，使其不受损坏，大家都为此犯愁。父亲却早已想出了很好的包装办法。他把临摹的壁画的长度和宽度，大致分几个不同尺寸的规格，订做了几十个长木箱，还有几十根碗口粗的长木杆当作卷画的轴，然后把炕上铺的羊毛毡全部铺在上寺大院地上，按尺寸先大后小一幅一幅地卷。为了防止画面的颜色磨损，每卷一幅画都要衬一层白纸。尽管每个木箱只装一卷画（每卷四五幅或十余幅），有的木箱重量竟达100多市斤。虽然我们人手众多，由于卷画是个细致活，忙了几天才卷好装箱。由刘鼎臣先生派大胶轮车拉运到他家保存，待榆林窟工作结束后，再用汽车运到兰州。

父亲1941年初夏到莫高窟，截至1943年5月离开这里，前后两年时间。通过对石窟的实地考察和壁画的临摹，的确开了眼界，扩大了视野，使父亲对绘画艺术的探索，又向前迈进了一大步。在即将离去而又不愿离去这个地方时，他的心情十分沉重，往日的欢颜笑语听不到了。他要在临行的前夕，抓紧时间对这里的石窟再逐个看上一遍。他说：莫高窟不仅是绘画艺术的博物馆，也是雕塑艺术的博物馆。石窟里的壁画，大多反映佛教方面的内容，还有一些是反映各个朝代历史的，这对考古和历史研究都很有价值。不管从哪方面说，需要学的东西实在太多了。而我们这次来，仅仅是在壁画临摹方面作了一点点工作啊！

父亲带着我们在石窟看壁画时，每当他看到唐代洞窟里面所画的维摩诘像和帝王以及菩萨、飞天等人物时，总是给我们指点并称赞不绝。他说："这些壁画的作者，都没有留下姓名，也无从考证，想来不是什么名家，用现在的话说，叫作'画匠'。而这些无名'画匠'的作品，按我个人的看法，并不比和他们同时代的大画家阎立本、吴道子画得逊色。"父亲说，名画家，当然画得好，画得不好就不会出名了，但也未必每一张画都画得十全十美。相反，不是名家也能画出很好的画来，古时候有，现在也有。父亲指着墙面上的壁画说：“这些来自民间的画师，他们仅仅是凭着佛经里面所讲的某一个故事，就在石窟的墙壁上创作如此巨大、复杂而又生动的画面。作者如果不懂佛学和历史，没有极其丰富的想象力和高超的绘画技巧，怎么能够创作出如此壮观的画面来呢？”父亲指着壁画接地面的部分说：“画面紧接地上，有的地方离地面仅仅一尺多，作者必须长时间地侧卧或匍匐在地才能完成。他们所付出的艰辛劳动，是令人难以想象的。”父亲接着说，“作者虽然没有留下姓名，但是他们所留下的艺术，将永远被我们后人所承认，他们才是真正了不起的画师啊！”父亲认为，敦煌石窟艺术，和当时的政治、经济以及佛教的盛衰是分不开的。他说，敦煌是丝绸之路必经之地，是通往西域的重镇，随着政治、经济的发展，佛教也得到发展，因而这里的石窟艺术也随之而繁荣起来。可是到了五代、宋朝以后，这里佛教受当时政治、经济的影响渐渐衰退，所以不像魏、唐时候那样盛行了。

尽管父亲和我们即将离开莫高窟，但仍从容不迫地仔细观察，不时地给我们讲某一幅壁画的特点和画法，同时，又掏出本子随时补写记录。他说，现在尽可能记详细一点，不仔细核对清楚，以后事隔多年遇到疑问，就很难弄清楚，那将是永远的遗憾。

别了，莫高窟

1943年5月初的一天，刘鼎臣先生通知父亲，去安西榆林窟的一切都已安排就绪，让父亲决定出发日期。为此，父亲让我和比德六哥带着纸墨笔砚随他一同骑马去县城，向敦煌各界朋友辞行告别。为了对朋友给予的支持、关照表示感谢，父亲打算在刘鼎臣先生家住两三天，特意给大家作画留念。我们一到刘先生家，吃饭的请帖便不断送来。父亲为了不扫主人们的兴，一一答应下来，但他提出要求说，为了不耽误作画时间，就把饭开在刘先生家里，大家一起吃几天"大锅饭"，岂不是更加热闹。主人们当然同意，只是给刘鼎臣先生增加不少麻烦。尽管如此，父亲边画边"摆龙门阵"，每天都要画到深夜，大家还要吃一顿夜餐才散去。刘鼎臣先生高兴地说："我家里从来没有这样热闹过。"

父亲在县城作了大约四五十幅画留给朋友后，我们又回到莫高窟，准备向榆林窟出发。这时城里的朋友们不断送来罐头、白糖、茶叶以及糕点和大饼，让我们在路上食用。一两天后，刘鼎臣带了两名向导和三四十峰骆驼队来到莫高窟。向导说，从莫高窟去万佛峡（榆林窟），三天半就到了。父亲听了后，决定次日早饭后出发。

翌晨起床，大家把所带的行李、炊具等物整理好后，即由向导和驼把式（拉骆驼者）捆扎在驼背上，吃过早饭开始出发。大家步行经过了莫高窟的下寺，走过了干涸的河滩，这时驼把式才把长长的一串骆驼一一拉跪在地，让我们骑上。由于我们都是初次骑骆驼，尽管驼把式要我们小心注意，有的人还是在骆驼起立的瞬间，差点掉了下来，被吓出了一身冷汗。

我们的骆驼队朝着三危山主峰方向走去。随着骆驼稳健而缓慢的脚步，在我们耳边响起了一连串长久不息的、有节奏的驼铃声。这铃声打破了漠漠荒沙旷野的沉寂，这铃声把我们带入一个新的艺术幻境。当时，在我幼小的心灵中，仿佛觉得我们是一支古代的探险队，正在向另一座遥远的艺术宝窟勇敢而坚强地进发。当最前面的骆驼正要进入一道山沟时，忽然听到父亲的声音，要驼队稍停。只见他回过头久久凝望着远处的莫高窟出神，仿佛依依惜别，不忍离去。我们也一个个回首遥望，只见莫高窟的层层石洞，像无数双黝黑的眼睛在恋恋不舍地凝望着我们。莫高窟山下的一片白杨树林在慢慢摇摆，好似在向我们招手，再见。我刚要向父亲说什么，却见父亲满怀深情地向远处挥了挥手，轻轻地说了一声："别了，莫高窟！"

赴榆林窗途中

我们的骆驼队沿着狭窄而弯曲的山沟，在铺满了乱石的"路"上，忽高忽低地摇晃着行进。出了山沟，又踏上几十里不见人烟的戈壁滩，直到黄昏才到了一个有二三十户人家的村庄。这是我们离开莫高窟后的第一站，骆驼队在一个空场地停下，准备在这里休息过夜。全村男女老幼都跑来围观看热闹。

父亲和谢稚柳叔叔等人，被向导带到一户人家的上房休息，屋里的土炕上铺有羊毛毡，还有炕桌、炕柜之类的家具。据向导说，这是一户绅士家。我们一行人都被安排住宿在这个小院里。

父亲每到一个地方，总要叫比德六哥和我跟随他各处走走看看。这个村子居民住房比较集中，有的人家小院里面还有几棵果树。有的居民端碗黄米饭蹲在门口吃着，看到我们还客气地让进屋里去坐坐，看来他们的生活似乎要比甜水井、疙瘩井好一些。

因为在途中我们没有吃中午饭，晚饭比较丰盛，有羊肉末面、大饼，还有炒鸡蛋。饭后闲谈中，听说这一带狼很多，夜晚常常进村到羊圈叼羊，有时甚至翻墙进入居民院子，我们都有些提心吊胆。晚上除母亲、宛君姨带着小弟弟心澄住在居民家里外，父亲和谢稚柳叔叔同大家一起露宿在外面空场上。夜幕降临的时候，我们一行20多人把行李铺在场地中间，30多峰骆驼跪卧在我们的四周，形成了自然的屏障。我和比德六哥一睡下就什么也不知道了，醒来已是旭日东升。听父亲和大家说，昨晚离我们不远的地方，真的有狼在嗥叫。

离开村子，我们的骆驼队在戈壁滩上朝东继续前进。骑骆驼和骑马不一样，必须一字拉开，顺序前进。所以我们骑在驼背上，既不能并排说话，更不能单独快跑。在这干巴巴的大戈壁滩上，走了近一天的时间，都没有遇到一个行人。要不是护送我们的士兵一路哼着秦腔，可把人闷死了。为了赶路，中途不休息，好不容易熬到第二站塔实堡。

塔实堡位于安西县城东南大约100华里处，距榆林窟还有一站路，是一个有近百户人家的大村庄。我们到这里后，听说安西的驻军派了一排人已经去榆林窟了。

我们次日一早动身，向西南行进，天黑进入榆林窟的山口，安西派来的人已来迎接。我们一行下了骆驼，有的打着手电筒，有的提着煤油马灯，高一脚低一脚地向前走着。不知道走了多少时间，终于到了目的地。这是一个大石窟，外面有几间空房，我们卸下行李，安排住处，大约夜里十一二点钟以后才吃晚饭。敦煌驻军派的十多名护送人员，第二天就要动身返回敦煌。父亲为了有所表示，以补贴途中食宿为名，送给每人相当于20块银元的法币，还给带队的排长送了一张画以作纪念，直到深夜一两点钟，我们才休息。

在万佛峡

榆林窟在安西县城南约200华里处，当地人又叫"万佛峡"。记得当时进入峡口后（按河流自下而上），只见两边是二三十米高的山崖，石窟就开凿在崖壁上。据有关资料介绍，石窟开凿时间和莫高窟大致相同，亦曾受到斯坦因、伯希和、华尔纳的盗窃和破坏。在我的记忆中，当时大约有五六十个洞窟，且多集中在入口左面的崖壁上。在紧靠左边崖壁的下面修建有寺庙，但大都被破坏。我们来时不见和尚和道士。右边山崖下，已无寺庙遗迹。这里存有壁画、塑像的洞窟，仅有二三十个。石窟排列不如莫高窟整齐，有的互相连通，有的则要单独进出，有的距离较远，上下进出颇不方便。在两旁山崖中间，有一条约五至十米宽窄不等的急流。急流两边是乱石河滩，河滩上长满红柳和酸枣。在靠近石窟的山崖下，还有一些榆树。这里自然景色宜人，不愧为当年风景胜地。

我们到达这里后，父亲把画室设在大佛洞窟前面左右两侧的大空房里。房内有两个土炕，为了不受风沙袭击，父亲用木条、芦席钉了门窗，糊了麻纸。这样父亲和我们就可以在这里作画、睡觉。

安排就绪后，父亲就和谢稚柳叔叔带领我们到石窟去观察，确定了需要临摹的壁画，临摹工作很快就开始了。与此同时，父亲还带了我和比德六哥、李复等人，对石窟进行了记录和编号。由于大部分石窟都遭受严重破坏，记得当时我们只编了二十来个石窟。通过记录和仔细观察，父亲认为这里的壁画的确可与敦煌壁画媲美。父亲对我们说，有的人不了解中国画，批评中国画没有透视，其实中国画怎么没有透视呢？他认为中国画的透视，是画家按其需要，以画面景物的远近距离来表达的。他指着壁画"经变"中的建筑物说，这不就是透视吗？楼台殿阁，大多是近景，所以都画得非常清楚、细致、完美，一看犹如到了跟前。它的透视就要从上下左右各个方面去着取。画家为了使自己作品中的殿宇能够给人以完美的感觉，常常去俯瞰建筑物的屋脊，同时又以飞动的角度仰看建筑物的屋檐和斗拱，就在这俯仰之间迅速将留在脑子里的屋脊、屋檐和斗拱的印象画了出来，这样就能反映出国画中的建筑物之美。当然，这里面还有个表现手法和技巧的问题，但这也不是死板不变的。父亲又说：古人讲"远山无皴"，远山为什么无皴呢？就因为人的视力和照相一样，太远了自然就看不见或看不清山上的脉络，也就用不着皴笔了。"远水无波"，江河远远望去，哪里还看得见波纹呢？"远人无目"，人远了五官看不清楚，当然也就用不着画了。总之，一幅成功的画，要给人以自然美的感觉。

父亲对这里的西夏"水月观音像"赞叹不已，但遗憾的是在榆林窟不能久待。他说，这里不比敦煌，我们二十来人（不包括安西派来的护卫人员），在这里吃用的柴米油盐，都是从敦煌带来的，只能维持一个来月，用完了到安西城里去办一次，往返最快也要五六天。安西是个穷困地方，托朋友办这些（指柴米油盐），就是让人家为难。所以，我们要尽快离开这里。加之，父亲在敦煌已应高一涵、鲁大昌（当时任第八战区东路总指挥）两先生的邀请，同意返兰州时在他们家住宿，并告诉了抵兰的大致时间。因此，父亲为了赶时间，白天在石窟临摹壁画，晚上带领我和孙好恭等人提着煤油马灯、抬着小木梯进入石窟详细作记录，每天在石窟里面工作达十几个小时。这段时间，父亲比在莫高窟还要辛苦。

经过一个来月的努力，终于按计划完成了这里壁画的临摹。西夏水月观音、唐代的吉祥天女、大势至菩萨以及供养人像等大大小小约60余幅。父亲敦煌之行的临摹壁画工作到此整个结束，莫高窟、榆林窟两地共临摹壁画（包括半成品）300余幅。这时已经是1943年6月中旬了。

从榆林窟回到安西

由于包装等用品在敦煌早已准备好，所以工作结束后，仅一两天时间就全部收拾完毕。父亲喜欢骑马，动身这天，他和来接我们的一位朋友骑马先到塔实堡。我们都随行李乘坐胶轮大车，天黑才到塔实堡。我们会合后又急忙转乘"羊毛卡车"去安西。在汽车上，父亲对大家说，今天险些回不来了。上午由于那位朋友对这一带不太熟悉，走错了路，在途中过了一条浅水小河，殊不知上岸走了不远，猛然发现前面路上有两只大狼，凶狠狠地盯着我们，挡着去路。幸亏我们急中生智，举起手头的马棒比画了几下，才把狼吓走，要是一个人那就麻烦了。

卡车在简易公路上颠簸摇晃着行驶，因为路基不好，有时候还要下来推车，深夜11点多钟才到安西县城，我们仍被安排在县税务局住宿。这时，敦煌的刘鼎臣先生已经把寄存在他家装有临摹壁画的木箱，全部送到了安西。

我们去兰州包的卡车，是从酒泉专程开来的，所以必须在安西等待两三天。父亲在安西认识的朋友不多，只用了一天时间作画赠送朋友、熟人。

海市蜃楼

两三天很快过去，父亲托熟人安排谢稚柳叔叔和母亲、宛君姨乘坐从新疆开往兰州经过安西的轿车先走一天。次日天气晴朗，父亲带领我们其余的十几人乘坐租用的卡车去兰州。父亲坐在驾驶室里。汽车一出安西县城即奔驰在戈壁滩上。由于人多，大家在车上七嘴八舌地说个不停，不知不觉两个多小时过去了。这时大家突然发现，在公路的南侧远处，有一片漫无边际的汪洋大海，海面的地平线和蓝色天空紧紧相连。在我们聚精会神地看这景色的一瞬间，忽然海水慢慢起浮，上下摇动，但不一会又平静下来。这时只见一排排大树渐渐从水面升起，大树的倒影随之清晰地显示在水面上。开始，我们以为是湖泊和森林，都说汽车要能开过去看一看，休息一下就好了。话还没有说完，"湖泊"、"森林"犹如电影变换镜头一样地消逝了。继之出现的是亭台楼阁和假山等，俨然是一幅古代园林画图，它的倒影又映在"湖"面上。这时，我们的汽车也停下了。父亲从驾驶室下来，还以为我们没有看见这一奇景，他指着那远处的"湖泊"水面上的"亭台楼阁"和"假山"对我们说，这就是书上所说的"海市蜃楼"。他说，有些人对这种奇特现象迷惑不解，实际上是由于不同密度的大气层，对于光线的折射作用所形成的一种幻景。我当时年幼，听了似懂非懂，总觉得很神秘。就在父亲讲话的一瞬间，刚才所见到的一切又渐渐地消逝了。这一奇景给我们留下了很深的印象。据司机说，戈壁滩上经常能看见这种幻景，有时出现高山、城市，且都有倒影，只是时间很短，时而出现，时而消逝。

突如其来的检查

我们的汽车在玉门县稍停，午饭后继续朝酒泉方向疾驰。为了争取早日到达兰州，父亲考虑不便打搅沿途朋友，耽误时间，故当晚在酒泉汽车站附近住宿。第二天住张掖，第三天到达武威。在武威，父亲带着我们一行专程拜访了范振绪老先生。次日（安西出发后的第四天），原计划当天可到兰州，不料汽车上乌鞘岭时"抛锚"了。虽然正是六月天，这里却冷如严冬，人都冻得直打哆嗦。经过司机和助手的努力，修了好几个小时，才勉强开到永登县。

第二天，一路顺利，不到中午就到达距兰州三四十公里的河口。这里是三岔路口，沿黄河东去兰州，西去青海。当我们的汽车向东拐弯时，只见一个军人站在路口，摇晃着红旗，示意停车。车停后，这个军人对司机说，他和另一个军人有急事去兰州，要求搭车。司机看了看父亲，父亲表示同意。两个军人没吭一声，却一边一个站在驾驶室外面的踏板上。车到兰州后，因为我们是包的专车，本来可以直接开到高一涵先生或鲁大昌先生家，不料汽车刚过兰州黄河铁桥，这两个搭"便车"的军人便一面出示证件，一面对父亲说奉命要检查。并命令司机把车开到畅家巷汽车站。车到站后，又来了四五个军人。父亲想，既然他们是奉命来的，也不便再说什么。但是这二三十只大木箱里面装的全是临摹壁画，怎能经受毫无准备的翻腾，于是，父亲趁卸行李的时间，让比德六哥和我到车站给高一涵、鲁大昌两先生打电话，告诉这突如其来的意外情况。当那几个军人查完行李，正准备开木箱检查壁画时，高一涵、鲁大昌和张高参（第八战区的中将高级参议）先后来到汽车站。少时，甘肃省政府的秘书长王漱芳先生也来了。只见王先生指着木箱，给一个中校军衔的人客气地说："张大千先生是画家，这些都是他在敦煌临摹的壁画，战区和省政府都可以证明。"意思是就不必检查了。但这个人却冷冰冰地回答说：我们就是要检查壁画，要免于检查找组长去吧，他到重庆去了。接着又补一句，"就是谷主席（指当时的甘肃省主席谷正伦）来，我们也要检查！"这句话，使得前来接父亲的朋友个个下不了台。父亲见此情景，不便再说什么，更不能给朋友为难，便安排我们卸车开箱，气得他和朋友们离开车站先走了。

这些人检查得非常仔细，每只木箱，每一卷临摹的壁画都被打开铺在地上一张一张地看。在毫无准备的情况下，打开画箱，把卷好的画在地下拉来拉去，使临摹的壁画难免遭磨损。幸好父亲没有在场，假如他亲眼看见如此折腾、糟蹋他两年来辛勤劳动的成果，不知会气成什么样子。

检查一直搞到天黑才结束。待我们把画一张张卷起装箱，再运到兰州西郊七里河鲁大昌先生家时，已是深更半夜了。

后来听父亲说，有朋友告诉他，这次在兰州受到军统检查站的严格检查，起因是酒泉那位没给他送画的专员向甘肃省有关部门反映说张大千在敦煌破坏、盗窃了壁画而引起的。父亲沉思了一会儿，接着又说，一句恶语不仅能败坏一个人的名誉，甚至能把一个人置于死地啊！

兰州首展

在兰州期间，我们分别住宿在高一涵和鲁大昌两位先生家里。父亲随即让我和刘力上师兄送昂吉等几位藏族画师回青海塔尔寺。当我们由青海返兰州后，听父亲说，朋友们都希望他在兰州举办一次个人近作画展。同时父亲又考虑到，敦煌石窟艺术在甘肃省境内，但远距兰州两千里外，交通不便，专程去那里看壁画的，能有几人，何不将这次临摹的壁画和个人近作在兰州同时展出，以扩大对敦煌石窟艺术的宣传，从而取得社会上的关注，便决定在兰州再待一段时间。于是，父亲带领我们开始了展览的准备工作。他白天抓紧时间和大家整理临摹的壁画，晚上忙个人的近作，有时到深夜两三点钟还在挥毫作画。

整整忙了一个多月，于1943年8月中旬，"张大千临抚敦煌壁画展览"和"张大千画展"在兰州三青团礼堂开幕。国民党军政要员朱绍良、谷正伦、高一涵、鲁大昌和张维（甘肃省参议会议长）主持了开幕仪式。

这次展出的临摹壁画有敦煌莫高窟的《维摩变》、《舍身饲虎》、《观音大士》以及《供养人》10余幅，安西榆林窟的《水月观音》、《大势至菩萨》等近10幅。还有父亲近作山水、人物、花鸟等30余幅。

展出当天，参观者达一万人次。父亲近作30余幅被订售一空。这次展出博得了广大观众的赞许，甘肃报纸陆续报道并介绍了敦煌石窟艺术，引起了社会上的关注。父亲对此深受感动。他感慨地说：这仅仅是开始，敦煌艺术不仅是中国艺术之宝，也是世界艺术之宝，我们光宣传还不够，更应该保护它，研究它。他说："这次展出，有的朋友说，我这次去敦煌后，起到如何如何的作用。其实，就我个人来说，毕竟力量和能力都很有限，能起到什么作用呢？要说起作用，那也是微不足道的。"他又说："敦煌石窟要管理，要保护，要研究，必须依靠国家和社会的力量，建立专门的管理研究机构，否则还是很难办的。"

万里归来须带霜

临摹敦煌壁画展出以来，父亲每天都忙于应酬，为众多的朋友作画留念。同年10月初我们才离开兰州，踏上了蜀道归途。临行前，青海的朋友赠送父亲两条藏犬，一名"黑虎"，一名"丹格儿"，个子高大，全身墨黑，胖乎乎的，十分可爱，一路上给我们增添了不少乐趣。父亲以后曾数次把它们写生入画。

我们一行十几人，从兰州出发经天水、汉中、广元等地南下，沿途游览参观了天水麦积山、广元千佛崖等名胜古迹。抵达成都时，已是金秋季节的10月下旬了。父亲前后两年零七个月的敦煌之行就此结束。

父亲为了探索石窟艺术，作为一个民间艺人和普通画家，自筹川资，远走敦煌，在那里临摹壁画，长达两年多时间。白天在石窟中苦苦面壁，夜晚住宿在破庙里，有时候还得风餐露宿，劳累相逼，不断克服各种困难。我想，如果父亲没有对艺术事业的远大抱负和追求，如果没有勇往直前、坚韧不拔的决心和毅力，是难以善始善终地完成这一艰巨任务的。记得当时我们人员众多，开支庞大，父亲作画到深夜，仍入不敷出，负债累累。最后，父亲不得不忍痛割爱，将自己珍藏多年的古画卖掉，来维持成都和敦煌的一切费用。有些不了解情况的朋友关心地批评他说：哪里不能追求艺术，却偏要跑到西北大沙漠去，真是自讨苦吃。对这些善意的批评，父亲往往是一笑了之，从不介意。

1944年1月和5月"张大千临抚敦煌壁画展览"又先后在成都和重庆展出。记得著名书法家沈尹默老伯观看后，曾题诗一首赠父亲：

三年面壁信堂堂，万里归来须带霜。

薏苡明珠谁管得，且安笔砚写敦煌。

是啊，父亲去敦煌那年43岁，正是精力旺盛之年，但经过近三年的风霜艺事之苦，回来时，确实苍老了许多，长长的胡须真的已经花白了。

1986年于银川

敦煌老人忆大千

李永翘

笔者在调查了解张大千敦煌之行的过程中，一些知情老人谈了不少关于这方面的见闻，现根据谈话记录整理如下。

画家王子云的回忆

我认识张大千先生以前，他的名字我早就听说过，我在国外时也看到过他的展品。1941年，于右任从西北视察回来后，对我们说敦煌莫高窟是我国最大的艺术宝库，藏有许多古代的壁画和彩塑珍品，要我们去看看，调查调查。于是由当时政府的有关单位主持，组织了一个共有十多个人参加的西北文物考察团，其中包括历史、考古、美术等各方面的专家，由我担任团长。我们于1941年冬从西安出发，到敦煌时，张大千先生早已在敦煌莫高窟工作半年了，这时我才正式认识张大千先生。他矮矮胖胖的个儿，留了一脸的大胡子，一领长衫，风度很是潇洒。

我们考察团到达敦煌后，也在莫高窟住了下来，断断续续在那儿待了有一年多。我们住在下寺，张大千他们一家及门人、朋友等住在上寺。那时在莫高窟就只有我们两家。但说来惭愧，我们这个由官方组织的考察团，经费却微乎其微。张大千虽是私人自费出来临摹，随行的人也不少，但比起我们，则要阔气得多了。加之当时莫高窟各方面的条件极差，什么都要从外面送来，张大千见我们的生活很清苦，于是经常找些借口请我们去他那里做客，其实也就是吃饭，改善一下伙食，四川人称之为"打牙祭"。吃过饭后，我们则天南海北地闲谈，四川所谓的"摆龙门阵"。张大千这个人很健谈，知识、阅历都很丰富，有时他还把自己珍藏的古代书画名迹拿出来让大家欣赏。那时他已是名画家，也有钱，但他对待朋友、同行，确实是很热心的，对人也很随和，没有大画师的架子。

我们考察团在敦煌时，也临摹了不少壁画。由于经费紧张，我们用的颜料、画布等，都没有张大千的好，临摹的方法，也与张大千有所不同。我们是从文物角度出发，如实临摹，即壁画是个啥样子我们就画成个啥样子，而张大千临摹的敦煌壁画，把颜色都复原了，画出来就跟新的一样，非常鲜艳，甚至壁画上不好的地方他都给改好了。我们和他是各搞各的，各人按自己的路子办。不过老实说，不管用哪种方法，在当时的条件下，工作是非常辛苦的。我们都常常是早上进洞，晚上才出洞。洞内光线也不好，还要用各种姿势画，画上一会儿就累得不行，天冷则更糟，冻得画笔都拿不稳。张大千也是一样，经常是一头沙土，满身颜色。他曾打趣地向我说："我们简直就跟犯人一样啰，跑到这里来受徒刑，而且还是心甘情愿！"

我们考察团临摹了敦煌壁画后，于1943年春离开敦煌。不久，张大千先生也离开了敦煌（1943年5月——笔者注）。回到四川后，由教育部主办过"张大千临抚敦煌壁画画展"，这对社会上的影响，以及对敦煌艺术的宣传作用，是相当大的，这是张大千先生对敦煌艺术的贡献。

敦煌文物研究所所长段文杰的回忆

抗战时期，张大千先生为了研究敦煌壁画，曾经在1941年来到敦煌。他在敦煌的工作，首先是应当肯定的。他是国内第一个来敦煌的画家，也是第一个将敦煌艺术大规模介绍出来的画家。我认为张大千先生对敦煌有三大功劳。

第一个功劳：张大千临摹了大批敦煌壁画，介绍出来使全国都知道，这是他的一大功劳。张大千在敦煌前后居住了将近三年，和他的门人、子侄一起，共同临摹了200多幅壁画。离开敦煌后曾在成都、重庆、上海先后举办了三次大画展，声势很大，参观的人很多。张大千为画展写了《临抚敦煌壁画序》，使人们对敦煌有了更多的了解，后来还出了临摹敦煌壁画画册，是在上海印刷的，印得非常漂亮，给人留下了很深的印象。我记得，当年在重庆开"张大千临抚敦煌壁画展览"时相当热闹，画展地址在上清寺的中央图书馆，是国民党政府的教育部主办的。画幅全装在木头框子内，在当时很有气派。看画展的人很多，光排队买票参观的人就排了一里多路长。我第一天去买票都没有买到。有的文章说我是看了那次画展后才被吸引到敦煌来的，事情确实是这样。

第二个功劳：张大千先生注意学习敦煌艺术遗产，不但能继承祖国的优秀文化传统，而且还能推陈出新，发扬光大。张先生当年在成都和重庆的画展，展出的全部是临摹的敦煌壁画。但后来，即抗战胜利后在上海的那次画展就不同，除了临摹的壁画外，还有他自己的很多新作品。这些新作品是以新的手法，用古代的绘画传统（唐人法）来表现现代题材，使人耳目一新，很受群众欢迎。如他画的《摩登仕女》等，就成了当时人们争购的热门画，对国内画坛的画风产生了一定影响。张先生在敦煌学习、研究后，线描更加成熟了，使他在人物画方面有了长足的进步和很大的发展。

第三个功劳：张先生后来虽去海外，但他非常怀念祖国，把好些流散在外国的祖国珍贵文物托人送回来了。如五代时的《韩熙载夜宴图》等，都是国家极为珍贵的历史文物。张先生特地设法托可靠朋友在香港转卖给国内，这种行为确实是很爱国的。

敦煌文物研究所研究员史苇湘的回忆

1944年年初，张先生临摹的敦煌壁画在成都展出时，我还是四川艺专的一年级学生，想去看画展，可一张门票要50元法币，太贵买不起。正为难之时，学校李有行老师对我说，我介绍你去为展览会服务，可以不花钱看展览。我非常高兴，带着李老师的信去展览会后，张大千先生对我很热情，亲自领着我把所有的展品全看了一遍，并把会上的每一幅画都给我做了详细讲解，画是什么内容，出自哪本佛经，有些什么艺术特色，原画在千佛洞的哪个地方等等，使我茅塞顿开，长了许多见识，对灿烂、辉煌的敦煌艺术产生了热爱。如果没有他的画展，我的这一生，还有段（文杰）先生的这一生，很可能走另一条道路。现在，段先生在敦煌已有40年，我已有38年，都是与张先生当年对敦煌的宣传介绍分不开的。所以完全可以说，张先生的临摹敦煌壁画展览，对于当时我们一些人的人生之路是一个契机。

敦煌文物研究所退休老工人李复的回忆

我是40年代初跟着张大千先生在敦煌学艺，后又随张先生到四川，直到1945年6月才与张先生在成都分手的。张大千先生是1941年旧历五月间第一次来敦煌。起初人不多，就他、他儿子张心智、学生孙宗慰等人。他们上各个洞子里看了看，给整个洞子编了号，天冷时就到青海去了，在塔尔寺过的冬。第二年春天回来时，又带了5位藏族喇嘛，帮他缝画布、上色。我是经人介绍才来的，跟他学些手艺和磨磨颜色，搞搞勤务，当时我才19岁。不久，他的夫人、侄儿、学生、朋友等来了好些，大家都住在上寺，自己开火做饭，经济上全靠张先生一人。

张先生是从第二年开始临摹壁画的，前后临摹的大大小小有二三百幅，画得很漂亮，用了很多贵重颜料。为临摹这些画，张先生花了不少钱。他当时没有经济来源，就是靠平时卖画挣钱。那时候他不光要搞临摹，还要抽时间画些画，寄回成都去卖。

张先生在敦煌工作可辛苦啦！每天天不亮就起床，先练一阵书法，然后洗脸漱口，吃早饭。饭后画一阵画，看看天亮得差不多了，就上洞子里去临摹。当时有很多洞子被沙堵了，他就出钱请人把沙刨开，或是挖个洞钻进去。洞子里很黑，临摹时点上蜡烛，有时一手拿蜡烛一手画画，还要登上爬下，冷天手冻得连笔都拿不住。临摹的画主要部分都是张先生亲自动手，次要部分（如上底稿、着色等）才由他的子侄和学生或喇嘛协助，最后全画由张先生完工。张先生对临摹的画要求很严格，不合规格的一律返工。一直画到中午，吃罢中午饭稍休息一下，又接着再画，直到天黑。晚饭后，张先生活动一下筋骨，实际还是画画，然后就在蜡烛或煤油灯下，或看书、或写字、或画画，一直要到很晚才睡觉。

在敦煌时，张先生有点时间就用在画画、写字上。他和地方上的人交往不多，与官场的人往来更少。偶尔来个把当官的，熟悉的才留下来请喝茶、吃饭。来不请，走不送。一般的官员应付几句就算了，也不是很热情。这样一来，本地就有人说张先生的架子大。

张先生对保护敦煌文物是有贡献的。记得有一次国民党的监察院院长于右任来敦煌，张先生曾竭力向于右任建议，叫赶快建立个机构把莫高窟管起来，否则以后不得了。这是他们在房间里谈话时我在旁边听见的。当时每年四月初八赶庙会，有很多人都在洞子里烧火做饭、取暖等，结果把壁画都熏黑了。平时还有一些牧羊人或游客随意毁损洞内文物，张先生看着这些情况很是痛心，说这样下去不行。张先生离开敦煌到兰州后，又给甘肃省政府建议，将莫高窟收归国有，并尽快筑起围墙。敦煌艺术研究所成立后，常书鸿所长才把保护莫高窟的围墙建起来。

1943年，我跟张先生回到四川后，又跟他跑了四川的几个石窟。他原来还准备带我一起去新疆看石窟，由于抗战胜利了，我回了敦煌，他去了上海，从此我们就没有见过面了。

先父和他的庭园

张心玉[*]

　　我父亲张大千平生喜欢游历名山大川，爱花草，爱动物，更酷爱修饰自己的庭园。

　　抗战之前，先父与二伯父张善孖同住苏州网师园。在这个精巧玲珑、宁静幽雅的园林里，兄弟俩常常一面作画，一面与友人谈诗论画。园中还养了一只讨人喜欢的小虎。

　　1940年，先父将家安置在成都附近的郫县太和乡，租农家院一角。房屋虽然简朴，但有一庭院。院内种有花木，还有一个小鱼池。房后面是一片竹林，周围皆农田，颇有古朴淡雅的田园风味。先父甚喜，又按自己的构思，在房后竹林的空地中引水渠，设花坛。

　　1943年秋，先父从敦煌返成都后，一直没有固定的住处，直到1947年，才在成都西郊金牛坝建了自己的住所，留有一亩左右的空地，种了各种花草。第二年，先父去香港，后于1950年应邀赴印度讲学和考察，从此，再未回来。

---

*　大千先生三子，现为甘肃省文联《祁连歌声》音乐编辑。

1955年，先父和部分家人迁到巴西圣保罗郊外的摩吉市。这里是一小块盆地，颇似成都平原，先父特别喜欢，便从一意大利商人手中购得270亩土地，盖房修园，取名"八德园"，定居下来，直至1972年。在先父离开巴西迁往美国的17年里，几乎将他绘画所得的大部分收入用于"八德园"的修建。这座大型园林的建设布局和风格，全部中国化。园里除大量姿态各异的松、柏、杉、竹和桃李、柑橘、樱桃、柿子外，多是从各地购运去的中国牡丹、海棠及各种梅花等。园里怪石耸立，竹林中有猿猴数只，并开挖大小人工湖四个，大的达12亩，可以泛舟；湖旁建茅亭五座，供漫步小憩；宅旁再辟盆栽区一片。园内松柏常年翠绿，花果四季飘香，湖中鲤鱼跃，荷丛天鹅啼。置身其间，心旷神怡，是休息、作画的理想之地。

　　"八德园"的修建，寄托了它的主人对祖国的无限情思。先父曾深情地对身旁的儿女们说："我去过世界许多地方，还是中国的山水最好。"

　　"八德园"建成后，海外许多华侨慕名而来，一些外国友人也请求拜见这位中国艺术家，并以一睹这座中国式园林为幸。先父也以此感到自豪，对来访者总是热情接待，或让家人陪同参观。来者无不为这中国园林的精妙布局和这位中国艺术家的奇巧构思所折服。

　　1972年，"八德园"全部建成不久，巴西政府要在摩吉附近建一水坝，"八德园"正处于水库之中，先父痛心之余，对园中景物一一摄影珍藏，然后弃园携家迁居美国。至今14年又过，先父已经作古，而水坝尚未建成，"八德园"则已荒废。

　　先父到美国后，在加利福尼亚州旧金山以南的海滨小城蒙特利购屋一所，也建一园，取名"环筚庵"。如果说"八德园"以它的宏大多样集中了大自然的美使人赞叹，而"环筚庵"则显得精巧玲珑。

1986年于兰州

大千世界

冯幼衡[*]

看山还是故山青

大千居士回台定居，忽忽已经三载，经过在中国台湾三年的调息，老人家的精神益发健旺，不但以前一度需要坐的轮椅丢开不用了，他的糖尿病也减轻了，吃东西也不需再忌口。更重要的是，艺术家在国外漂泊多年的心灵，现在有了安顿，他的诗里不再有投身夷荒、欲诉无人的感慨；笔下的山水，也由异乡的湖光山色转而为祖国壮丽的山河。瑞士的少妇峰、南美的大瀑布都曾是他笔下的美景，然而，比起现在迤逦在他画稿上的阿里山、横贯公路、梨山来，他固执地认为"看山还是故山青"。

和中国历史上许多高龄的山水画家一样，他热爱自然美景，并对庭园艺术有着浓厚的兴趣，似乎徜徉在山水间，他撷取了大自然的英萃，逐渐养成了与自然合一的怀抱。另一方面，在面对大自然的沉思冥想中，以"造化为师"的心胸，使他悟出了无数艺术上的真理，不断扩展也提升了他艺术的领

---

[*] 大千先生在台北居住时的中、英文秘书。

域。黄公望、沈周、文徵明、董其昌，清初的四王这些山水画家得享高龄，跟他们在山水草木间悠游卒岁，颐养天年也不无关系吧。

大千居士回忆起回台定居的经过时，他说，这是临时决定的。他回顾一生所做的大小决定，仿佛都不曾有过周详的计划，完全是凭兴之所至，或一时突发的意念。

游居巴西，辟建八德园

1951年，他和妻小从印度转到中国香港暂居，然后搭轮船经日本往南美打天下，那时他方值壮年，正豪情万丈。1952年，先抵阿根廷的曼多洒，继而往巴西一游，发现了圣保罗附近摩吉山城的风景酷似四川的成都平原，树木苍郁、河流环绕，简直是人间胜境。他马上向地主——一位意大利药房老板买下这块土地，把全家从阿根廷接来，并在这儿开疆辟土，耗资200万美元开辟了人工湖——五亭湖，建造了一个有笔冢、竹林、梅林、松林、荷塘、唤鱼石、下棋石的纯粹中国格式的"八德园"。

从此，他在南美自己所营建的世外桃源里，度过了17年岁月。1972年，在风景秀丽的美国西岸卡麦尔艺术城附近购置了"可以居"和"环筚庵"，又在当地定居下来。

1976年，他自美返台探望朋友，在回美国的飞机上，他想起朋友们对他的关爱和中国台湾风物人情的醇美，于是，决定放弃已经营成心目中的理想中国式庭园的"环筚庵"，而在台北外双溪找到了"摩耶精舍"的现址。

一位怀有赤子之心的老人

"摆龙门阵"、品茗、逛花园、作画——是大千居士每天生活的基调。

早晨大约7点钟左右，他就起来，开始一天的活动。

大千居士今年82岁，常为他看病的几位医生都认为他患了那么多年的糖尿病，还能保持这样硬朗的身体和过人的活力，真是奇迹。

的确，他的精神之好，一点不像一个80余岁的老人。他雅好美食，兴致来时，会亲自到厨房去，动手烧几个"大风堂"名菜。一旦发起脾气来，真情流露，大声怒吼，中气十足，哪有一点衰老之相？至于作起画来，画荷梗时，一气呵成，从无停顿；画荷叶时，大笔挥洒，浑然天成，让人不由看得目不转睛。画泼墨山水时，他全神贯注，把墨色和青绿倾洒而下，然后在混沌中拨出苍冥和大地河山，似乎凝聚于毫端待发待收的是万般的气势与无限的精神，旁观者唯有暗自心惊与叹服！

为了照顾大千居士的起居以及控制他的宿疾心脏病及糖尿病，目前有4位护士小姐24小时不停地轮流看护。他常对友人戏称："我现在被'四人帮'管制得动弹不得喽！"实则4位小姐都晓得，大千居士是最不受拘管的，如何控制这个任性病人的饮食起居，真是一门大学问。

保养顾惜画画的双手

每逢星期一三五早上，是大千居士做物理治疗的时间。

大千居士做物理治疗，主要为恢复他前年摔伤后的腿疾和加强手部的灵活。如果细心观察，当可发现，大千居士最怕他的手出毛病，因此随时随地，在饭桌上也好，聊天时也好，他会下意识地不停活动自己的手腕和手指，因为他说这是他"吃饭的家伙"。

午饭后，大千居士通常午睡片刻。他的午睡不像一般人那么安稳，他的睡眠往往一波三折，因为他白日里脑筋从来没有停顿过，上了床后，往往要看些书报（从国际大事看到艺坛、娱乐圈乃至地方版的大小新闻）才能渐渐入睡。但是他睡的时候，又不能完全把思虑抛开，有时在梦中会喃喃而语，念的不是作画的事，就是和家人的谈话。有一次他梦见自己斥责爱孙绵绵，绵绵羞愧地说，没有面目见人，要跳到河沟里，他惊得一身是汗，醒来时还伤心得落了泪。

他就是这样一个性情的人，一个82岁而不失赤子之心的可爱老人。有时，提起他的两位老师，清道人和曾农髯从前对他种种的关爱和赏识，他也会先眼睛一红，继而为之大恸。

他常说："我不是一个豁达的人。"因为他若见到特别喜爱的花木、盆景、石头，而未能如愿拥有，便会思念成疾；为了构思绘事，他也常苦苦思索，必至豁然贯通而后已。他常自叹为一个"情"字所羁绊——有恩情、亲情、友情、人情，也有爱情。他是一位率性而情深的艺术家。

执意保留传统的生活情调

在一切都讲求快速的现代，一般家庭对"吃"虽不至于仅以果腹为目的，但是力求简化却是大势所趋。像大千居士那样把"吃"当作一种艺术般爱好和追求的，恐怕是少之又少了。只有在大风堂，你才能看到一般家庭中快成为绝响的"吃的艺术"，也只有大千居士才能如此执意要生活在传统中国人所向往的生活情调里。

每天早晨7时许，他在护士小姐的搀扶下，先进早餐。一些大风堂的熟客、有早起习惯的友人，或是有事想与老人单独相商的，往往一大早就赶来，和他共进早餐。

他早餐常吃的餐点：油条烧饼、蒸饺（荤素都有）、小笼包、雪菜火腿面（他喜欢那清淡的味道）、红油抄手、红油饺子、臊子面、蛋炒饭、皮蛋稀饭、葱油饼、红豆松糕、黄鱼面、咖哩饺、萝卜丝饼。他在吃像萝卜丝饼、虾饺或烧麦之类的点心时，一定要佐以好茶。他曾迷上圆山饭店吕师傅的萝卜丝饼。他说从来没吃过这么好的萝卜丝饼，馅儿鲜美，外面的酥皮又做得恰到好处，即使当年上海著名的饼铺也远远不及。他第一次吃到这种萝卜丝饼是在赖名汤将军家里，立时大为倾倒。赖将军看他那么爱吃，要他把席中所有的包回去。他还不足，索性告诉赖上将："传药不如传方，你还是告诉我上哪儿去买吧。"遇到他爱吃的东西，他就是这么固执，必得之而后快。

书画、名点、好茶，不亦快哉

在四壁书画的环绕下，客人们尽情地谈笑着，往往不觉暮色将临。到了吃下午茶的时候，客人们纷纷从画室穿过天井，移驾到另一头的饭厅，准备享受一顿大风堂的好茶和美点。

下午点心和早点的花样差不多，有时会外加蚝油捞面、葱丝炒面、鼎泰丰的小笼包、银翼的豆沙饺、定做的青豆饺（甜），以及客人从永和带来的小烧饼，香港客从"镛记"带来的鹅肠、"天福"的湖州粽子等。此地"明星"的牛角面包烤热了香酥酥的夹点"忌士"，大千居士也很爱，这是唯一的例外——洋点心而能获得他的青睐。

吃下午茶时点心在次，最重要的还是"茶"，否则大千居士吃得就不开心。他最爱的是铁观音，其次是乌龙，平时也喝清茶。

大千居士喝茶是有学问的。他喝的茶，为怕灰尘，冲茶的第一道水要倒掉，冲第二道时，再依次倒入杯中：第一杯要少，第二杯稍多，第三杯再多……嗣后再从最后一杯由少渐多倒回来，这样每杯的浓淡和分量就均等了。大风堂平日都用扁平的铁砂壶泡茶，喝茶则用陶土制的棕色茶托、竹绿色小茶碗。至于喝清茶时，则需用白色的杯子，才能现出淡绿的茶色。这些规矩都不能造次，若是谁用大玻璃杯冲茶给大千居士喝，那就扫了他的茶兴了。

非常的好客

午饭时，除了大风堂的熟客外，桌上坐的多是自己人。晚膳时，大千居士喜欢留客，若看到圆桌上坐满了12个人，他就真正的开心。饭桌上气氛一热闹，他的胃口也大开，谈兴也高了。精神好的时候，甚至还亲自下厨亮两手银丝牛肉、蚂蚁上树、辣子鱼给大家尝尝。

大千居士深知"独乐乐不如众乐乐"的道理，仿佛任何美味都要和朋友共享后才有真正的乐趣。如果说，有些艺术家是遁世的、遗世的，要在出世的心情下，才能幻化出飘逸出尘的艺术之花，那么大千居士毋宁是十分入世的，他不是不曾有过隐遁之思，但是绝大多数的时候，他都是那么热爱生命，热爱尘世间的欢乐，并且兴致勃勃地享受生活中的点点滴滴。

大风堂晚餐和中餐一样，平时是四菜一汤，但是有客时，则增为五菜或六菜。菜端上时是大盘海碗，座上食客再海量也可吃个痛快。

家常菜以川菜为主，其他菜为辅，如蒜泥白肉、凉拌茄子、荷叶粉蒸排骨、皮蛋拌豆腐、干煎明虾、油爆虾、鱼香烘蛋、蚝油豆腐、炝白菜、蟹黄白菜、棒棒鸡、宫保鸡丁、豆豉蒸鱼、辣子黄鱼等，都是常见的菜肴。

大千居士喜欢吃肉，看到青菜他便要皱眉头。有很长一个时期，他是无大肉不欢，必得东坡肉、樱桃肉、腐乳肉、梅干菜扣肉、垫红薯的粉蒸肉、红烧肉等菜上了桌，他才开怀。近来也许年岁大了，他比较偏好清淡可口的小菜和清汤。

令人回味无穷的佳肴

大风堂宴客时，又有另一套菜单，每每由大千居士自拟，书就后交付厨房，照菜单上的菜式去做，并依其序上菜。大风堂宴客的名菜有入口即化且不油腻的狮子头，有以花雕酒蒸的酒蒸鸭，以及水脯牛肉、鱼面、六一丝、烩七珍，以及张府特制的煨排翅、鲍鱼等等。

大风堂以前有过几位知名师傅，像在日本扬名的立万，拥有多家四川饭店连锁店的陈建民，以及不久前病逝于纽约以怪脾气知名的名厨娄海云都是。来台以后，大千居士也训练过新人，但都不能如意，后来又陆续用过几位川菜馆的大师傅，因不擅烧家常菜及大风堂菜，大千居士又开始训练一名悟性颇高，刀法要得的张姓少年。这位人称"小弟"的少年在大千居士悉心调教下，或许来日会是一位名闻四海的大师傅也未可知。

林园之胜，在在均可入画

初来大风堂的客人固然迫不及待地想看看大千居士的造园艺术，就是经常出入大风堂的客人，大千居士也常常会给他们一个意想不到的惊喜。

摩耶精舍的庭园不是一成不变的，它随时跟着主人的构思和意念而不断变化、创新。大千居士自己每天定要在摩耶精舍内漫步流连，让自己沉浸在一片浓密的绿意里，耳闻淙淙的溪流声，时有清风吹拂着他的美髯，一切是那么祥和美好。这时艺术家的心灵得到了憩息，生命中的活力不断在滋长，大千居士在自然的美景中感到衷心的喜悦，他的脸上也会露出孩童般纯真的笑容。

当他自己一人在护士小姐的搀扶下，在园中走动的时候，总是一面浏览景物，一面凝神思索着一草一木一石的布局，手指还不停地比画着。在他脑中呈现的，也许是一幅在一树错落有致、劲节孤高的梅花旁，斜倚一名美女的图画；也许是以盘曲纠结的黄山松和悬崖峭壁构成的奇绝之景；也许是如何表达出石的皱、瘦、透、漏、丑的章法……

在大千居士精心策划、不断建设之下，摩耶精舍的庭园目前已经很具规模了。

造境以自然、拙朴为主

从摩耶精舍一进得门来，就有一方池塘，里面有许多色泽鲜明的鱼儿彼此在游戏争逐。池塘的一边有丝丝杨柳垂拂其上，另一边前后竖立着几个高低形状不一的巨形木头，木头的表面显得斑驳而原始，外观却透着"拙"、

"厚"的意味。乍看，这一方池塘很有大千居士所画的"游鱼落花"的画意，着墨不多，但是轻松、悠游、精致兼而有之。

不但如此，这一景还有立体感，从各个角度看，这个池塘都有可观之处，都可以入画。甚至俯看、仰看都各有巧妙。几块巨木、石头，加上虬结的松树盆景，经大千居士一摆设，看来就有前景、后景之分。他以画理美化了真实的景物，丰富了人们的视觉。

进得摩耶精舍的四合院中央，是个天井。大千居士原有意从外双溪引进一道活水，环流天井四周，那该是何等清新可喜！然而当初房子肇建之初，没将这一节设计好，致使双溪之水无法在天井之内流动，这一直使他引以为憾。

不过，他仍然巧夺天工，在天井内修建了两个相连的池塘，和一条小小的沟渠，三者一气相通，环绕着天井。沟渠中有水草、小野花，颇富野趣。沟旁还有若干梅花，冬日里便有暗香疏影之美。而那两口池塘，一眼望去，竟有熟悉之感，原来它和石涛、渐江的画面大为神似。

池边堆的是几盆最名贵的黄山松，或盘曲，或倒立，或斜出。黄山松的特色是松子随风飘落于悬崖峭壁之间，因为终年不见阳光，汲取雨露而滋长，因此姿态奇绝，大异于一般松柏的向阳往上生长，而是有的向四边呈圆形生长，有的向斜下方生长，和黄山的奇峰突起、孤崖险境一配合，就成了最入画的黄山景致。

画境的落实

常出现于渐江大涤子画中的黄山清新奇辟之景，现在具体而微地呈现于摩耶精舍的一角，叫大千居士如何不得意？

从天井中穿出，则是摩耶精舍的后园。大千居士在这儿大兴土木了好久，一下建烤棚，一下筑亭子，一下修长廊，现在这些都已竣工。

来到后园右方，面临溪水，有一高敞，以粗的圆木为柱，以棕皮为顶，颇具原始风味的棚子，这就是"烤棚"了。大千居士有一阵子忽然强烈地怀念起北平的烤肉来，一方面他嫌外面卖的所谓"蒙古烤肉"已变了质；另一方面他也想好好重温一下在北平大啖十几碗烤肉的旧梦，因此大发豪兴，建此烤棚，为了让朋友吃到正宗北方烤肉的滋味。

由烤棚旁的绿地极目望去，一路都是美景，溪岸边堆有大千居士特选的巨石——当然这些石头的形状都能够"入画"，作为园中花木的背景。蜿蜒的白石铺成的小路旁，一路植的是浓密的梅花、山茶和紫薇。

路的另一头有七八缸荷花，夏日里，粉红的、洁白的竞开，荷的各种姿态——含苞待放时的稚嫩、盛开时的娇艳、残荷时的枯老，都在这儿呈现。这些最有价值的荷花，它们的风采早已收入著名摄影家胡崇贤的作品中，出现在大千居士自己笔底的荷花里。尽管每年一到秋初，荷事已尽，只剩得几根枯根空自摇曳，但是荷花的精神却已通过艺术而不朽！

恍若世外桃源

行行复行行，来到白石小径尽头的竹棚下。竹棚下摆着一个大理石方桌，和几个天然形状的大理石凳，原来这是园主人走累的时候歇脚的地方。离座位不远，丛丛花木下还有个安着水龙头的陶土缸，是为贮存溪水用的。大千居士准备在这竹棚下和朋友谈玄论道时，以过滤的溪水冲茶待客。

沿竹棚而上，来到双连亭。双连亭位于内、外双溪的分界点，大千居士为它们分别取名为"分寒亭"和"翼然亭"。"分寒"是采自李弥的诗句"人与白鸥分暮寒"；"翼然"则出自欧阳修《醉翁亭记》之

"有亭翼然"。

双连亭是摩耶精舍风景最好的地方——青山四合、溪水环绕，登临其上，令人顿兴临流舒啸之想；放眼望去，绿意袭人，一片静寂中，但听鸟语和水声，恍惚间，似已置身世外桃源。大千居士说，此亭可以卧月看梅；他还说，夏日午后，抱本诗词，在亭中吟哦一番，倦了就打个盹，何等舒畅！

过了双连亭，又来到一长廊下，这条长廊依溪岸而建，是以茅草、棕皮和木头柱子盖成的，从这头望到那头，相当悠远。大千居士喜欢在此漫步，在此听风听雨，走着走着，他的诗兴、豪情俱生，许多好句也就相争迸现。

一路走来，客人目不暇接，心中不断为园中的奇石、古木、盆景引起震撼。一切都喜欢"与朋友共"的大千居士，看到自己经营的心血和巧思获得了赞许，这时心里的快慰真是难以形容。

"梅丘"之创，不让古人

近来大千居士最乐于介绍，也是客人们注意的焦点，都集中在林立于园中央的"梅丘"。梅丘是一块形状酷似台湾地形的巨形石碑。它是大千居士在美国西海峰的滨石乡社附近发现的，上面书有大千居士大笔挥洒、笔力遒劲的"梅丘"二字。

"梅丘"之得名，自然是因大千居士最爱梅花。但古人把"梅林"、"梅村"、"梅冢"这类名字都取遍了。大千居士说，他为了不落窠臼，才苦思出"梅丘"这个名字，自觉不让古人，别富创意。

非但"梅丘"是从美国运回来的，摩耶精舍中的一草一木、一盆一石，莫不是当初由巴西运往美国，再由美国运回台北。这笔运费他说出来令人咋舌，但是和大千居士历年来在他所好的盆石上耗费的巨额金钱相比，似乎又不算什么了，再加上他仍不以既有的为满足，继续不断地搜购，不了解他的人或会认为他"玩物丧志"，知道他的人就会理解，那是一种对"美"的追求与狂热，这是没有止境的。如果哪一天他停止了这种追求，他的艺术生命可能也就终止了。

金钱是为换心之所爱

就像他搜购心爱的书画真迹一样，只要他爱上的真迹，他总是一掷千金，无所顾惜。买盆景时，明知人家故意高抬价钱，但是即使上当、受骗，他也甘心，只求拥有心之所爱。他真是把钱视为身外之物的，难怪溥心畬把他比作李青莲，比起"千金散尽还复来"的豪概，他是一点儿不让李白的。

很多人说，如果大千居士会处理金钱，今天一亿美元的家当都有了。然而他今天仍是"富可敌国、贫无立锥"。何也？他把金钱都投资到盆石花木这些"无用"的东西上了！但是他从不后悔，虽然他曾富甲天下的收藏今天已脱手泰半，然而"大风堂名迹"这本记载他历年收藏的册子，已足以作为他永久的纪念，也可以让后人知道，大千居士曾经拥有过这些"雄视宇内"的瑰宝。至于那些奇石盆景，在他"观物之生"的时候，它们提供了他物情、物理和物态，给了他无尽的灵感和启发。正如石涛要"搜尽奇峰打草稿"一样，他四处搜求天下奇花异草来入画，正是艺术家的本色。

午睡起来，大概4点左右，是大风堂会客的时间。

每当此时，大画室里，总是一幅高朋满座、宾主尽欢的场面。大千居士当初把楼下画室建得高敞无比，为的就是想在晚年潜心作画，准备好在此画出几幅传世之作！但是谁想大千居士是一个辐射中心，他到哪，他的光热就吸引人到哪，因此画室不久就变成了会客室，而真正的会客室——客厅反倒人迹罕至，竟成了虚设。

书画珍藏要与朋友共赏

大画室的四壁挂的作品经常更换，有近代人的作品，也有古代名家真迹，总之每一幅画都大有来历。大千居士喜欢把他的收藏轮流在此亮相，一则避免尘封太久，二则也好和朋友共赏。

目前悬挂在画室的，右边是一幅《善孖伏虎图》，是大千居士兄长善孖先生在苏州网师园伏虎的相片。顺着目光转过去，是一幅大千居士老师曾农髯的"梅花"。曾老先生晚年才开始学画，因此看得出来，他画梅的技巧并不怎么纯熟，但是画出了文人画的风雅。

再过去是一组曾农髯的四幅条屏，上面以古重厚拙的汉隶书着左思《三都赋》中的《蜀都赋》。上款题的是"怀忠先生正隶"。怀忠先生是大千居士父亲的名讳。

再过来是黄公望的《天池石壁》。这是大千居士不惜重金，要求北平国华堂老板割爱的一幅作品。画上有四川名翰林、张善孖先生的老师傅增湘所题的："大风堂藏一峰道人天池石壁园真迹无上神品。"

自画像最为引人

挂在画室中央最醒目的地方，是一幅大千居士的30岁自画像。画中人蓄着黑漆漆的一脸络腮胡、两眼圆黑、凝视前方，其中有多少自信的神采，又有多少意气的昂扬？自画像四周，全是名家题款。这些名字有吴湖帆、叶恭绰、杨度、谢无量、散原老人、方池山、谭延闿、黄宾虹、溥心畬等32人。

其中联圣方池山（大方）题的是："咄咄少年，乃如虬髯，不据抉馀，复归中原。"杨度题的是："秀目长髯美少年，松间箕坐若神仙。问谁自写风流格？西蜀张爰字大千。"辛壶题："胸有诗书迥出尘，苦瓜画里认前身。谁知三十美髯客，笔底千秋压古人。"

细细看来，名家不愧名家，个个题得精彩，观者在赏画之余，还可以欣赏名家文采。不论壁上的画怎么换，大千居士最少总要挂一两幅他两位恩师的作品，以及他二兄善孖先生的作品。由此可见他对师长和兄长的尊敬怀念之情。

事事都关心

午睡醒来，大千居士精神正健旺，谈兴也高昂，于是和来客天南海北地摆起"龙门阵"来，从国剧名伶的动态、从前看过的四大名旦、金少山、郝寿臣、小翠花的绝活，艺坛近事，古人笔下的趣事，风雅人物，到中国历代画家的生平和绘事成就……听他聊起中国古代名家，尤其是他所专攻的石涛、八大，往往令人听得出神。以他数十年的涉猎和功夫，在中国艺术史方面，他可说是"学院派"以外的真正大师。他不仅在绘画创作方面，是画坛公认的"五百年来一大千"，就是论起鉴赏书画一道，他也早已超越"专家"的程度，而蔚然成一大家。

平剧（即京剧）名伶郭小庄也是大风堂热门的话题。

"小庄最近从花旦变成老旦喽！"大千居士语出惊人道。

"怎么回事？"客人很惊奇。

原来小庄上回演《王魁负桂英》戏中演出敫桂英化为厉鬼时，一个翻背跃下的动作把背弄伤了，至今未复原。他现在每来大风堂看望大千居士，都是拄着拐杖而行。

社会新闻也是大千居士深感兴趣的一个话题。每天入睡前，他都会把各大报的地方版看了个仔细，许多光怪陆离的社会百态，他都耳熟能详。

秀才不出门，能知天下事

大千居士年轻的时候就像野马一样拴不住，二十余载遨游名山大川之间；就是在70岁以前，他还是经常周游列国。近年他渐好静僻了，除非必要，他就不出远门了。

大概是出入大风堂的客人从王公卿相、菊坛名伶、文人雅士，以及世界各地返国的旧识到各阶层的人士都有。人多嘴杂，大千居士在耳听八方之余，消息特别灵通，国内外大事，乡里近闻，艺坛动态，大千居士莫不如数家珍，因此他常得意地自诩为"秀才不出门，能知天下事"。

作画——墨染河岳笔惊天

大千居士作画时，不怕人看，但是"观众"是谁，对他的画兴影响很大。遇到谈得来的对象，平日不想画的画，也在谈笑间完成了大半。如果碰巧他喜欢的人来了，他就越画越有劲，说不定还有神来之笔。遇到言语无味的来客，大千居士就要"唉"一声长叹，把笔一摔——"不想画喽！"

白天他要赶画的时候，多半躲在楼上新辟的一间画室作画，因为楼下的画室既已成了会客室，他嫌人来人往不清静。楼上这间画室在二楼的角落里，极其幽静，采光好，画室四围摆放着老人最爱的石头收藏。更有趣的是，在他画台旁的窗外，设有一槛笼，里面有一只乌猿和一只棕猿在顽皮地跳跃，不停地和作画的老人做鬼脸和滑稽动作，大千居士作画之余，亦不时对它们报以一笑。

老人作画一向一丝不苟，他从没有因为自己已是名家而有丝毫懈怠。外传他的画常是弟子代笔的，对他作画、为人稍有了解的人，就会知道那是完全不可能。以他对绘事认真和近于虔敬的态度，只要他画的画，一笔都不会假，一笔都不会造次。所谓代笔的传说，不过是造假画的人，故意放出的谣言罢了。

夜深人静，诚挚作画

入夜以后，是大千居士专心作画的时间。夜深人静了，他的精神才能集中。泼墨画多在白天精神好、体力佳时为之；入夜后精神耗弱，但是脑筋清醒，他就作传统山水。因为前者需一气呵成，非气势足不为功，后者则可以慢慢渲染经营，一道、两道、三道，慢慢皴，着力一深，画面自然浑厚苍郁。

大千居士在绘画方面能有今天的成就，绝非幸致。他一向主张"七分人事三分天"，他虽有绝顶的聪明，却深信"天才不足恃"的道理。

他9岁随母、兄学画，20岁时拜曾农髯、李梅庵（清道人）为师，从此发奋读书、习字、攻诗文。那段时期他定居苏州，一面与上海著名画家交游，一面用心摹拟名家的收藏。从20岁到30岁期间，他已把京沪间名收藏家的精品临摹无遗。洋溢的才华加上对古人笔法和神韵深刻的领悟，使他临摹出来的作品足以乱真。

曾农髯和清道人是大千居士习字的老师，而在绘画方面，古人石涛则可说是他真正的老师。大千居士浸淫于石涛的作品中，一直到50余岁才完全摆脱石涛的影响。但是至今有时要完成一幅作品，他仍不免要指着自己的画道："唉，今天这幅山水里头的帆船和人物仍旧是石涛的噢！"

在古人名作中驰骋苦学

30岁到40岁之间，大千居士驰骋于明末四僧石涛、石溪、八大、渐江，以及明水墨花卉画家陈白阳、写意花卉画家徐文长等人作品的领域里。临摹研究中，渐渐揣摩到以上诸家的神髓而能得心应手。

40岁时，也是大千居士思想和生命力最旺盛成熟的时候，他又从事了一项破天荒的壮举，远赴敦煌，把中国历代的艺术宝藏重新公诸于世，唤起世人的注意。

敦煌从前秦苻坚建元二年起，就有人在此开凿石室，在洞内作塑像和壁画。此后历经北魏、隋、唐、宋、元800年间，各代都有开凿。这里的艺术宝藏，是历代无数僧侣、信士、艺术家、工匠们的心血结晶，也是一部东方绘画在1000年间的演进史。

经过近三年的努力，大千居士完成了把敦煌的洞窟重新编号以及临摹其中代表作两项工作。

敦煌一行，为大千居士的艺术生命再创高潮，也奠定了他在中国画史上不朽的地位。

五百年来一大千

中国画向有文人画和职业画之分，自董其昌划分南宗、北宗以后，更有崇南宗抑北宗之势。南宗大体以文人画为主。文人画固然讲求境界、怀抱，但是职业画家的写实与刚健之气则为前者所无。大千居士40岁以前即深深浸润于文人画的传统中，如今又得到敦煌的洗礼——把从唐以来像吴道子"吴带当风"那样美的人物线条传统，一直到历代民间艺术的精华，一一收诸腕底。

大千居士在十多年前，一方面自觉石涛的路已经走完，必须另辟蹊径，才足以表达胸中的丘壑；另一方面，在欧风美雨的吹袭下，他深感中国画也到了极需变通的时候。就在这种因缘际会下，他在艺事上又有了石破天惊之举——发明了泼墨山水。

东方与西方、传统与现代的糅合

在泼墨和泼彩（石青、石绿、赭石）的时候，他又感到光是泼墨还不足以表达心中的"情"和"境"，因此在泼墨中再勾景或加添人物，成了他独创的把现代的精神和古代的传统糅合为一的泼墨山水。

他的这项突破，固然是他自己艺事的更上一层楼，从中国美术史的观点来看，也是件大事，因为每个时代的艺术家都必须推陈出新。大千居士的创举，使近代中国艺术史添加了精彩的一页。同时，他的泼墨技法，从西洋的观点来看，是半抽象的现代作品；从中国的观点来看，却又与传统完全吻合。大千居士自己是这样说的："我的泼墨方法是脱胎于中国的古法，只不过加以变化罢了。"

中国早在唐代王洽时，就曾用泼墨方法画画；后来朱元璋也曾用落笳法（把莲蓬去籽沾墨）作画，虽然这些说法只见于笔记，真实作品早已失传，但是它们无疑给大千居士许多灵感和启发。

变化气质是根本

大千居士以他在画坛的盛名和艺事上的成就，他也早该自满，然而他平日仍虚怀若谷，他常书写一副对联："学问日唯不足，精神养则有余。"最近他更常赞赏陈万里的两句诗："晚知书画真有益，却恐岁月来无多。"

他就是在这种心情下每日自课。他常说，有些画家舍本逐末，专在技巧上讲求，殊不知要回过头来多念书才是根本变化气质之道。大千居士的涉猎很广，经史子集无所不包，并不只限于画谱、画论一类的书，不过他更偏爱读子书，尤其爱读些志异、谈怪之类能助长想象力的东西。

每天晚上不读一阵子书他是不肯就寝的。最近经常放在他手边的几部书是丹铅总录、六如画谱、五杂俎等书。

这些都是大千居士在艺事上一直以上智而作下愚的努力，如何能不成功呢！

（张心智供稿）

154

张大千病愈春游观画

林淑兰[*]

1982年正月十一立春那天，台湾外双溪摩耶精舍园中的梅花和海棠同时开放，久病初愈的国画大师张大千喜欢得不得了，连说："真是奇事，真是奇事！"

梅花海棠争妍斗奇

通常，梅花是正月盛开，海棠三月竞放，而这次梅花和海棠却同时争妍斗奇。一大早他邀了好友张岳公到摩耶精舍共赏，兴致高昂，还作了一首即兴诗：

小园忽报有奇事，腊尚余寒百卉开。

从此人天无缺陷，梅花聘了海棠来。

---

* 大千先生在台北居住时的秘书。

155

卧病床榻月余，除夕前一天才从荣民总医院出院的张大师，笑容可掬，精神焕发，谈到满树盛开的红梅和一枝独秀的海棠，兴奋极了，"真是千古难得啊！"

他说，南宋时文人彭渊材，生平有三件恨事："曾子固不能诗，梅花不并海棠开，鲥鱼多骨。"而今，摩耶精舍的梅和海棠同时开放，可说是件奇事了。

那天上午，由张夫人扶持，张大师拄着拐杖，身着褐红长袍，雪白的美髯在冬阳闪烁下，耀然生辉，和相交半世纪的老友张岳公赏花后，到历史博物馆参观宝岛长春图和宋元名画展等各项展出。这是他病后第一次出远门，所以显得特别高兴。"今天能来真是很欢喜！"对前来迎接他的历史博物馆馆长何浩天和参与作画的画家们，张大师现出了久蛰初动的愉悦。

卧病医院真是辛苦

"身体好吗？"对来自四方的问候，张大师连说："还好！还好！"然后他开玩笑地说："不好也得说好啊。我实在害怕住院呀！行动不方便，不能吃爱吃的东西，最遗憾的是不能在梅丘漫步。"平时在家，张大千每天总有好几回流连在花木扶疏，盆景古梅、松、竹，蔚然成气的"梅丘"里。他爱梅，从将自己精心布置的庭园命名为"梅丘"即可知晓。卧病在医院里，他不能看苦心培养的花木，更不能吃喜欢吃的东西，难怪他说："真是好苦呀！"

"我有四个护士看管我，而太太是她们的头子，不准我吃这吃那，也不准我随便走动，她们说这是医生吩咐的。身体不舒服只好如此，但我真是不愿意啊！"张大师到历史博物馆四楼观赏由他开第一笔的《宝岛长春》巨画，从基隆北海岸野柳、金山的海浪山水开始，经云蒸霞蔚的大霸尖山、山气氤氲的奇莱山和横贯公路，看到梨山和太鲁阁时，张大师指着画说，"20多年前去了20多回，那时身体好，我是坐吉普车上山的，一上去就待个十天八天的。现在年纪大了，老了，不行啦！"他说，年轻时他曾遍览大陆名山，五岳，除了北岳恒山因七七事变没去成，其余名山大川都留下了足迹。

惊叹宝岛长春巨构

张大师在欢迎他的群众簇拥下，看完了全长215尺的巨画后说："这可是盛况空前的，山水国画能将现代的建筑融合得如此好，实在令人惊叹！"

"这不是一个人能画成的，一个人精力不够，见解也不够。由这幅集多位画家的精神功夫完成的画，就说明什么事都要合作，团结才是力量呀！"看完了《宝岛长春》后，在历史博物馆二楼的荷风阁，张大师品茗休息了一阵子，接着又和张岳公一同观赏宋、元名画展，看了正在展出的宋人《汀边双鸭》一图，说这幅画应是宋徽宗所画，因为宋徽宗喜用生漆画鸟。

看了剪纸展、《宝岛长春》画展、宋元名画展后，张大师来到一楼看狗年狗画展，一一观赏各具神态的狗，直说："好极了！"

漫步梅丘笑容粲然

从历史博物馆回家来，已近中午12时。午后休息了两个多钟头后，张大师又忙着操心刚从日本运来的20株大红梅。这时骄阳躲在云层里，摩耶精舍梅丘的山林风摇木动，张大师戴着一顶下雪时用的雪帽，在护士的扶持下，又到园里观看同时并开的红梅和海棠。树影摇曳，寒风萧萧，大师的身影在山风鼓动下摇晃而微颤，但他的脸上，闪烁着粲然而满足的笑。

这是他久病出院后最快乐的一天。

（摘自1982年2月6日香港《文汇报》）

张大千在嘉善往事拾零

闵　三

著名国画大师张大千虽然已经去世了，他给浙江省嘉善人民留下了难忘的回忆。当年和张大千一起生活过的古稀老人，都能绘声绘色地讲述张大千寄居嘉善的往事。

避恶棍乔迁嘉善

20世纪20年代后期，张大千和他二哥张善孖一起住在上海西门路西成里的一座二层楼房里，名画家黄宾虹住在他们楼上。当时，张善孖画虎的名声已远近传闻，张大千的山水画也在艺坛上崭露头角。同时，上海书画界掀起一股收藏清初画家石涛山水画的热潮，张大千成了上海鉴别石涛作品的专家，慕名而来托他鉴定画的人很多。有一次，一个"地皮大王"不知从哪里买来一幅石涛的山水画，请张大千鉴定。张大千真心实意地告诉他，这张山水画是幅赝品。没想到"地皮大王"诬告张大千把他的真迹画藏起来，另外临摹了一幅还给他，从而唆使一些流氓恶棍寻衅闹事，扬言要对张大千进行报复。张大千兄弟俩为了避开恶棍的无理取闹，他们便和当时在上海复兴中路开古董店并经常为张氏兄弟出售字画的浙江嘉善人陈士帆、陈德馨父子商量如何是好。陈氏父子平日和张大千过从甚密，对他们很同情，遂提出请张大千暂迁浙江嘉善他的家乡小住。嘉善离上海很近，交通方便。因此，1928年夏秋之交，张大千离开上海，迁至嘉善城内南门瓶山街141号陈士帆家，租用他家"来青堂"厅屋及两间套间卧室、一间画室、一间裱画室和一间厨房。

年轻的美髯公

张大千时年29岁，蓄有尺余长的胡须，又喜欢穿宽大的长袍，蹬一双方口方头的道士布鞋。弟兄俩到嘉善后，许多书画爱好者接踵而来。张大千不嗜烟酒，却喜欢与人交往，"摆龙门阵"，对来访者总是以礼相待。为了报答陈氏父子的关怀，张大千经常以书画相赠，有时也送些钱财，以接济他家生活。

张大千在嘉善这几年，潜心习字作画。那时，他多作山水、花鸟画，有时也作仕女画，画上注明绘于魏唐"来青阁"。张大千作画还喜欢有人陪他闲谈，兴起时，略加思索就提笔挥洒，很快就画成一幅气势磅礴的山水或古老苍劲的梅花。一些嘉善好友都得到过他赠送的书画。

张大千喜吃厚味荤菜，如鸡、鸭、鱼等，还特别喜吃桂鱼和草鱼。那位四川厨师，除给张大千做各种川菜外，还学做嘉善名菜"白并"。有时友人前来，张大千兴起，还会亲自动手为客人烧一盘红炒鱼，色、香、味俱佳，食者都夸其手艺高超。现年已是80多岁的老人孙勤泉，回忆当年经常出入张家，还常陪他画画，给他研墨的情景，无限感慨地说："张大千那时给人留下的是厚道、慷慨、善良的形象！由于他为人豪爽，装扮特殊，又有一把长胡子，在当地得了个'年轻的美髯公'的雅号。"

拜谒画祖宗

嘉善城内有一座梅花庵，是元代四大画家之一的吴镇晚年隐居之地和安葬之处。吴镇号梅花道人，宋亡后，不愿受爵于元朝，晚年隐居梅花庵内，受到历代书画家和名人雅士的崇敬，并留下了一些题匾、碑刻等实物。当张大千获悉后，立即虔诚地前往拜谒，细心观看了所有保存的文物及吴镇手迹等。从此以后，凡外地来嘉善看望张大千的书画家和好友，如黄宾虹、谢稚柳等，张总要陪他们去梅花庵参观，并热情地为来客讲解，还要请耀华照相馆的摄影师邹静生为他们在吴镇墓前合影留念。现已87岁的摄影师邹静生回忆说："我拍摄张大千在吴镇墓前与友人、来客合影约有六七次，其中有几次是同日本书画家合影。张大千在众人面前，曾尊吴镇是'画祖宗'，并说观赏吴镇遗墨是一种很好的学习。"

喜结同庚兄

张大千在嘉善结交的挚友中，除了陈士帆、陈德馨外，要推名中医孙凤翎了。孙不仅精通医道，也爱好书画，与张大千兄弟经常相聚一起，谈古说今，论字研画。孙凤翎长张大千19岁，刚好与其二兄张善孖同年，张大千就尊他为"同庚兄"。孙凤翎还曾治愈过张善孖的肺病，所以张氏兄弟都非常感谢，赠送了许多字画给他。孙凤翎的胞弟孙勤泉回忆起这些事，感激、赞誉之情，溢于言表。

二上黄山

1931年春天，张大千携带一架三脚架座式照相机和一架折叠式手照相机，第二次登上黄山，亲自拍摄了黄山风景照片300多张。请邹静生冲印、放大，并经张大千反复精心挑选，拣出其中最为中意之作12幅，到上海专门制成珂罗版，由张亲自设计封面，印成画册，并题了词分送给许多挚友。邹静生今天回忆此事，还历历在目，夸说张大千不仅是画家，还是一位摄影家。当时，300多张底片，无一张废片，许多都是美好的画面。可惜，送他的那本，还有他所保存的底片等资料，均在十年动乱中毁于一旦。

为高堂老母祝寿

张大千从小就受到慈母的教育和熏陶，十分孝敬母亲。乔居嘉善时，接来母亲同住。1930年，他母亲70寿辰时，张大千和他的两个哥哥，为了给母亲做寿，专程去杭州订购了一批白瓷茶壶和茶盅。以一壶二盅为一套寿礼，由张氏兄弟三人，分别在茶壶上画上赭色无量寿佛一尊，用行草书写上"岁庚午十一月二十四日为慈亲曾太夫人七十寿辰，次子泽、三子信、四子橱、八子爱、十子玺等敬造无量寿佛五百区，聊报鞠我之德，永沾佛仁之宏"字样。在茶盅上画上赭色香蕈一只。农历十一月二十四日寿辰这天，张善孖、张文修、张大千三兄弟偕夫人、子女在"来青堂"厅屋为慈母祝寿。厅堂内红烛高照，四周墙上挂起清初著名画家石涛、朱耷和当代名画家齐白石等人珍品三四十幅，供人欣赏。这天，张氏兄弟邀请了上海等地好友40余人，在"来青堂"厅屋办了六桌寿酒。事后，向每人赠送一份礼品（一把茶壶、两只茶杯）作为纪念。

1983年5月于浙江嘉善

（根据孙勤泉、陈德馨、陈国英和邹静生等人的回忆整理）

张大千与赵望云

赵振川

1979年春天，在陕西省美术协会举行的一次座谈会上，我结识了正在西安访问的日本画家滕原楞山先生。他对中国绘画艺术有精到的研究，对我国著名画家齐白石、张大千等十分崇拜。谈话间，他得知张大千和我父亲赵望云是多年好友，又了解到在座的何海霞是张大千的高足时，感到特别高兴。

楞山先生访问西安后，又于当年深秋，赴台湾拜访了居住在台北摩耶精舍的张大千。回到日本后，他特地给我寄来了他和张大千的合影照片。

1980年春天，楞山先生又来西安访问，他向省美术协会的画家们介绍了他在台北见到张大千的情景。他告诉我："张大千先生是你父亲的好友。当他得知你父亲已于1977年去世的消息，异常震惊。'啊唷唷……'一声长叹后，情不自禁地把眼镜摘下来，摔出丈把远，眼镜被打得粉碎，他是多么悲痛啊！"

楞山还说，张大千不止一次地回顾了他和我父亲的友情。说望云是个愉快的人，擅拉京胡，会吹笛子，能唱京戏，称得上是个音乐家……

这是我父亲早年的业余爱好，几十年了，张大千先生还记得这么清楚。

我小的时候，经常听到父亲讲张大千，父亲的画室里也挂着张大千的一幅仿石溪山水轴幅。父亲认为大千先生的艺术是中国古典绘画艺术的发扬光大；认为自己和大千先生的交往中在山水画技法上得益不少。1972年，张大千侨居美国，他在《四十年回顾展自序》中又一次提到父亲。他说，在画马上他不及徐悲鸿和赵望云。认为悲鸿画的马是赛跑的马、拉车的马；望云画的是耕田的马。

父亲曾存有大千先生赠给的大幅墨荷，母亲也存有大千先生送她的工笔仕女、写意石榴等，可惜经过十年浩劫，一幅也没保存下来。

楞山先生对我说，他去台北拜访张大千时，看到大千先生家里有好多奇石，都是用祖国大陆上的名山古都命名，其中有一块就叫"西岳华山"。大千先生晚年眼睛不好，却经常闭起眼睛去抚摸这些奇石，或站在窗口北望。听到这里，我感到，我虽然没有见到过父亲的这位好友，但大千先生的心和我们的心是在一起跳动着。

楞山先生是个很有心思的人，他去台北拜访张大千时，带去了一份特殊礼物——华清池的温泉水。张大千看到温泉水心情激动，马上叫家人用这泉水磨了一池墨，提起笔来说："就用这杨贵妃沐浴用的水画一张唐装仕女吧。"画完后，他又让夫人用剩余的水洗了头，并说："这也算是在万里之外的一次贵妃浴了。"

我父亲和张大千先生已先后辞世。在这里，我要特别感谢楞山先生，是他在大千先生辞世前沟通了我们之间的信息，带来了大千先生对旧友的怀念。楞山先生二次访问西安回国后不久，又寄来了一幅张大千正在为其高足何海霞先生作画的照片。当我把照片转交给何海霞先生时，何先生的眼圈湿润了。

1984年于西安

大千居士下厨记

蒹 葭

　　做菜原是雕虫小技壮夫不为的事，但大千先生却把它视为艺术。他不但论起吃"道"，处处皆是学问，就是亲临厨房化理论为实际时，他功夫的细腻和精到之处，也往往令人倾倒。谈到"吃"，大千先生的精神就来了。他会告诉你，缩得干干的皱巴巴的鲍鱼是上好材料，因为那是在活的时候抓到的，所以它感到痛，皱成一团；一般人认为好的漂漂亮亮肥肥厚厚的鲍鱼是早就死了的，味道反而差劲。他还会告诉你，明末清初的名士冒辟疆从北方找来一位厨娘，来时坐三人大轿，跟随仆从婢女十余人，来势不凡。她问冒辟疆："你要做上席，还是中席？"冒问："敢问何为上席？何为中席？"厨娘答："上席需羊300只，中席需羊200只。"冒惊问其故，什么席要用上那么多只羊？厨娘说："珍馐美味，就要用羊嘴那点羊馐，调汤炖菜都要用它取其味。"冒想，用100只羊的话丢不起人哪，只好说，就用中席好了。这就是大千先生饮食的哲学，要"吃"就不要怕贵，要用好材料，当真是"吃"无止境了。

　　一次用晚膳时，不知谁起的话题，谈到牛肉面。有人说台北以桃源街的牛肉面最有名，又有人说：桃源街的牛肉面味精多，半冷不热的，够不上标准；另一派则主张以前师大旁边龙泉街的牛肉面最棒，可惜早就拆了。大千先生不禁好奇地问道："那么究竟台湾哪里的牛肉面数第一？"众人默然，似乎谁也想不出哪儿是真正绝顶美味的牛肉面。大千先生沉吟半晌，郑重宣布："明晚我亲手做两种牛肉面给大家尝尝。一种清炖，一种红烧，就请在座的几位，余人不请。"

立时举座欢跃，大家迫不及待地等着第二天傍晚来临，就是平日再忙碌的人也准备摒挡参加，能吃到大千居士亲手烧的牛肉面，这机会多么难逢！

第二天下午才5点多，摩耶精舍已是高朋满座，除了昨天的客人郭小庄父女、香港亦儒亦商的徐伯郊先生夫人、《联合报》的羊汝德先生而外，又多了闻风而至的历史博物馆的秦景卿主任，曾红遍大江南北的国剧前辈章遏云女士等，外加摩耶精舍的弟子多人。大家凑在画室里听大千先生说今道古，气氛已是十分热闹，想到即将品尝到的美味，空气里更有几许期待中的兴奋。

大家看大千先生坐得很笃定，奇怪他到底要什么时候做牛肉面。其实他5小时前便已在护士小姐的搀扶下走入厨房，命人煎豆瓣酱，搁牛肉，放作料，早把牛肉炖好了。

他做菜时，是自己指点分量，别人操作，但盐糖则必须亲自动手洒，并坚持一个原则：作料决不可像食谱上所书明的糖一匙、盐一匙什么的，那样就做不出什么好菜来。他主张加作料要用手抓，而且要抓得准，这才是真正的大师傅，然后细细地、匀匀地洒在菜上。

看大千先生做菜也是一乐。他调味就跟作画似的，太酸时就加点糖、太甜时就再加点醪抽（上好的酱油），不就跟他画画时藤黄多了就调点花青，花青多了就和点水和藤黄的道理一样？看大千先生在厨房里指挥若定，手抓作料的时候，你会发现他有着一双并非人们所形容的艺术家纤长荏弱的手，因之，你也可感觉到他并不是情感纤细、敏感多愁类型的艺术家；相反的，

167

他有一双粗壮结实而又透着黄黑色的手，那是一双感情丰富的、果断任性的、执着于尘世欢乐的、做得出好菜、画得出好画，虽然到了80岁，仍然十分有劲、充满生命力的一双手。

候到快7点的时分，厨房传来话，请大家吃饭。上得桌来，只见四只大风堂特制的大盆已摆在桌上：两个白盆，一个盛红烧牛肉（带汁）；一个盛清炖牛肉（连汤）。另外一只带花纹的青盆盛宽面；带花纹的黄盆盛细面。此外还有一盘碧绿的芫荽和红辣椒丝炒绿豆芽（外边牛肉面都是加酸菜，这里是拌绿豆芽），以及七八个小碟，遍盛盐、胡椒、糖、醋、酱油、辣油各种作料，以备各人口味不同之需。还没尝，单看这漂亮的红绿颜色已教人食指大动。红烧清炖，各取所爱。不过看趋势，年轻的似乎偏爱红烧，年纪大的普遍欣赏清炖；吃红烧的人觉得过瘾，吃清炖的人则细细品尝其鲜美。

这天，摩耶精舍饭桌上的气氛似乎和往常不大一样。平日边吃边说笑，这天大概牛肉面的味道太令人专注了罢，大家都埋头苦吃，似乎怕讲话耽误时间。平日为维持身材，一向粒米不沾的郭小庄小姐原来准备只吃一碗的，但她是北方人，从小喜欢吃面，又碰上如此令人垂涎的牛肉面，可是想添又不忍……就在她眼波才动之际，旁人立即起哄为她添了，她倒也爽快地说："干脆豁出去算了！"遂连添两次，吃了个痛快。片刻工夫下来，座上不管南人、北人，年轻、年老，个个都吃尽三四碗，阖座人频呼过瘾，大千先生也心满意足地笑了。这才是他最得意的一刻。他问大家："味道怎么样？满意不满意啊？"章女士的问答代表了大家的心声："好极了！味纯、肉烂！外面绝对吃不到！"

饭后大家又围着大千先生，问他牛肉面的做法。大千先生常向人表示，吃到别人的好菜决不要问人做法，因为那是他的绝活，不会轻易传人的，问了反而显得极不礼貌。这天大概大千先生太高兴了，要不就是他把做牛肉面视为雕虫小技，他竟详细地说明了做法。他说，红烧（实则正确的名称是

"黄焖"，因为不需加酱油）牛肉的方法很简单，即：一、先用素油煎剁碎之辣豆瓣酱。二、放两小片姜、葱节子少许。三、牛肉4斤切块落入。四、花雕酒半斤（甚或1斤，视各人喜好）。五、酒酿酌量。六、花椒10至20颗。七、撒盐。八、烧大滚，再以小火炖，前后约4小时。清炖除了不要豆瓣酱外，其余方法同，只是自始至终要用中火炖，同时要不断地撇油沫，至干净为止。

从美食聊到四大名旦，客人们看年迈的主人亲手做羹汤，弄了一下午，也该疲倦了，于是纷纷告辞。在宾主尽欢，一切完满的情况下，主人也不再留宾。这时摩耶精舍天井中松影与月华交织，池塘里的水流涓涓，颇得"明月松间照，清泉石上流"的韵致，于是客人们带着齿颊间的芬芳，踏月而归。

（录自1983年4月16日台湾《中华日报》）

张大千和《雪鸦图》

刘秉颐

　　20世纪30年代到40年代间，四川国画家张采芹和他的同事们在成都发起组织了蓉社、蜀艺社、成都美术协会等文艺团体。当时，在绘画上已有精深造诣的我国著名国画家张大千、徐悲鸿、黄君璧等人来到四川，即相邀入社。书画家们常在荣乐园聚会，研墨书诗，挥毫作画，交谊日笃。1944年3月26日，张采芹和成都中央银行经理杨孝慈、四川美协常务理事林君墨一起，到成都市骆公祠严谷声家拜望张大千，适逢一个朋友从青城山给张大千送来一只雪鸦。人们不是常说天下乌鸦一般黑吗？但这只雪鸦除尾部有一点黑色外，其他地方都是雪白的，是一种非常稀少、珍贵的鸟。所以张大千非常喜欢，张采芹更觉有趣，他见桌上有一小方宣纸，便找来笔墨，对影写生。张大千说："你怎么不用大一点的纸呢？"说着，便提笔在雪鸦下面画了一枝绽出新芽的树干，使一幅写生成了完整的画，并做了详细题记："甲申三月二十六日，友人从青城携雪鸦见赠，君墨、采芹、孝慈诸公来赏。采芹道兄对影写生，命予补老干新绿，并为记之。大千张爰。"写完，又盖有"大千"二字的阳文篆刻方章，下面是刻有"张采芹画"的印章。这段趣事，美术界雅称为翰墨姻缘。因此，张采芹一直精心地保存着这幅画。以后，大千先生还赠送过一本烫金封面的画册给张采芹。30多年来，张采芹一看到这些画，总不免要勾起他对往事的回忆和对挚友的深切怀念。

1982年

张大千和夹江画纸

李 子

1983年秋天，在美国芝加哥举行的中国古代传统技术展览会上，四川省夹江县纸农石福利，现场操作表演夹江国画纸的制作工艺，引起了当地观众的极大兴趣。四川夹江县气候温和湿润，雨量充沛，适宜竹木生长。当地数万亩青竹和上千条溪涧，成为传统工艺造纸的得天独厚条件。早在唐宋时期，夹江纸就已成为制作"蜀笺"、刻板印书的重要原料，到了明、清两代，更被列为"贡纸"，钦定为"文闱用纸"。

抗日战争期间，许多当时知名的画家寓居四川，而绘画所用的安徽宣纸来源断绝。1941年，著名画家张大千、徐悲鸿去到夹江纸乡，同从事专业造纸的纸农一起研讨制纸技艺。他们试验在纯竹料纸浆中加入麻料纤维，使夹江纸的拉力增强，可承重笔。张大千先生亲自设计了纸帘、纸样，决定了4尺乘2尺、5尺乘2.5尺两种画纸的规格，并在纸的两端做有荷叶花边及"蜀笺"、"大风堂监制"等暗印。此后，夹江画纸的质量大大提高，被书画家普遍采用。

1943年，中国农民银行调查丛刊说，夹江画纸"产量之多，种类之繁，品质之佳，技术之精，均为四川省之冠"。当地纸农用嫩竹为主要原料，制作的画纸自成特色——洁白如雪，纸质细嫩，浸润吸水性能好，保留墨色效果佳，宜书宜画，摹碑拓片，易于裱褙。优质夹江画纸，其受色、受墨和浸润性能，堪与安徽宣纸媲美，受到书画家们的喜爱。

夹江县至今还珍藏着当年张大千先生亲自设计、监制的画纸样张。为了纪念张大千，县政府决定，凡当地所产国画纸，一律以"大千书画纸"为正式名称。

现在，夹江国画纸不仅行销全国20多个省市，而且还有部分产品出口外销。

（录自1984年4月8日香港《文汇报》）

大千居士长眠梅丘

司徒浩

　　"梅丘"是大千居士从外国迁回台北居住后，在所建的住宅摩耶精舍内，特别布置栽种梅花的地方，既非一个盛栽梅花的山冈，也不是一个土丘，而是一个用奇石布置成的人工石丘，而周围遍植梅花。大千居士生前爱荷爱梅，并自喻是"梅痴"，死后长眠"梅丘"是他的遗愿。

　　大千居士的摩耶精舍，位于台北郊区外双溪，是一座两层的四合院，天井栽的是奇花异卉，后院则是精致小型园林，"梅丘"就在外双溪，依溪而建。梅之外更有荷花和芭蕉等多种花木，是张氏赏花的去处。

　　"梅丘"遍植梅树，称之为"梅林"固可，叫"梅园"也无不可，而名为"梅丘"当然是张氏的特别安排，并在巨石上亲题"梅丘"二字。81岁那年更自书一联云："独自成千古，悠然寄一丘。"又对家人表示身后葬梅丘。这大抵就是不叫梅林或梅园的缘故了。

　　大千居士生前钟爱园林庭院，在国内家居虽未曾有过园林建筑或布置之类，可是在海外生活的30多年中，却曾亲自设计修建过三处园林或庭院式的居所——50年代初移居巴西时的"八德园"，迁居美国旧金山后的"环筚庵"和定居台北后的"摩耶精舍"。这三处中国庭院都是张氏亲自设计的，

174

因而是完全中国气派的布局，陈设也是中国式的。

八德园所栽种的纯粹是中国花木，梅花、牡丹、海棠、兰花和桃花是"主角"，杨柳和松也是园中的"台柱"，鸟兽如孔雀、天鹅、猿猴更是"常客"。五亭湖畔五个茅亭，湖中的天鹅和鸭群，树上的鸣禽，这些都是画家所欣赏的景色。

环筚庵中的百梅园，植梅百株衬以巨石，构成一幅天然"梅石图"，蔚为奇观。再加上周围遍栽松、竹，这些都是在海外难得见到的景致。

大千居士寄身海外，悉心经营园林景色，作为一个国画大师，无疑离不开这些自然环境；而作为一个中国文人，不忘中国园林景色，院庭格局，这也表示了画家对祖国的想念。

（原载1983年4月20日香港报，有删节）

第三辑

故旧之思：江山如画无归期

大师隔海补丹青

——忆大千先生

潘　素[*]

伯驹和我与张大千的交往关系很深，时间已在四五十年前。我们在上海居住时，就和他熟识，并经常有往还。1947年大千来北平还到我们家看望过伯驹。虽然大千离开大陆30余年，但相互眷念之情，无时或息。如1979年港澳友好要邀伯驹和我前去香港（后因故未成行），当时张大千在台听到，就设法由港转来一信，并愿代购机票两张，以促早日成行。原信如下："伯驹吾兄左右：一别三十年，想念不可言。故人情重，不遗在远。先后赐书，喜极而泣，极思一晤。无如蒲柳之质，望秋光零，不得远行，企盼惠临香江，以慰饥渴。倘蒙俞允，乞赐示敝友徐伯郊兄。谨呈往复机票两张，乞偕潘夫人同来，并望夫人多带大作，在港展出。至为盼切，望即赐复。专肃俪喜。弟大千顿首。"

1982年年初，当伯驹在医院养病时，大千曾打电话托香港友人转告他在

---

　*　著名艺术家大千先生故交，中央美术学院教授。

兰州的孙子晓鹰前来北京医院看望伯驹的病，并要他孙子与伯驹拍个照，设法寄到台湾。当时伯驹已不能起床，就在病床上拍了照片。伯驹还作了两首诗以相赠。于此可见他们的交谊是如何深厚了。

这年，我曾画了两帧芭蕉拟邀张大千合作，后托人请他题画，他即写出："壬戌之夏，潘素大家，遥寄大作，命为补笔。当时大病新瘥，更兼目翳，有负雅望矣。八四叟爰，摩耶精舍。"（题于"补兰花图"）

又题："壬戌夏，四月既望，潘素大家，遥寄妙笔，命予补写团扇仕女，落笔惶恐。八四叟爰，摩耶精舍。"（题于"补仕女图"）

1981年，王亚蒙先生要我画一幅"云峰春江"画，王又拿去找张补笔题词："神韵高出，直迫唐人，谓为杨升可也。非五代以后，所能望其项背。亚蒙仁兄出示。八四叟张普华题。"

我和伯驹与大千，虽海天远隔，但交情笃深，非同一般。目下可惜二人均已去世，人世沧桑，未能如愿。

1986年于北京

千重巨浪助诗声

——记王个簃*老师与张大千先生的友谊

曹用平

1983年，在上海一个展览会上，展出了已故中国国画大师张大千（爰）先生赠给我的老师王个簃的画册《张大千书画集》第四集，大千先生在扉页上写了长篇题词。题词数日后，大千先生即病重住院，于4月2日与世长辞。这一题词不仅成为大千先生的绝笔，而且记录了分居在海峡两岸的艺术家之间的骨肉情谊，确实是极可宝贵的艺苑珍品。

题词全文如下：

承赐先农髯师偕兄与弟造像，拜倒九叩首。弟爰。

六十年前，兄弟俱在英年，寒舍西门路。兄自安梯升墙，舔弟所藏六如画仕女。弟大惊。兄莞尔曰："试他究竟甜否。"今俱老矣，尚能为此狡狯否？弟已年重眼花，行步须扶杖，且患心腹之

---

* 王个簃系大千先生挚友，著名书画家，中国美协理事，上海美协副主席。

疾，奈何！弟爰顿首。

　　个簃吾兄赐正

要问这篇题词的由来，那就说来话长了。

大千先生早年与老师有极为密切的交往，我曾多次听老师说过。老师是吴昌硕先生的弟子，大千先生则师著名书法家曾农髯先生。吴、曾两老友情谊至深，老师与大千先生也结为知交。两人艺术造诣俱高，志趣爱好、性格脾气都很接近，朝夕过从，切磋艺事，亲如兄弟。当时他们还都是30岁上下的青年人，相处不拘形迹，调侃嘲谑也是常有的。大千先生题词中所追述的60年前的那件往事，写来仍是如此清晰生动，眷恋之情，洋溢于字里行间。

1982年年初，我协助老师撰写整理《王个簃随想录》，这是老师回忆其艺术生涯的一部著述，其中自然不能没有关于大千先生的内容。老师十分惋惜地谈到，他在50年前曾与曾农髯先生及大千师徒合拍过一张照片，一直珍藏身边，不幸在十年动乱中散失了。正当我们为《随想录》中不能收入这一珍贵的照片而感到无比遗憾时，一位朋友送来了裴德贤老人收藏的这张照片。老师一见，喜出望外，嘱我赶快交付制版收入书中，又指着照片告诉我："大千虽较我年少两岁，称我以兄，但青年蓄须，三十出头，即已于思于思，俨然长者。拍照时，我对大千说：'你胡子这么长，理应居中。'大千说：'不、不，你是兄长，怎能站在旁边。'推辞好久，才拍下了这张照片。"老师说："照片中人当年的音容笑貌，宛如昨日，但大千移居台湾，音信不通已30余年。"为之怅惘不已。1982年4月，老师随同张承宗同志率领的代表团访问福建。面对滔滔海峡，茫茫云天，念及彼岸的老友，虽仅一衣带水之隔，却有云树万里之感，思绪万千，不能自已。"亲切台胞皆熟友，多年阔别正关怀"，于是援笔赋诗多首，其中怀念大千先生的两首七绝是：

曾老门前第一人，腾蛟起凤见精神。

老当益壮多怀想，痛饮千杯万象新。

检点书囊多墨迹，笑谈娓娓见从容。

共同留影情何限，篆刻曾经凿大风。

后一首的第三句便是说拍照的事。第四句的"大风"是大千先生与其二兄善孖先生合用的堂名，老师曾为大千治印多方。

《随想录》出版后，老师亲手将上述诗句题在书的扉页上，付托大千先生的学生糜耕云转给香港的友人，设法转交大千先生。但由于大家知道的原因，这本书竟被禁止进入台湾。于是香港的友人想了个办法，将《随想录》有关内容节录转载在香港的一家刊物上，那张照片也一并复制刊登。友人还将老师的诗句另外抄录，连同那本刊物，辗转送到了大千先生手中。这样，大千先生虽未得到老师题赠的原件，但老师对老友深切怀念之情他是完全领会到了，题词以"承赐"开头，即表述了回报之意。细读题词，不难想象到大千先生重睹50余年前与师友的留影以及受到老友存问之际，追昔抚今，那种又惊喜、又感伤的心情。1983年3月初，大千先生书画集第四册出版，他亲自选取了12本，一一题赠给在大陆的友人和学生，写给王个簃老师的题词是其中最长的一篇。其时，他已面临生命的最后阶段，体力之衰竭远较题词中所述为甚，但他奋笔疾书不息，家人劝他休息一下，他说："我要写，我的日子已经不多了，再不写就没有机会了。"果然，这12本画册未及送出，他便离开了人间。家人遵照逝者遗愿，辗转传递，终于将画册送到了大陆，转达了逝者向大陆友人发出的最后信息。

噩耗传来，念及40年前沪上一别，竟成永诀，老师悲痛异常，好几天默然无语。这年4月13日下午，上海100多位美术家和有关人士在潇潇春雨中集会悼念大千先生，许多前辈都在会上发言倾吐哀思，但老师没有谈。他对我说："你知道吗，我实在是万感交集，无从谈起啊！"

直至哀痛初定，老师才写了这样两首悼诗：

> 交情契合如兄弟，艺事追求萃古今。
> 雅集作图传妙品，东游大盏托痴心。

> 少年回顾盘桓地，老至犹怀作客情。
> 噩耗忽传无限恨，千重巨浪助诗声。

前一首的后两句，记录了老师与大千先生交往的两件往事：

"雅集作图传妙品"，是指在20世纪30年代初，老师、大千先生等一些书画好友经常在谢公展先生家中聚会，作画吟诗。有一次，大千先生酒后兴至，随手在纸上写生，把包括老师在内的在场七八位友人的面容神态一一描绘下来，并做了长篇题记，赠给老师。这在大千先生作品中是绝无仅有的，老师极为珍爱。痛心的是，这件妙品竟毁于十年动乱之中！

"东游大盏托痴心"，是指1931年老师、大千先生等一批书画家在王一亭先生率领下东渡日本，与日本同行进行艺术交流，受到热情款待。一次，日本朋友以当地名产"正中酒"招待，其味清洌醇厚，端属上品。老师和大千先生等友人正值盛年，嫌酒杯太小，就换上大碗豪饮，说是以五柳先生陶渊明为楷模，造饮辄尽，期在必醉，宾主尽欢而散。

壮年盛事俱往矣！大千先生"而今能画不能归"，只能抱恨以终。但是，"千重巨浪助诗声"，祖国要统一，这是任何力量不能阻挡的历史潮流。在各方面的努力下，海峡两岸的艺苑挚友，终于开始克服了重重阻碍，通过曲折的途径互通消息。王个簃老师自称"年方八十有七"，以"向百岁进军"自勉。他经常表示，一定要为和平统一祖国的事业做出力所能及的贡献。他深信，在他的有生之年，一定能够看到统一局面的实现，海峡两岸的亲朋好友，一定能够重聚一堂。也只有这样，才能告慰发出"不能归"之叹的大千先生在天之灵。

（录自1983年《中国老年》第二期）

寸心千里

陈巨来[*]

1981年年底，我收到了张大千先生从海外辗转托人寄来的一幅横卷山水画。画幅中间是青绿色大泼墨绘出的重重云山。山峦之间以元黄鹤山樵工笔画数间中国式房屋，左下角作浅绛色山坡，右上角一片海洋，征帆六只迤逦而行。题款为："云山万里，寸心千里。庚申六月写寄巨来长兄。八十二叟弟爰。"此画体现了大千先生在宋、元人笔法中掺入印象派技法，具有中西合璧的独特画风。见画思友，更怀恋当年与大千交往的那些岁月。

我认识"大风堂"主人张大千，已有65年了。记得当年大千随其兄张善孖先生同寓沪上西门路西成里，楼上住的是近代国画大师黄宾虹。一天，我登门拜访黄老，适逢他外出。善孖先生热情接待了我，与我攀谈起来。当他知道我从师赵叔孺先生学习刻印时，便许我为可造之才。大千先生也在座，这便是我们结识的开始。那时，我仅15岁，大千比我年长6岁。

大千早岁所用印章大都自刻。自从我俩交友后，他深喜我的治印，每每托我为其镌刻。尤其在他中年时期，所有名章、书斋印几乎均出于我之手。

---

[*]　大千先生挚友，篆刻家。

有一次，我和他开玩笑，请他为我治印一方。大千坚辞，说："样样事情我都可以替你做，就是不能刻图章。我替你刻，岂不是变成笑话了。"当然，我对大千的绘画才华更是钦佩之极的，尤其是他模仿八大、石涛的作品，几乎可以乱真，令人拍案叫绝。

抗战开始，大千回成都，赴敦煌，从此画风一变，成为仿宋、元人工细笔法。抗战胜利后，大千重来上海，举办画展，说及他有一习惯，每隔5年，就将所用名章全部换过，不仅为了一新面目，也防着有人仿制假画，鱼目混珠。这次携来画幅较多，大都没有钤上印章，嘱我在15天内赶刻60方，以应急需。我通宵尽力，于两星期内刻竣报命。这60方印全是象牙佳料，其中刻有元朱文、宋满白等多种印文，大千见之很是高兴，从此便许我今后索画，概不取酬。

当时，大千寄寓石门一路的镇海李家，因他曾买到一幅张大风的画，如获至宝，乃将书斋命名为"大风堂"。上海当时的一些著名书画家，如吴湖帆、溥心畬、谢稚柳、江寒汀等，都喜欢去那里聊天，真可谓高朋满座，海阔天空。我每天午饭一过必去那儿，有时与大千谈得投机，直到凌晨二三点钟方归。大千声如铜钟，幽默风趣。有时讲讲自己仿制古画骗过书画商的逸事，有时与我们几个挚友一起赏看收藏的名画。他对八大、石涛、白石、悲鸿都十分推崇，常常为了收集名画不惜重金。他常感慨地对我说，一个人只要有了自己的面目，就令人佩服了。

大千先生性格豪爽侠气，奔放豁达，朋友有难，总是慷慨相助。我曾多次亲眼看到，一些贫困潦倒的书画家，大千每月必资助至少五六百元。1949年，先父谓渔公病重，每日需服羚羊角，这是很贵重的药剂，我力不能胜，大为踌躇。大千闻之，立绘一幅仕女、一幅山水见赠，都是单款，便于善价而沽。这幅山水为一手卷，用的是元人写经纸，水墨不设色，很是高古，因纸色灰暗，题为《岷江晚霭图》。先父爱不忍释，曾说，其他画都可割爱，这画留以自赏了。可惜十年动乱，名画失去。同年底，大千返蜀。离沪前，特邀我和谢稚柳三人合摄一影，签名留念。大千深情地对我说，你要原谅我，我生平不爱写信，都是秘书代劳，以后请勿见怪。

近几年来，也许是长期流落海外的孤零感，使大千先生一直对我们这些故国旧友拳拳不已。从1975年起，他每年都寄一帧小照给我。1977年，大千在美国将我为他所刻的印章亲自整理、编辑成《安持精舍印谱》，遣人送往日本印刷出版，并在卷首附印上他的亲笔序言："巨来道兄治印，珠晖玉映如古美人，增之一分则太长，减之一分则太短，钦佩之极。"

我与大千都是西泠印社的老社友。1981年，印社举行成立75周年纪念大会，函邀各地书画篆刻名家赴杭雅集。席间，不由得使我想起，倘使大千在此，定会受到社友们的尊重。我深切盼望阔别30余年的大千先生，达到"寸心千里"之愿望，重返祖国大陆，开襟畅述友情。

（原载1982年10月23日香港《大公报》）

张大千是非常人

我之认识大千，如今回溯已50多年了。民国二十年，大千到广州过访容安居（余旧居斋名），谈笑为欢，诚如俗谚所谓一见如故。大千心爱古画，看见舍下壁上悬有董玄宰墨笔秋山图，赞叹不已，我即举以相赠，从此订交。但在此之前，大千已在日本东京一个中日画展中看见我的作品——仿石溪幽居图，认为突出，并记下了我的名字，所以一到广州，便来相访，并赠我以诗，有"众里我能独识君，当时俊气超人群"之句。其后，大千重到广州，我介绍他和广东著名收藏家田溪书屋主人何丽甫、冠五父子相见，朝夕聚首，纵观书画。当时，我新得石涛和尚梅石水仙立轴，气雄力厚，画上并有石涛题诗，用小隶写出。墨色之佳，无出其右。大千见了，又爱不忍释，我就想到宝剑赠予烈士之意，即告诉大千，现在暂且让我把画挂在墙上，多看几时，数月后我要到上海来，届时即以此画奉贻。等我到上海实践诺言，大千检出元人写虎溪三笑图及石溪山水相赠。当时，我们随便将古画送来送去，互相鉴赏。若使后世人闻之，一定以为我在说笑话，讲大话。但我和大千并不作如是想，我们只是

---

* 著名画家，台湾美术学院院长，大千先生故交。

认为物遇其主、画获知音才是正理。民国二十五年（1936年），我在南京举行画展，他专程来宁参观。民国二十八年（1939年），我作东道主，请大千及其公子心智同游峨眉、青城，盘桓匝月，两人写生，获得很多好画稿，互相切磋，得益匪浅。当时，我有架摄影机，他导演，我拍照，每遇奇景，他就说："快拍，快拍！"而我时常忙了手脚，拍摄不到，彼此引为笑乐。而我的"君翁"之名，即是他所命名，并在山上为我刻一石章，上镌"君翁"两字，以后又为我刻"黄君璧"、"可以横绝峨眉巅"两方图章，所以我一共拥有大千刻印三方。民国三十三年，我和大千及张目寒游广元，参观千佛洞，一路谈笑风生。在明月峡嬉水为乐。返成都后，他曾为张目寒写纪游图长卷。此等朋友之乐，以后再难获得了！

其时，我在南京中央大学执教，每星期六必赴上海小游。当时，陈伯庄任京沪路局长，时时赠我以免费火车票。我到上海，一定到卡德路李祖韩家访大千，看他作画，并观古画。是年，也曾和大千、于非闇、谢稚柳、方介堪同游雁荡山。因方介堪、谢稚柳分别为浙东、江苏人，大千籍隶西川，我生于广东南海，于非闇是北方人，合称为"东西南北之人"，合作书画，并由方介堪刻一图章，作为纪念。

民国五十八年（1969年），我应南非开普敦博物馆邀请，前往访问。曾访大千于巴西之八德园，相见喜极。是晚，大千即在家招待我晚餐，并手书菜单，嘱其夫人入厨整治。他平生好客，待朋友热情诚挚，令人难忘！

民国六十七年（1978年）大千返台定居，我和他过从更多，我长他一岁，每相见便以"老兄"、"老弟"互称，并合作书画。三年前，大千由美国运回古松四盆，送了我一盆。他说："这几盆松树是由巴西运到美国，再由美国运到此间，你是爱松的高士，所以我一定要送一盆给你。"这棵松树树龄已有70年，盘曲矫劲。大千80岁时，我曾手绘此松，为大千寿。

今年3月初，我赴香港之前两天，曾到摩耶精舍造访。那天正巧全无客至，大千精神甚好，回忆往事，历历如绘，又和我研究种花之道，很高兴地和我说，上周以新台币50万元（约合美金12500元）购买两盆杜鹃，贵则贵矣，但如此姿态甚为难得！那天下午我和他谈了两三小时，他要留我在他家吃晚饭，我因另有他约，只能婉谢。临别他和我握手，送到大门，这是我和大千最后一次见面。

我抵港后第三天，听说他忽病昏迷，后来又听说他病情比较稳定。我便提前返台，哪知我4月3日返台，他已在2日晨早仙游去了！

近年来我记忆力甚差，心绪不宁，只能随意写些琐碎小事。总之，大千是个非常人物，为人豪情疏爽，才华卓绝；对于绘事，无论人物花鸟虫鱼，无所不精；对于书法、诗词、篆刻，无所不能，均建立一己独特的风格，超然出尘，令人心折！今大千去矣，但他嘉言懿行，绝非片纸只字所能尽，值得我们永远怀念。执笔至此，感慨万端，泪涔涔下矣！

（原载1983年香港《大成》杂志114期）

悼念老友张大千

陆抑非[*]

国画大师张大千先生因病于1983年4月2日在台北病逝了，我一得到这个噩耗便悲痛不止，心中难过极了。我默默地端详着他的遗照，不禁又想起了许多往事……

我和大千交往已有40多年了。1932年我从老家常熟到上海美专担任花鸟画教师，并在新华艺专、苏州美专先后兼课。1937年又开始从吴湖帆先生学山水竹石，这时正好与大千先生为邻。耳濡目染，日受教益。当时我住萨坡赛路普庆里，大千先生住西门里。我们只是一里之隔的邻居。我常到他的寓所和他一起研习绘事，他也常到我家中过访。大千先生待人气度宽宏，真诚谦和，和他二哥张善孖先生关系极为密切，对二哥十分敬重，视兄长如父。他热情好客，他的寓所里经常是：座上客常满，樽中酒不空，谈笑有鸿儒，往来无白丁。他对待事业特别认真、严谨。为了画好老虎，他和二哥善孖在苏州网师园赁居养虎，那时我曾到他家中看他养的小老虎。他就对虎写生，极富天然情趣。先生作画时手

---

* 浙江美术学院教授，大千先生老友。

中笔不停挥，往往是一气呵成，如有人来访，他就边画边谈，直到画完才搁笔。他常对我说：要想画好画，贵在认真刻苦。尤其是学习古人的作品，更不可马虎。他说临摹前人的作品时一定要不怕反复，要临到能默得出，背得熟，能以假乱真，叫人看不出是赝品，只有这样才能学到笔墨真谛，学到前人的神髓。先生的这些话正是学画成功之奥秘，使我至今难以忘怀。在画坛上我之所以有所成就，是与大千先生的教导分不开的。

大千先生和我老伴孙淑渊娘家的关系也很密切。我舅兄孙伯渊当年在老家苏州开集宝斋碑帖古董店，大千先生和他二哥常到伯渊兄家中来。我老伴前几天还在和一个来访的朋友说起大千先生，说他个子不高，但特别精神，头发胡子乌黑乌黑的，红光满面。他的手又小又软好像棉花团一样，人称"异相"，有特异的才能！那时人们都赞扬他广交天下，处世做人才气横溢。听说他这几年不顾高龄还是终日挥毫不止，又是《宝岛长春图》，又是《庐山图》，都是作一些很费劲的巨幅大画。我常常为他这种"丹青不知老之将至"的献身精神所感动。

我总以为他这么大的年龄居然还能作这么大的巨幅，必定能坚持到我们这些老友重聚的一天，总以为我们还可以再度携手共研绘事，可是万万没有想到先生竟这样仓促地走了，他这一去再也不会回来了，这怎么能不使人心酸呢？

大千老友去了，前年台湾画坛上走了个席德进，今年又走了大千老友。说来也巧，他们二位都是身居异地，倍思故乡的"乡思病"患者，都是乡土故国情思极浓的人物。他们都走了，他们到了"极乐世界"，也许再也不知乡思的痛苦了。可是我们这些活着的老者，无论是台湾的，还是在大陆的，有谁还没有染上"思亲病"呢？我知道我们在大陆的诸位画友，每一相聚总是会念叨起在台湾的老友。大家都是过了古稀直奔耄耋了，就是当今人都长寿，我们又能长寿到哪年哪月呢！最近听说我的另一老友著名金石书画家陶寿伯兄还不顾八十又二的高龄，在台北举办个人画展，可见他老兄也是一个不服老的人物，对他这种躬身耕耘的精神，我是十分佩服的。我只盼望大家都多多保重，在祖国统一时，大家都活着相见。只要能这样，我想大千先生在天之灵也会得到安慰的！

大千老友，安息吧！我相信我们台湾海峡两岸的画坛老友一定会用"欢乐的大聚会"来祭奠您！您说这种祭奠不正是最好的祭奠吗？

（原载1983年4月10日香港《文汇报》）

回忆张大千先生

常任侠[*]

张大千先生逝世了，他的艺术是永在的。

回忆我同张大千先生的接触，是在1931年，那时我开始在南京大学教书。南大的艺术科有几位有声望的画家，如徐悲鸿、吕凤子、张书旗、潘玉良、陈之佛、汪采白等，大千也是其中之一。他以善画石涛一派的山水风景著称。笔墨雄肆，气韵朴厚，在侪辈中独树一帜。

据说大千青年时代在沪即以善绘山水驰名。时沪有巨商程麻皮，专收藏石涛山水。新建一厅，壁悬其所藏珍品，邀客观赏，唯正面墙壁，因无适当巨幅，暂时空缺。后见一石涛巨幅，为诸画之冠，唯索价甚昂。程某急欲得之，烦大千说项，虽重金不惜。大千闭户经月，经营林峦，果得石涛神品以报，又以古锦装池，光照一室。程某大喜过望，座客皆来称觞，谓为藏品之冠。大千神乎其技，亦稍稍为人言之。他在南大教学时，常嘱诸生临摹古人卷轴，神与古会，自然契合，故其所教弟子，多是此道高手，不落庸俗。

自敦煌石窟壁画为世界所知，画师中前往研究临摹者，以大千为最早。

---

* 大千先生故交，历任各大学教授。

大千携弟子二三为之辅佐，孙宗慰即其中之一。在此风沙荒漠之中，大千潜心工作，几与社会隔绝。从此进入北魏、盛唐的艺术领域。艺风所染，以人物画为主。此后大千所作的衣冠人物仕女，多有唐风。他曾经以所临壁画，向世界展览，因此也得到国际艺术界的广泛赞美。大千精于绘画的各方面，山水、人物、花卉，都能独树风格，这是其吸取古艺术的精髓，博采众长，植基深厚的结果。

我曾藏有大千两幅画，一为仕女，高髻云鬓，丰硕曼立，秀眉弯弯，虽不施花黄，确是唐美人的风度。浩劫中已为人夺去。此画大千戏题云：一等肥白高，二等麻妖骚，三等泼辣刁，此肥白高也。可谓善戏谑兮。

又一幅为东篱采菊图。一人独立江干，短篱丛丛，秋菊吐芳，云水苍茫，南山在望。此画由合肥秀峰侄寄来，曾经一见。亦于浩劫初期被人强取而去。

我现存大千所作，只有折扇一把，扇是泥金底子，他在金扇上画了幅金碧山水，水上苍山，有亭翼然，亭侧四人向远际遥望，如思故国。山巅万松如海，水际浅芦迎波，并自题一诗云：

西北此楼好，登临思惘然。

阴晴长不定，客况最颠连。

斜日红无赖，平芜绿可怜。

淮南空米贱，何处问归船。

此画作于丁丑六月，当1937年，正临七七事变前夕，"斜日红无赖"或寄微词。登高望故国，客里思归，形之吟咏。书法亦隽妙。大千曾学书于清道人李瑞清，故笔姿似之。

1945年我到印度国际大学讲学，大千亦去印度观佛教诸古迹。1949年我返国以前，颇欲劝之同返北京，重晤故旧。乃去国愈远，往游美洲，蹉跎至今，终老宝岛。葬身祖国的土地，仍符大千的夙愿。现在祖国重临春天，江山如画，望魂兮归来，再看一看人民所藻绘的丰富多彩的画卷吧！

1983年4月9日于北京

（原载1983年5月2日香港《大公报》）

我所知道的张大千

郑逸梅

　　张大千，四川内江人，和张善孖为同胞兄弟。善孖长大千17岁，性严肃，不苟言笑，故大千对他很是敬畏。善孖且指导他作画，故凡从大千为师行拜师礼，大千总是这样说："我的画，是我哥哥教出来的，拜我为师，亦须拜我的哥哥善孖。"善孖以画虎驰誉，大千生平不画虎，让善孖独擅其胜。某年，大千获得张大风名迹，便榜其斋名为大风堂。这个斋名，也是兄弟合用。大千的父亲，官江苏松江，久居三泖九峰间，故善孖夫人即为松江人，大千也能操松江方言。一天，大千于宴席间，遇见女画家周练霞，笑对练霞说："某年月日，我第一次得瞻风采，你穿着淡蓝衫子，粉红色裙，珠耳环，翡翠约指，在松江某寺求签，得签上上大吉，你当时把签诀交给一小沙弥，这小沙弥便是我。"练霞大为讶异，问："难道你出过家吗？"大千答以"出过家，但仅三个月空门生活，即还俗了"。

　　大千在北京，每逢金少山、郝寿臣二大净角登台，必往观剧。且先赴后台，坐在少山或寿臣开脸的桌旁，细观用笔之法。原来二大净角，大千都很是熟稔。大千对人说："寿臣勾脸极工细，一丝不苟，似仇十

198

洲的画；少山恰相反，勾脸很神速，大刀阔斧，寥寥数笔，近看极粗，似八大山人的画。但二人登场，都神采奕奕，不分上下，这对我的画启发极大。"

大千画，豪迈疏宕，善作巨帧。有一次，画了四五丈长的立幅山水，付诸装池。装池家对他说："这样长的尺幅，怎样悬挂呢？"大千说："我有我的办法。"装裱既就，他把这画挂于楼壁，沿壁的楼板，铲一长隙，使下半段的画直垂至楼下，于是邀人来看，上半段在楼上欣赏，继而再下楼欣赏下半段，观者无不为之咋舌。

某岁，上海巨贾程霖生，称以高价购得八大山人花卉四幅，每幅长1.2丈，阔仅尺许，其中一幅为荷花，梗长8尺有余，一笔到底，劲遒非常。程告人说："大千虽善模仿，绝没有此魄力。"后程逝世，有人谈及，大千说："这四条都是我画的，当时把纸幅置于长案上，边走边画而已。"

（摘自1983年《内江市文史资料》第五期）

半世纪翰墨缘

薛慧山[*]

　　民国二十二年（1933年）春节，我与大千先生初次在苏州网师园见面。那时他已留了一大把黑胡子，跟善孖先生在一起，形象酷似。这天座上胜流云集，记得章太炎、陈石遗、李印泉、叶誉虎几位前辈，都曳杖而来。我当时不过是十几岁的大孩子，正负责主编《吴县日报》副刊。虽是年轻幼稚，却蒙大千先生邀来做客，深觉腼腆不安。大千先生两眼炯炯，谈笑爽朗之中，特地向座上的前辈诸公为我介绍说："这位薛先生年纪最小，但写起书画评论来，倒是一支敢言的健笔。后生可畏，谁都逃不了他的品评月旦呢！"

　　介绍词溢美过甚，却使我顿时胆壮起来，不再作拘谨之状。大千先生亲自下厨，煮了一大碗热腾腾的酸辣鱼汤，阖座都食之津津有味。餐后，就在园中那棵卧龙似的老松之畔，合摄了一张照片。当时善孖先生牵了一只乳虎来，教我偎抱着它。那只虎可也善解人意，居然像只哈巴狗般地驯服，不过最后它又顽皮地把我新制的棉袍咬破了一个洞。

---

　　[*]　台湾著名记者。

200

就在网师园时期，大千先生已沉酣于石涛的画迹，那时他不过30多岁，但已搜遍名迹，收藏颇富。他打开一轴石涛山水中堂来，挂在壁上，先对画中全局玩索再四，于古人精神流动处，静静地心领神会，才站起向纸上直笔空钩，飕飕地如蚕虫食叶，似乎得心应手，神而化之。他所临的石涛，并不太求形似，随时有所删略，有所发挥，有所创造。又眼看他仿八大、仿青藤、仿松雪、仿云林……就那么轻轻松松地一下子来个遗其貌而袭其神。

世所共知，大千先生早年临摹石涛，已到了几能乱真的水准，不但瞒过罗振玉、黄宾虹的眼睛，且使日本人都把他的仿作印入了"南画大成"，至今奉为"国宝"。我猜想大千先生的动机大概出于"舜何人也？予何人也"硬是不信邪的一种心理作怪吧？有人把他早年所临写的石涛《柳堤春晓》的八尺中堂，请他加题跋，他慨然题云："昔年唯恐其不入，今则唯恐其不出。"可见对于古人的作品，他毕竟采取一种批判性的态度，此之谓"师古而不泥于古"。

厥后，善孖大千昆仲，联袂北上，寄寓在北平颐和园听鹂馆内。当时溥心畬先生也住在园内，朝夕过从，合作了若干山水人物画，合称为"南张北溥"。此际的张大千先生，已不以全部投入石涛为满足，更进一步上溯唐、宋、元、明。采取唐人的朴厚，宋人的深度，下至元、明的笔墨意境，上下千年融会贯通，自有他自己的一套风格。陈定山先生亲口对我说过："张大千是一个聪明人，他从石涛起家，又把石涛一口吞入腹中捣个稀烂，吐得出来，化作唐、宋、元、明千百作家。"

大千先生生命史上，最大的功绩，要属敦煌之行。敦煌这个盛唐艺术的宝库，从前任谁都梦不到的，他却不辞荒漠风尘之苦，整整有1000天的时间，架起云梯，在高壁上奋臂摹画，单是石青、石绿，就消耗了千百斤。那股追求古代艺术的狂热，实无异对宗教苦行的奉献，堪与唐三藏取经的故事相辉映。至今，他在敦煌所编立的签号，仍为全世界学者一致的肯定。

40年代末和50年代初，他常往来于香港，我较前更有机缘追随杖履，无所不话，对他多少有所了解。他老人家天赋极高，且曾着实下过苦功，可谓"生而知之"又兼"学而知之"，一个天才与努力的大综合。

我敢在此斩铁凿铜地说：张大千先生一生在艺术上曾有过奋力地用功突破，至少至少，他该是古往今来中国历史上"续画"最多的一人。

他的记忆力与领悟力确是惊人的。什么画都只要一看画头，立刻可以断定真伪，旧时在何处看过，有什么题跋印鉴。等到打开画看，果然丝毫不爽。有次，吴县吴恒孙，把家藏的唐代韩滉五牛图，请大千鉴定，大千一眼就吃得很准，当场脱口而出："真！"这幅画是八国联军庚子之役被外国军人抢走的稀世之宝。

"佳士姓名常挂口，平生饥寒不关心。"大千先生最喜欢替人写这副对子，恰似自己的写照。上联表示他平生与人为美的一贯襟度，下联也是写实，他时富时贫，袋子里往往不名一文。有次从香港去巴黎，临走时把一叠美钞送与一个穷朋友。我送到机场，叩问他老人家："你摸摸自己口袋里，究竟还剩若干？"他一摸，只剩了50大元，从容登机而去。其艺高胆大，做人洒脱也往往如此。

他老人家在《庐山图》大画完成后，向朋友问起："慧山是到过庐山的，他看过我这幅画没有？"我当夜就赶到"历史博物馆"，先睹为快。

画展上，很巧地面对面碰见了，我便扶着这位银髯飘拂神情矍铄的大千先生，低下气，劝告他说："恕我无礼，不再跟您摆龙门阵了。您要好好休养，什么闲事都不必多管了……"

谁料从此即成永诀。半个世纪的翰墨缘，就此结束了。但他几句精辟的名言，永远萦绕我耳边：

"画家自身就该是上帝，赋有创造宇宙万物的特权本领。画中要它下雨就下雨，要出太阳便可以出太阳。造化在我手里，不为万物所驱使。这里缺

202

少一个山峰，便加上一个山峰，那里要删去一堆乱石，就删去一堆乱石。心中有一个神仙世界，即可以画一个神仙世界。总之，画家可以在画中创造另一个天地，要如何去画，即如何去画。科学家所谓改造自然，我们则是'笔补造化天无功'！"

（原载中国台北《中国时报》编辑的《张大千纪念专辑》）

张大千与范振绪老画师的珍贵友谊

马耀南

前不久，笔者有幸在甘肃兰州会见了已故陇上著名书画家范振绪先生的夫人杜郁文女士，她向笔者详细介绍了范老生前和国画大师张大千先生的交谊。还取出了珍藏多年的大师题赠范老的书画让我观赏。并叙述了范振绪先生生前对故友大千先生的深切怀念！

范振绪先生字禹勤，号东雪老人，甘肃靖远人。是清光绪癸卯科进士，以诗、书、画名噪一时。

1941年至1943年，国画大师张大千先生前来甘肃访古，并致力闻名于世的敦煌莫高窟壁画的临摹和研究。张大千先生和范老这次陇上相会，友情笃厚。大千先生对范老十分推崇，称他为"全国画家南宗殿后作家"、"老师"、"禹丈"。大千先生虽小范老20余岁，但范老对大千先生总是以画友、师弟相待，十分敬爱。大千先生在陇上遨游期间，曾在甘肃武威和范老欢聚多日，一同磋磨画艺，一同游莫高窟、万佛峡、文殊山等陇上名胜古迹。两位画坛名流相处之日，赠诗作画，友情弥坚，成为当时人们的美谈。大千先生赠范老的书画不少，其中有双勾对联"禹勤仁丈诲正"："稍闻吉语占农事，欲遣吟人对好山。"有次范老谈及自己童年慈母含辛茹苦督其兄弟三人苦读的往事时，大千先生深为感动，即精心为范老画了彩墨人物山水手卷《青灯课子图》，并题诗曰："……人前每颂白华诗，树静风摇泣罔极。永忆高堂寸草心，百年留照丹青色。肃穆拜公命，载笔为斯图。明贤唯有母，在昔慰醇侣。"落款为"癸未孟秋应禹勤道丈命谨写太夫人课子图并赋求正。蜀郡后学张爰。"这帧《青灯课子图》笔墨细腻，构图如实，形意逼真，将范老的身世及其高堂的寸心洋溢于笔端，跃然于纸上。其意境之高，凡艺林诸人莫不交口称赞。可以说是大千先生写绘的珍品。

范老也为大千先生的不少画或题诗，或题跋。如大千先生的《仿王晋卿巫峡清秋图》，范题诗："游踪万里半天下，未见巫峡十二峰。却喜张髯临没骨，万年气象白云封。"大千先生的《戏拟榆林窟唐人壁画》上，范题跋："此大千与余游榆林窟后，见窟中唐画随意背临，神情与壁画颇肖，足征早入唐贤三昧，近世无其匹矣。"

大千先生1943年离开甘肃时，写了《别榆林窟》诗："摩挲洞窟记循行，散尽天花佛有情。晏坐小桥听流水，乱山回首夕阳明。"抒发了大师对陇上依依难舍的深情。然而这陇上一别，竟使两位画坛挚友，再未能欢聚，诚为憾事。

范老已于1960年病逝。范夫人告诉笔者：范老生前十分怀念远在台湾的故友大千先生，和友好相聚时，往往谈及和大千先生在一起的往事，盛赞大师国画艺术的高超成就，还把大千先生所赠书画供友好观赏。大千先生的朴素衣着和对索画者的平易态度，范夫人亦称赞不止。她说，由于大千先生的声名，当年每天求书画者济济盈门，他无不亲切接待，有求必应。他在烽火连天的抗日战争年代里，坚持不懈地寻求艺术真理，使陇上人们倍加称道，至今难以忘怀。

（摘自1983年4月16日《团结报》）

张大千青海逸事

陈止中[*]

1941年，我在西宁银行工作时，听说名画家张大千到西宁来了，住在护送班禅回藏专使行署里，因为专使赵友琴是张大千的好友。我听到这个消息很高兴，因我一直很喜欢书画，业余时间都花在这上面了，早就想结识一些名家，以便请教、学习。由于我们银行来往的人多，赵友琴我也认得，他又叫赵守钰，山西太谷人，是当时青海省政府主席马步芳的座上客。赵友琴很喜欢与诗人、画家、作家等文化人往来。张大千这次来青海，主要是为日后临摹敦煌壁画做些准备工作，并想找几个会画宗教画的喇嘛去敦煌帮忙，因而他到西宁附近的塔尔寺住了一段时间。

张大千先生来西宁不久，在朋友们的引见下，我就去赵友琴的专使行署认识了他。在我的印象中，大千先生很好客，也最喜欢与青年交往。虽然他当时已是国内赫赫有名的大画家，但态度仍是非常谦虚，诚恳待人。我那时刚30岁出头，精力旺盛，虽在银行工作，但一有空就画画、写字、刻印章，可说是什么都学。大千先生对我的勤奋好学表示赞赏。他语重心长地对

---

* 陕西省书法家协会副主席、省美协理事，大千先生故交。

我说："你是业余搞绘画，和职业画家不同，时间、条件有限，这就不能要求样样都会，面面俱到。就是画画，也不要工笔、写意啥都来。就拿我这个职业画画的来说，年轻时我和你一样，啥都喜欢，啥都搞，后来才理解到这样下去不行，应当削减削减。你看，我现在用的印就不是我自己刻的。"张大千先生的意思很清楚，是叫我要少而精，不要把摊子铺得太多、太大，而要集中力量，攻其一点或两点，以求取得较好的成就。这话虽是40多年前张大千对我讲的，但给我的印象很深，也受用无穷。我想，张大千先生的这番话，对今天许多喜欢书画的青年朋友来说，也是有借鉴意义的。

自从我认识张大千以后，我们一些喜欢书画的年轻人，晚上就经常去看大千先生行书作画。张大千见我们喜欢学习，便常常是一边画画，一边给我们讲画理，讲绘画技巧和用笔、设色的步骤等，还边说边做示范，使我们学到了很多东西。由于我跑他那儿勤，大千先生还常把他的一些作品讲给我听，如何构思，如何布局，如何下笔。有一次，他画了一幅《青城山水》，曾耐心地对我讲，哪些山、石、树是青城山上原来有的，哪些是没有的，哪些是他增添上去的，使我茅塞顿开。张大千常说："绘画不等于写生、照相按原样复制下来，而要有所取舍，要有意境，要把自己的感情加进去。"他的这些话，给了我很大的启发，对我后来的创作帮助很大。

张大千先生除了给我们讲解画理、画技之外，还常把他珍藏的古代名人字画拿出来让我们欣赏、学习。张大千的藏画很丰富，一些他最喜爱的珍品，总是随身携带，随时拿出来观摩学习。如他随身带的元人赵孟頫的《秋江垂钓图》，北宋画家巨然的《万山松壑》长卷，以及文徵明的山水图及书法等，都给我看过，还照图给我讲解古人笔法墨法的优劣所在，使我大开眼界，受益匪浅。这使我认识到，要画好画，不仅要多画、多练，还要多欣赏古画，细心揣摩，努力继承前人的丰富经验才行。张大千在收藏方面，的确是"富可敌国"的，但他对于这些古代艺术珍品，虽然心爱，却并不秘藏起来。他曾经说过："这些东西应当公之于众，让大家欣赏才好，也才能不辜负古人的一番心意。"这是我对他敬重的又一个地方。

张大千在青海时，接触的人很多，三教九流，啥人都有，大千先生很平易近人，同什么人都合得来。对找他求画的，也是有求必应，但也有对他不满的。如当时西宁城里，"三赵"最吃得开，一个是前面讲的赵友琴，一个是市商会的赵会长，另一个就是西宁汽车站的赵站长。三个人在西宁都有权有势。张大千先生在西宁时，正逢赵友琴六十大寿，为感谢赵友琴对他赴敦煌的支持，张大千特意为赵友琴画了一个长卷，长达六七尺，题名《青城瑞翠》并题款曰："为守钰道兄六十寿辰而作，弟大千张爰。"那幅画画得的确漂亮，寓意也吉祥，赵友琴当然十分高兴。商会赵会长看了后也向大千先生要画。张大千就给他画了一幅《梅花图》，也很不错，只不过尺幅稍小了点，赵会长就显得不高兴。确实，在那个时候，人一出了名，要把各方面的人都敷衍好，也是很难做到的。在这之后不久，张大千先生就带着他的子侄和几个学生以及请来的喇嘛画家，到敦煌临摹壁画去了。从此我们再没有见面。

抗日战争胜利后，1946年，张大千先生来西安开过一次画展，是由"青城美术供销社"安排的，画展还未正式开始，展品就全部被人订购完了。当时我已从西宁回到陕西三原，到西安看画展时很遗憾没有见到大千先生。

新中国成立后，听说大千先生在海外辗转奔波，我心中很是想念，总希望我们还能够有重新聚会的一天。但不幸的消息传来，张大千先生已在台湾病逝，实令人唏嘘不已。回想起张大千先生当年在西宁时和我相处的时日，恍如眼前，真叫人难以忘怀。张大千先生不但是一位杰出的大画家，而且还是我的一位好兄长和好老师。

1984年于陕西

大千先生的一帧"戏画"

俞振飞[*]

　　国画大师张大千先生在台北病逝了。我和大千先生早先并不认识，但我对他的画，一直是钦佩的。记得从1934年起，我正式参加程砚秋剧团演出，每逢星期一，总在北平前门外中和戏院演出。那时大千先生住在颐和园，但每次演出，他必然来看。有时也到后台来聊聊。我就在这个时候，由砚秋介绍认识了大千先生。有一次他来看戏，带来一把扇子送我。他画的是颐和园后园的风景。据他说，颐和园后园的风景清雅绝俗，今后去游园时可以去欣赏一番。这是我第一次得到大千先生的大作，真感到喜出望外。

　　后来于1950年我在香港又晤到大千先生。有一次我演《人面桃花》，他知道了，特地给我画了一个崔护的像。这是我第二次得到大千先生的大作。1951年，旅港亲友给我在银行公会祝寿，大千先生知道了，又画了一帧横幅山水，全仿石涛笔法，非常精致。最后，我于1955年离港回来时，我向他去辞行，他在画桌上拿了一页白扇面，又给我画了一把扇子。同时，因为我当时的爱人黄蔓耘，是在香港正式拜他为师的。那天他画扇面的时候对我说：

---

　　*　著名京剧、昆剧表演艺术家，大千先生故交。

"你夫人拜师之后，我也没有时间教她，深感抱歉。这把扇面虽然是送你的，但我特地把山水中各种不同树木的画法都画在里面，这把扇面，亦可作为画稿。"

我从1934年认识大千先生，至1955年和他在香港话别，一共21年。他送了我两把扇面，一幅人面桃花图，一幅贺我50寿辰的山水横幅。另外，还有一本小册页，画了十几张花卉。想不到在十年浩劫中全部遗失，现在只找到一张《人面桃花》的旧戏单（说明书），上面幸存着那帧崔护的锌版图，落款是："振飞吾兄上演《人面桃花》，戏为写此博笑，大千居士爰。"图左下有一压角闲章，朱文为"东西南北之人"。睹物思人，写此以寄哀思。

1983年

网师园里忆大千

顾莲村

张大千先生和我都是衡阳曾农髯先生的弟子。因此，我和张先生接触较多，尤其是在南京相处时间更长。大陆解放后，音书隔绝，迄今快40年了。今年4月5日，惊悉先生逝世于台北，不胜悲痛。4月14日，我因事去苏州，顺便访问了大千先生生前曾经居住过的网师园。记得1936年的初夏，我和张正吟、程本新等应先生之约，由南京前往苏州，拜会先生于网师园。庭院依旧，人物全非，观今思昔，感慨万端。

昨日偶检旧箧，得1936年5月2日的日记一则，记载当时和先生晤面时活动的情况，如在目前。兹将原文抄录于下，以表追念耳：

5月2日　晴

我们一行到达网师园，已是八点半钟了。大千先生和他的老兄善孖先生同住在网师园朝南的大厅里，四壁挂满了元明的书画。沿着后墙的花架上，放着一盆盆盛开的杜鹃，真是"书画满堂花满架"的人间佳境也。

我们走进大厅时，先生正在作画，看见我们来了，立即放下画笔和我们紧紧握手。寒暄以后，我便从提包里取出我所作的一幅工笔花鸟画，请先生指教。他看了一会，对我说："画得很好，不过鸠的嘴巴画得太短太肥了，它和鸽子嘴巴不一样。"说着，拿起笔来就为我改正。

接着他又说："宋、元人对鸟的形态观察是无微不至的。"他指着墙上一幅元人双鹭图对我们说："你们都看过鹭鸶、画过鹭鸶的，但谁也没有觉察到鹭鸶的脚趾中有一个脚趾是反的，指甲在下。画鸟必须掌握鸟的特征。我们应向宋、元人学习。"

他一边说着，一边从抽屉里拿出自制的空白扇面，在半小时内，便画就华山的苍龙岭。岭上云雾下沉，一片茫茫，苍松翠柏，错杂其间。岭的西侧，飞瀑如练，奔腾而下，大有银河落九天之势。近景多用浓墨边钩边皴，远景则用淡墨干擦，浑厚俊逸，令人神往。因为这个扇面是送我的，他顺手就填了上下款。

善孖先生长于画虎。为了对虎的动态和习性有详细的观察和深刻的体验，他在园里养了一只不满八个月的小虎，充当画虎时的模特儿。今天我们来了，大千先生很高兴，把虎从木笼里放出来，要我们和虎同摄一张照片，以为纪念。

我们和虎一起站在厅外的走廊上，感到十分紧张，我紧紧地靠着大千先生。先生看到我们见虎色变，便对我们说："现在已是11点多钟，天到正中，虎的瞳孔收缩，视力较差，已无伤人的勇气，你们可以放心。"虽然听到他这两句宽心话，但是我们紧张的情绪，一直到摄影完毕，才安定下来。

大千先生善做菜。午餐极为丰盛。他说："穿和吃比较起来，应该是吃居第一，吃在自己肚里，最为实惠，穿是给人看的，好坏与自己关系不大。"正谈得起劲的时候，忽然接到上海拍来的"母病速归"的急电，他和善孖先生的心情，立即沉重起来，没有等到吃完午饭，他们就匆匆忙忙地乘一点多钟的快车去上海了。

1983年

八哥小记

周仲铮[*]

　　我在巴黎第二次举行个人画展，是1961年6月20日至7月12日。为我组织画展的是圣·鲁克协会会长，吾夫人教堂教士施塔曼。地点：花港1号乙。（两年后，这位热爱文学与艺术的教士，连同他带领的23位青年男女教徒，因要到耶路撒冷去参加仪式队伍，不幸在约旦南部，遭突然而来的泥水激流，全体殉身于附近古迹彼得拉区。遗体运回巴黎后，吾夫人教堂为他们做了弥撒。）就是为了这个画展，我又去巴黎。这次去巴黎，最兴奋的不是我的小小画展（只有16幅画展出），而是我听说张大千适在巴黎，有机会认识他。当年在巴黎的中国艺术家中心，是在郭有守家中。画家、作家、音乐家、演员，住在巴黎的，或路过巴黎的，都到他家去。他是一位爱护艺术家的人，自己又是收藏家、作家。他在巴黎交际甚广，当一位文化官员，可一点官架子也没有，平易近人，助人为乐。他用法文写了一本《珠江夜月》，1963年在巴黎出版，描写他童年时代，在四川老家中经历的一件旧家

<hr>

　　* 周仲铮女士，安徽人，早年留学法国，巴黎大学政法博士。中年以后从事写作和绘画。战后住在联邦德国多年。

庭产生的惨事，这件事使他终生不能忘记。中国艺友都叫他四哥，因为他行四。我虽不住在巴黎，以画家资格，也叫他四哥。我每到巴黎，必先打电话给四哥，问有何新闻，有何活动。他总是有活动就要我去参加的。这次在电话里，他告诉我次日到他家去吃午饭，张大千在那里。我真兴奋极了！中国国画大家，我从没见过。他们如何作画，我也没看过。这次要见到大名鼎鼎的国画大师张大千，对他说什么呢？如何称呼他呢？是叫张先生，还是叫张画师、张大师？他要以何种眼光看待我呢？我的心跳了起来。到了四哥家，一进门就看见一位十足中国古典人物，坐在四哥小小的客厅里。不用说这就是张大千。我在外国几十年，还没见到这样古风十足的中国人。他穿着中国长袍，据说是苏东坡式的服装，留着相当长的连鬓胡子。眉目清秀，态度潇洒，活像中国画中的古代哲人、诗人、道人、艺人、画师、隐士，我简直说不出来。四哥同我介绍后，我就称他张先生。说了几句话后，总是称他张先生、张先生。在吃饭时，四哥说了："你不要称他张先生来，张先生去的。你就叫他八哥，同我们一样。他行八，就是八哥。你这样叫他，他反而喜欢。"岂但他喜欢，我真喜欢极了！我一称他八哥，更显得他这人可亲可敬，一点不自以为大，看我这个外来的小画家，也如一家人。从此我就叫他八哥，也敢同他讲话了。四哥是叫我周大姐的，八哥也叫我周大姐了。八哥张大千是一口四川口音，吃四哥做的地道的四川菜。他只吃菜，不吃饭，他说是因为糖尿病。在座的还有潘玉良，我们叫她潘大姐。潘玉良在巴黎已是名画家兼雕刻家。她也不拿我当外人，说一口扬州音的官话，更使我感到有同乡之感。我记得在法国报纸上看到过这样一段消息：两个美国人来到巴黎，想在当年巴黎著名的艺人区蒙巴利阿斯找到特殊能代表巴黎艺人区色彩的人物。他们找了三天，结果发现潘玉良是最能代表巴黎艺人区特色的画家，可见潘大姐是风度不凡（不幸她已不在人间，埋骨巴黎）。饭后，我回旅馆，走在拉斯帕耶大街上，自思自想：我见到的第一位中国画师，竟然是如此谦虚，如此高雅，如此和蔼，真令人起敬。张大千名气是大的。1956年他在巴黎同举世闻名的大画家毕加索交换了绘画并题名。张大千画了竹子，毕加索画了人头。两个人代表两个世界、两种文化，却是一个时代的艺术伟人，是史无前例的。6月20日是我的画展预展，八哥也来参加了，并在来宾册上题名。我格外感到荣幸。次日我就到西班牙旅游去了。

在联邦德国科伦阿佩鲁斯大街56号，有个卖中国古董兼画廊的店子。女主人是一位在中国住过几年的德国人，中文姓名是李必喜。她为我开过画展。一天，她问我认识不认识张大千，这是她最爱慕的一位中国大画家。我说在巴黎曾见过张大千。她对我说："你如能介绍张大千，在他下次来巴黎时，到科伦来，我当为他开个画展。我真要感谢你。这是我最大的愿望。"我说："你这个半卖古董半是画廊的小店子，张大千不会来的。"她还是请我问，或许有希望，或许张大千想来联邦德国看看。我说："我不问，你这个小地方，我不能介绍张大千来开画展。"她说："事情如成功，卖画所得，我给你20％。"我就怒了："你是做生意的就是要赚钱，你看我是什么人？难道我还要赚张大千的钱吗？我决不替你问。"她看我不要钱，反而高兴了。她说："你不要钱，我就不给你钱。可还是请你问问，也许张大千愿意来科伦玩玩。"我想也不应该放弃这个机会，也许张大千真想来联邦德国呢。我就写信给郭有守，请他转问在巴西的八哥张大千有没有意思来科伦，在一个小小的古董店兼画廊里开个小画展。我想他决不会来的。那个李必喜运气真好！经过一个时期，郭有守回信说行，张大千春季来巴黎，愿意来科伦开个小画展。我真没想到！只能说李必喜运气太好了！她得知这个好消息后，就开始准备，印画册，印请帖。布置招待张大千同他的夫人和陪同前来的郭有守。她在科伦大教堂对面的一家头等旅馆订了房间，并请我也在旅馆住三日，使张大千和夫人有个照顾。5月4日张大千就要由巴黎来了，住到12日。招待的日程、节目，一切都准备好了。还为张大千租了一部罗伊斯大汽

215

车。4日下午我到旅馆见到八哥张大千和他的夫人。欣喜之余，但愿他们此行不要失望。他的夫人送我一件由加拿大买到的纯羊毛衫，我至今保存。同时也高兴见到四哥郭有守。当日下午在李必喜画廊里有记者招待会，我们都去参加。晚饭在泰东饭店，大家一起便饭，八哥早返旅馆休息。5日午饭后即去飞机场，迎接八哥的两位女公子，她们是由巴西来的。下午6时便是预展。小小的画廊挤得水泄不通。有各处来的汉学家、博物馆长、收藏家。八哥留在海外的旧日桃李，有由英国来的方召麐、凌叔华，还有一位美国来的女画家。欢迎词、介绍词，由我翻译。讲毕，就恭请张大千随意画几笔。纸墨笔砚已摆在桌子上。大家一起动手：铺纸的，研墨的，递笔的，聚精会神地等着。旁观的都睁大眼睛，要看这位大画师雄笔一挥，纸上现出有几千年历史的中国画。这是我平生第一次看一位中国画师提笔作画。张大千画了一幅竹子。我惊讶他画的并不是如外国人所说，中国人画画要快，愈快愈妙，而是慢慢地一笔一笔地胸有成竹地画下去。后又写了几张字，大家抢，我也抢到一纸。当晚我们又都在泰东饭店吃晚饭。在座的有位由曼海姆来的张大千的老厨师陈少泉。他是扬州人，有一手烹饪好手艺。多年在张大千指导下，可以说是绝顶的中国烹饪大家。他现在是曼城北京饭店老板。他的一手烹饪技术，由他教给他的由大陆来的儿子。他还爱好字画，收藏有古画及不少张大千的画。在饭桌上，张大千夫人同他们的两个女儿坐在一排。有位画家胡柏特·贝克尔为她们画了像。次日10时，科伦市长来画廊参观画展。午饭由市长在科伦著名的客船上设宴招待。这个船总是停在莱茵河水面上的，等于一个头等餐馆。下午大家一道去波恩，拜访一位收藏中国古物的斯塔因比丝夫人。晚饭又在泰东饭店吃预订的北京烤鸭。5月7日，一行10人去萨内朗游览一天，我未参加。5月10日是张大千生日，为他祝寿，在莱茵河上游船一日。张大千一上船，我就听人说："这怕是一位希腊的教士吧？"我说，这是一位中国的大画师。在船上，当然张大千成为众人注目的人物。那天天气晴朗，莱茵河特别美。当然不能同三峡媲美。寿糕高过一码，八哥刀切第一块，大家吃得很开心。我们未下船，一日舟行数十里而返。八哥心旷神怡，大约对此游还满意。晚上又回到泰东饭店用饭。为八哥张大千祝寿，我画了一个头像送他。5月12日是最后一天了，我又到科伦为张大千及夫人、女公子送行。临行，八哥送我一把他画的团扇。他说他只画过两把，另一把不知落到何处。后来他又送我一小幅国画。八哥已对我说过好几次，临行又说："你们任何时候来巴西，都欢迎。在我家住毫无问题，地方很大，来就是了。"他又对我说："我现在要向你们学画了啊！"他的这种谦虚、求进步的精神，令人起敬，这就是他作为一代大画师的成功之母。当年秋，佛郎克府博物馆、手艺博物馆又为张大千开了一个规模较大的画展。张大千没来，四哥郭有守由巴黎来参加，我也去参观了两日。

22年前在巴黎的往事，19年前在科伦的往事，今日述之无限凄凉！四哥也不在了，潘大姐也不在了，八哥张大千今年也在台湾作古。像他这样的一个大画师，犹如一代英雄，千古不朽啊！

（原载包立民所编《张大千的艺术》）

217

枯木寄深情　匠心偏独运

——张大千根雕小记

姚元龙

　　张大千先生是当代著名国画大师，凡山水、花卉、人物，付诸他的笔墨，无不烟云满纸，鸟语花香，生意盎然。但大千先生也是一位树根雕的艺术家，则了解的人并不多。

　　在我的树根、竹根雕作品摄影册中，珍藏着一帧大千先生根雕佳作的照片，照片反面有他亲笔题签："木假山八面观音，居士甲寅年制，绵翁赐留。"画面仅是一尊玲珑的木假山摆件，置于葫芦形截面的根盘底座上，并无特异之处。细品树根右侧，观音雕像就清晰可辨：身形俊逸，颇有美感，面部形象端庄，神态含蓄；根雕左面是一具似乎身负重荷的老黄牛头部造型，古拙简朴，刀法洗练。观音头像与牛头造型有机地"合二而一"，成为根雕的重要部分。这件佳作很可能是取材于台湾省苗栗县盛产的老藤根，利用它根盘节错的"巧形"，以夸张与写实相结合的艺术手法而镌成的。

　　这帧"木假山八面观音"照片，说起来还有一段来历：离别故土30余年的大千先生，多年来一直怀有思乡念友之情，他不断与大陆亲友通信谈艺，

218

赠画题词。这尊根雕是大千先生在"四害"横行时，刻意制作的一篇寄与上海老友的"艺术信函"。那是1976年，居住上海的著名篆刻家陈巨来收到张大千托香港友好转来的这帧根雕彩色照片，信封内并无只字片言，一时之间，收信人也猜不透寓有何意。

大千与巨来交情甚笃，过去凡大千的画款名章，绝大部分出自巨来之手。前几年大千游涉美国，曾将巨来为他所篆之印章，出过一本精致的印谱《安持精舍印存》。大千寄此根雕照片时，正值国内"文革"动乱时期，巨来也劫难在身。念及老友安危而又未敢见诉笔墨，只好托此枯根，隐巨来名而题巨来夫人况绵初名以赠之，真可谓煞费苦心了。

仔细品赏大千题赠的根雕照片，其用意不难理解：画家希望巨来能以"八面观音"自勉，对于外来之压力，不要刚愎自用，以免受皮肉之苦，同时也希望老友能早日脱离"牛鬼蛇神"之逆境。真是礼轻寓意明，枯木寄深情，枯木以传书，匠心偏独运，成为台湾海峡两岸艺术家们称道的一段佳话。

1982年

第四辑

桃李情浓：恩师浩荡白云端

回忆先师张大千的国画艺术生活

王学敏[*]

　　我入大风堂拜张大千老先生为师，可能是国内拜师较晚的女弟子。在拜入张门之前，我跟老画家于非闇先生学工笔花卉。1943年父亲接我去四川成都，由于师函介，于1944年春拜张大千为师。那时，我原绘仿宋工笔花鸟，时常拿画去先师府上求教，更想若能临摹先师的画稿才好。先师云："你已有宋人勾勒笔法，就很好。要多勾、多练，线条要规矩，次要多看真花的生长规律，学习写生与临古相结合。'要从心所欲'。我的画也是由古法中来。你要加深理解观察物态为要。"可喜的是，1945年先师从北平相继偕高徒何海霞、俞致贞、刘君礼、王蕙兰等来蓉，因市内房屋较窄，遂迁至成都北门外昭觉寺。我亦随先师、师母杨宛君、师兄张心智、师姐张心瑞和同学俞致贞、刘力上、王永年、何海霞、况景华、胡梦痕、肖建初等同在昭觉寺，亲受教益。在这三年内，我每天亲眼看他老人家作画，受益良深。先师为人宽厚，性情豪爽，在画艺方面更不保守。他收藏的古画，如陈老莲、石涛等画册，和自上海、北平、山东等地买回的董北苑、巨然等山水画，诸如

---

* 大千先生40年代之女弟子，长期从事教育工作。

《夜宴图》、《潇湘图》等，都让大家去仔细观摩。先师高兴地给大家讲各名家的传统画法，如用笔、敷色、气韵、布局等的长处和法度。先师循循善诱，诲人不倦。他总是一边作画示范一边详细讲解，常说"这里要这样画，此处因这样画才出好的效果"，等等。我们临摹时，先师总是随时指点。有一次我在画梅花，先师云："画树干要画得苍老、有力，枝条要生动自然；勾花要有繁、有简，要有前、后、左、右、阴、阳、向、背各种姿态；点蕊要随须长短，参差错落才有风致，花蒂注意要长在枝上。"先师在画艺上要求弟子非常严格，而又爱徒如子。先师亦善治印。记得有一次父亲自重庆汇款与我，我因身边未带图章，当时无法签收汇款单，正在着急，先师请邮递员稍坐，并叫师兄拿来一方西北产的冰糖冻石章，只见先师当场奏刀，须臾工夫就刻好一方精美的印章。还有一次，先师去上海开画展，他请老友方介堪老先生给我和俞致贞师姐各刻一对牙章、一枚名章和一枚"大风堂女弟子"章。

先师为人豪爽，又风趣，很幽默。他每天和师母、师兄、师姐及男女同学一起用餐时，总是高兴地给大家讲故事，说笑话，使我们大笑不止。先师的言行，给我留下了深刻印象。他不单教画，而且教人。他经常教诲弟子要尊师重道，尊老爱幼。每逢年节和父母亲的祭日，他从不忘祭告祖先。对太师母曾太夫人、太老师张怀忠先生以及李瑞清、曾熙二位太老师和善孖二老师等都非常尊重，必须要上祭行大礼，先师三叩首之后，师母、师兄、师姐，男女同学相继依次行大礼。我认为这是先师张大千孝敬父母、尊敬师长的民族传统美德。此虽是40年前的生活琐事，回忆起来仍历历如昨，浮现眼前。先师逝世已三年矣。回忆1981年，先师患病住院，三师姐心素（善孖之女）、师妹心庆赴美国探亲，我作一幅小画托她们带去，请老师指教，并附上慰问信一封。谁想到，先师见物如见人，非常高兴，带病绘赐我墨宝一件，同时还送叶浅予先生荷花一幅，均命心素师姐万里迢迢带回来，使我如获至宝。睹画如见恩师音容笑貌，不禁热泪盈眶。画面上是一位素装淡雅的背面仕女，她伫立垂垂杨柳之下遥望远方水天一色之处，一似望穿大海，思绪悠悠。画面虽然简洁，画意却极耐人寻味。题词是："别三十余年想念为苦。十五年前又婴目疾，右眼近已失明。而手臂风湿，提笔为苦。见弟寄来水仙，清冷真不食人间烟火者，吾道有传人也。顷以心素北还，写此数笔与吾学敏贤弟，知予眼昏手掣，老态可愧也。七十一年闰四月朔。八十四叟爰。"先师当时身在台北卧床养病，这画是在病中所绘，可知他老人家用意良深。细读题词，不难看出，先师分明是用这种含蓄的手法，来抒发他背井离乡，客居海峡彼岸的绵绵愁绪，用丹青来寄托他对祖国故土的无限眷恋，以及对亲朋、弟子的无限思念之情啊！

有人说，先师是中国传统画的百科全书式的人物。的确，同我国古今很多杰出画家一样，先师对诗、书、画、治印无不精通，无论山水、人物、花鸟、鱼、虫、走兽，或工笔，或写意，以及晚期的泼彩法，等等，无不挥洒自如。徐悲鸿先生曾说，张大千是"五百年来第一人"。我真为自己的先师是这样一位享誉世界艺术之林的、堪为祖国骄傲的一代国画大师而自豪！

1986年于北京

焚膏继晷 光照后人

——回忆恩师张大千夫子治学精神点滴

刘力上[*]

　　1947年春，张大千先生为了整理在敦煌临抚的壁画，借居成都北门外驷马桥附近一所千年古刹——昭觉寺西塔院。这个地方环境清幽，树木葱茏，确是一个作画的好地方。我们每日上午作画，下午在林中散步，园中无数幽篁翠竹，古树奇葩，鸟语花香，使人心旷神怡。晚间，诸同学围绕在老师画室里，看他作画，有时听他讲古往今来，有时他讲画史、画论，有时讲治学之道。不管他讲什么，大家总是听得入神。有一次他对同学们说："你们都比我聪敏。"大家听了有些发愣，因为老师当时已誉满全国，许多人说他是奇才，是五百年来第一人。我们这些同学都是后生小子，无名小辈，何人能与老师相比。可是老师从来不与学生开玩笑，更不与学生说假话。那么老师为什么要这样说呢？老师猜出了大家的意思，细声细语地说："我在你们这

---

　　* 大千先生20世纪30年代初期的门生。北京中国山水画研究会副会长，北京工笔重彩画会顾问，中国美术家协会会员。

样大的年纪，没有你们画得好，但是你们有一点不如我，我从喜欢画那一天开始，一直到现在，没有懈怠过一天。"老师的话既恳切又严肃，说出了治学的根本道理。治学是没有捷径的，必须持之以恒，坚持不懈。古人说：学如逆水行舟，不进则退。这一点我也深有体会。

我于1931年秋天拜张大千先生为师，跟他学习国画先后十余年。张先生画画是非常勤奋的，他一年到头，不论春夏秋冬，总是一早起床，吃完早点后就画画。就是有人来访，也是边聊天边画画，很少有放下笔来和人专门聊天的时候。曾正蓉师母曾经对我说过："老师在年轻的时候，有时睡到半夜醒来了，便起来开灯作画。"在成都期间，已是50岁上下了，但每天起得很早，有时天还没有亮，就点起灯找资料，或整理画稿，数十年如一日，坚持不懈。

中国画论里有这样两句话："字需熟后生，画需熟后熟。"就是说，中国绘画非常重视技巧，绘画艺术是要有思想性，但同时也需要有艺术性，光强调思想性而忽视艺术性，就是有较好的思想内容，而没有熟练的技巧，也不能引人入胜。张先生的文学修养很深，艺术技巧熟练，他的表现技法是多种多样的，熟练程度惊人。我举一个例子：张先生的荷花，堪称一绝。他能画出荷花在风、晴、雨、露中的各种姿态。在技法上擅长重彩、淡彩、水墨、泼墨、泼色等多种方法。尤其是墨荷的画法与人不同，他常用草书笔法为之，行笔奔放，一气呵成。特别是画荷花梗子，以圆笔中锋，一泻数尺。有时画案较窄，他则叫人将纸向前方牵去，一笔由上往下，随着一笔由下往上，刷的一声两笔相交，毫无接痕，这种神来之笔，令观者咋舌。我记得唐代大画家，世称画圣的吴道子，他画佛的圆光时，"转臂运墨，一笔而成。观者喧呼，惊动坊邑，此不几于神耶！"张大千和吴道子二人都是画家，相隔一千余年，他们在绘画上的熟练技巧，何其相似乃尔。

大千先生在国画界堪称为多面手，能诗善文，能书能画。他在早年学画石涛，一山一石，一草一木，无不相似。所仿的石涛作品，放在石涛画中，许多人都分不出哪是张先生画的，哪是石涛画的。我记得1934年在上海住在西门路西成里时，他收藏了许多石涛墨迹，有册页，有手卷，有中堂，有条幅。有一张条幅是石涛精品，画上题着"庐山山上水，邻湖湖上山，相看两不厌，人在洞庭间"。张先生非常喜欢这张画。遗憾的是，这张画是正方形，他看了总觉得不舒服，思考了好久，有一天，他让裱工师傅屈子芹将这张价值千金的名画，从中分成两截，中间接上一张五六寸长的旧纸，然后他没用多少时间即按照原画的山势，添了一些山石竹木，添好过后，人们简直分不出哪是石涛画的，哪是张先生画的。在旧社会，国画界重视临摹，有些人本领很大，能仿某人或某家画派的画法，但是很难达到逼真，若是把他们的作品和所仿的真迹放在一起，不需要鉴赏家，也能看出哪是真迹，哪是赝品，真所谓"差之毫厘，失之千里"。而张先生竟能在石涛精品上信笔涂抹，使之与原作毫无两样，就是一些著名鉴赏家，也分辨不出。他们常把张先生的仿石涛画当作石涛真品收藏。我觉得不是鉴赏家们慧眼辨别能力低，而是张先生技艺超群，使人真伪莫辨。

张先生的画是不是只能精于石涛，正确地说，也是也不是。张先生早年学石涛，随着学石溪、渐江、八大山人、梅瞿山等。他的写意花卉学陈白阳、徐天池，人物学张大风、陈老莲等。他画哪一样，精哪一样。他的画在20世纪30年代后期，则已上溯宋、元。1941年则去敦煌临摹壁画并从事壁画研究，把敦煌艺术运用于现代作品之中，将中国人物画推向一个新的高潮。他出国之后，周游世界各国，寻幽访胜，开拓襟怀。他又创造出一个泼彩法，使古老的中国画技法又增添了异彩。张先生的艺术成就，是人所共知的，毋庸赘言。回想张先生的一生确实是辛勤的一生，是不断学习的一生、不断进步的一生。他在成都昭觉寺西塔院对学生们的谆谆教导，言犹在耳，永记于心。我经常把先生的教诲，作为动力，鞭策自己，不断向前迈进，以慰他老人家在天之灵。

1986年11月于北京

艺道之交不论钱

何海霞[*]

  我拜张大千为师是50年前的事了。我出身贫寒，早年父亲以卖字谋生。由于受家庭的熏陶，我自幼爱好文艺，曾拜师学习工艺美术，后来专临摹古画。1934年，大千先生到北平举办画展，我十分敬佩大千先生的画艺才学，意欲拜师。一位裱画师傅要我画一幅画挂在店里，待先生来看了，相机关说。我画了一幅《饷鸟图》，大千先生一见，果然欣赏，便问："这是谁画的？"裱画师傅说："是何海霞，一位青年，非常仰慕您。亟想拜您为师哩。"先生连说不敢当，表示很想晤面。后来我备了百元银洋赘礼，拜在大风堂门下。可是过了不久，大千先生手托着百元银洋又还给了我。他说："你送来，执弟子礼，我如不收，非礼也。现在我还给你，表示师礼，你如不收，亦非礼也。我们都是寒士，艺道之交不论金钱嘛！"我跟随老师朝夕受教，并一同游览了齐鲁燕蓟的风光。在老师的眼里，祖国的山川是一幅永远描不完的天然画卷，老师教学生也多在大自然的课堂里口授手传。由于老师的指点，我的画艺有了明显的进步。

---

[*] 大千先生20世纪30年代门生，北京画院画师，中国美术家协会会员。

卢沟桥一声炮响，大千老师被困颐和园，不得回城。我冒着生命危险，赶去营救。老师临危不惧，镇定自若，决定让老弱妇孺坐火车先走。后来老师又被日本侵略军以莫须有的罪名关押一个时期。1938年夏，老师冒险脱离虎口离平南下，转道上海等地，回到家乡四川。

抗战胜利后，我和大千老师又在北平重逢，相见之下，各述艰辛历程，不禁为之垂泪。当时，我的生活非常困难，老师即偕我入川，帮同作画，维持生计。40年代末，老师出国，从此师生分手，一别30余年。1981年，我在报上看到老师在台北画的一幅《宝岛长春》，流露着深挚的乡土之思，使我想起了老师"看山还看故山青"之句，感慨之余，我构思创作了巨幅《大地长春》，作为对祖国的颂歌，对宝岛的召唤，也是对老师的问候。讵料，时隔一年，老师竟溘然长逝。据说，他在病中，自知不起，强忍酸痛，在《张大千书画集》第四集上亲笔题词，嘱赠大陆故友门生13人。家人劝阻，老师说："此时不写，以后再无机会了。"当他勉强写到第12册时，笔杆脱落，颓然倒下，从此昏迷不醒。这些题词成了老师的绝笔，每个字都渗透着对故旧的深情，其中我有幸也得到一本。后来，当我手捧画集凝视这绝笔题词时，内心万分悲痛，缅怀大千师对我艺术上、生活上的教育和关怀，历历往事，恍如眼前。我唯有在艺术事业上奋进不懈，做出新贡献，以慰先师在天之灵！

1986年于北京

大千先师留给我的珍贵纪念品

李万春[*]

住在台北的五弟环春，有一次演《夜奔》，请国画大师张大千先生看戏。当时，大千老师因年事已高，很少出门。但他听说环春是我的弟弟，就说，这是我的门生李万春的弟弟，一定要看看。

我是在20多岁的时候同时拜张大千和他的哥哥善孖两位先生为师的。我和大千老师相处时间不长，字画学得很浅，没想到老师在近半个世纪以后，还能记起我这样一个徒弟。1983年5月我去香港探亲时，看到老友金刀的一篇文章，其中谈及他1980年3月见到大千老师的情景。当时大千老师问金刀："有无李万春的消息？"还说，"万春也是大风堂的弟子，在苏州网师园拜师时，他长得英俊潇洒，倜傥不群，习画也颇有潜质。现在我已年迈，在台北看到桐春与环春演戏，自然地会怀念万春。"这一年，大千老师已是82岁高龄。两年后，老师画了一幅梅花，自题绝句一首，请工人烧制成100个洁白的瓷瓶，除摔碎两个外，其余的都分赠好友与门生。他把一个瓷瓶交给他的学生沈苇窗说："这一个，由你代为存放，什么时候见到万春，替我

---

* 著名京剧表演艺术家，20世纪30年代拜大千先生为师。

送给我这个徒弟。"后来我去港期间，苇窗先生很郑重地把瓷瓶送到我的寓所，完成了老师的遗愿。沈先生还特地送给我一枚印章，上刻"大风堂门人"，嘱我今后作画均用此印章。返回北京后，我立即把老师馈赠的瓷瓶放在书房最显眼的地方，每日观赏把玩，爱不释手。

大千先生的诗文书画是天下俱知的，瓷瓶上的梅，虽淡妆素裹，却生意盎然。所题小诗为：

> 万里春归故国山，溪边结得屋小椽。
> 种梅买鹤余生了，月下花前伴君眠。

老师的这首绝句，诗意自明，用不着做学生的再作什么解释了。

（摘自《戏剧报》1983年11期李万春
《不辞千里路，前来会弟兄》一文）

追忆随大千先师学画往事

俞致贞[*]

  1946年，我和十来位男女同学，住在成都张大千老师家学画。那年秋天，我们几个同学和师母、师弟妹们在老师带领下，自成都昭觉寺出发去青城山旅行写生。那时交通不便，过了灌县不远就无车可乘，只好步行。中途要过一条大江，桥已被水冲垮，桥墩上放着三根木头，木头不算粗，其中一根虽有个平面，但被行人踩斜了，比圆木还难走，两旁也没有扶手，低头一看，翻滚的激流，汹涌澎湃，发出的水声震耳欲聋。大家见这情景都停住了脚步，尤其我们两三个北方同学更加踌躇。忽见老师神情悠然，健步先走上桥。只见他一手拿帽，一手握手杖，伸展双臂，像杂技演员走软绳一样，轻松平稳地走过了木桥，到达对岸。这时，大家都仿照他的姿态一个个走了过去。

  当时正是深秋时节，我们登上青城山一看，满山遍野树木花草，色彩斑斓，墨绿的苍松翠柏中间点缀着金黄的银杏树和鲜艳的红叶，偶有一两棵白色的山茶花初放。山涧下潺潺的流水，水中一块块黑色岩石，常有山鸟飞翔

---

* 大千先生20世纪40年代女弟子，中央工艺美术学院副教授，中国美术家协会会员。

其间，在朝阳照耀下，这绚丽的景色迷住了我。我从小生长在北方，这次才真正领会到"青城天下幽"的美景。但怎样去描绘呢？大家随在老师身后，聆听老师的指点。他告诉我们，怎么居高临下看川西平原；从什么角度看茂密的林木和远山；在满树鲜艳的红叶前，他告诉我们应如何取舍；山坡上的白山茶花可以采下画折枝；等等。这时，我们心中有数了，就分别寻找自己喜爱的景物去写生。老师对山上的各个庙宇都很熟悉，约好中午在"天师洞"聚会，由老师看大家的写生稿。饭后又重返山上，傍晚都回到住处"上清宫"。晚饭后，我们聚在老师房中，老师仔细看完大家的画稿后，提出每人的优缺点，并以自己的写生做示范，次日大家再去补充。待搜集的素材能够组成一张画后再换他景。记得当时每个人都搜集了许多创作素材。回到成都昭觉寺画堂后，老师针对每人的画稿一一予以指导。由于老师的谆谆教诲，我们每个人的绘画都有显著进步。

先师虽学石涛，却不受石涛所限，认为师古人不如师造化。他以石涛"搜尽奇峰打草稿"的现实主义方法走遍中国名山大川进行创作，所以他的山水画自成一派。他在教学中也不让学生生硬地去学传统手法或跟着老师走。他经常带我们出去游山、看景、看花，让我们从生活中去找粉本。这种教学方法使我们懂得了如何继承发扬传统和怎样创新。我在老师家中学画四年，确实受益匪浅。至今我还保留着当年在四川写生的名花珍禽的写生稿，供我创作时参考。

老师出国30多年，作品仍是不断革新，并创作出泼墨、泼彩巨作。由于他传统功底深，所画的泼墨泼彩作品，使人一看仍然是中国画。他的几幅巨作都是祖国的名山大川。老师在古为今用、洋为中用方面给我们树立了榜样。可惜他思归故土的夙愿未偿就仙逝了，想起来我们都非常难过，故追忆往事一二，以作纪念。

1985年于北京

胡爽盒谈张大千

晓　云

　　在画虎名家胡爽盒先生的画室里，有一帧引人注目的照片。照片上一位白发银髯，身穿中国传统长袍的长者傍依着一幅画有猛虎的巨幛，画上有两行题字："满纸风生，真所谓虎虎有生气，但憾不得吾爽盒磅礴挥洒时也。"落款为"八十三叟爰"。

　　爰，即张大千。这位驰名中外的大师从20世纪50年代初开始就久客海外，因此他的作品较少为国内年轻读者所知。张大千30年代就与齐白石并称为"南张北齐"。1958年，美国纽约世界美术协会推举张大千为当代第一大画家。然而，张大千与胡爽盒有着深厚的师生之谊，则是许多人不知道的。胡先生告诉我，他19岁时在山东省政府交际处当科员，当时省政府主席是韩复榘。韩虽是军阀出身，却也喜欢国画，所以胡爽盒每个月除值一二次班之外，其余时间均用来练习画画。他爱画虎，但苦于不得法。一次，张大千的二哥张善孖来到济南，胡爽盒久仰善孖先生擅于画虎的大名，就央及省政府的一位顾问引见。想不到居然得到善孖先生的同意，跟随他去了苏州。30年代，苏州的名园——网师园内，分别住着三位名人：住宅部分为著名书画家叶恭绰先生所居；花园部分即为张善孖、张大千昆仲所有。张善孖自号"虎痴"，在园内养着一头老虎，师生俩常常细心观察虎的神态动作，然后起稿作画。善孖先生的画虎名作《十二荆钗图》即作于此。

七七事变后，张家将内迁，移虎出园时，虎从车上滚下跌死。后来胡爽盦在胶东，听说大千先生到了北平，就转道天津来平。张大千精于山水、花卉和人物，也会画虎。那时，张大千住在颐和园养云轩，溥心畲先生也住在那里。胡爽盦与两位名家朝夕相伴，切磋艺事，并亲眼得见他们如何运墨挥毫，受到很多教益。他们师生是怎么分手的呢？回忆往事，胡先生不胜感慨地说："1948年，大千先生要我一同去香港，我因家务拖累，不能分身，大千先生给了我一笔安家费，我就在北平留下来了。大千先生寓居香港后还惦记着我。不想我们师生一别，天南海北竟有30多年了。"

1979年冬，广州一个宾馆邀请胡先生去作画。他抱着试试看的心情托一位前来旅游的侨胞捎信给张大千老师，竟捎到了。此后，日本籍学者包国勇慕名来胡先生家中做客，胡先生以画相赠，并托他如有机会去台湾时，代向大千老师问候致意。后来，包国勇先生带着胡爽盦的信和赠画登门拜访，张大千立即从后院跑到客厅，欣赏虎图后，高兴地在画上题了前面所说的两行字，并站在虎图旁，请人照了相。他说："近来我正想念爽盦，想送他一点东西，但想不出用什么办法来带给他。"1981年春，包先生又来华讲学，特地带来了这张照片和张大千书有"写寄爽盦仁弟"的《荷花图》。

（原载1981年8月《北京晚报》，辑入时略有删节）

缅怀吾师

王智圆[*]

　　余少时家居吴门，1934年始从先二师（善孖）、先八师（大千）学画。时先父秋斋先生与先师昆仲过从甚密，经常出入苏州网师园。时二位先师在园中豢养小虎一只，名"虎儿"，跳跃嬉戏，亲昵近人，与野性难驯者迥异。先父生平笃信佛法，谓众生皆有佛性，因与先二师挈虎儿趋苏州报国寺皈依当代高僧印光大师。大师闻之，欣然为虎儿说三皈，并赐法名"格心"。

　　此一"虎儿皈依佛门"趣事，与日后"虎儿之墓"，曾传为佳话。虎儿原墓碑已毁于"文革"动乱时期。八师逝世前一年在台北闻悉后又补书"先仲兄善孖所豢虎儿之墓"11个大字，托友人带回，勒碑镶于网师园回廊壁中。此一墨宝将长存于斯，供人观赏。

　　为缅怀先八师，余特检出38年前在蓉城随师学画之日记两则，从中可知吾师早年对国画艺术之高超见解，以及对门人弟子谆谆教导之苦心也。

---

　　* 　大千先生20世纪30年代之女弟子，长期从事教育工作。

1948年3月28日　晴

是日，成都大风堂同门会成立。同学咸集成都外北昭觉寺。由刘君礼兄任临时主席，恭请八师莅会致训。训辞大意谓："今日我国画之前途，应由莘莘学子各尽所长，策群力以开拓广阔之领域。要为整个汉画之宏伟成就计，不能如前人之孜孜矻矻仅为一己之成名而已也。其于艺术所树目标、范围，亦自与前人不可同日而语。故于从师之外，尤重同学之间相与切磋，共同钻研，所谓良师益友并重可知。""大凡学业，又当从亲历艰苦，稳奠基础入手，同学晏济元，其学石涛，尝恃余为之先导，因以有所成就。顾其尚逊一筹者，以未经余之躬自辛勤开辟也。""今人学画，每不知临古与写生二者不可偏废，临古犹士人读古人书，学为文章；写生则详审造化形态之真谛，如山水之路源，花木之苗长，人物之动态，举凡物理人情，差之毫厘，谬以千里，故而好学深思，心知其意，下笔始无舛讹耳。""余于学画，提倡练习勾稿者，因古人用笔常于微细处见精神，学者每不易骤得。唐人学书，采用双勾法，使学者于点画游丝微细处俱不得放过。作画亦然。吾人每见佳画，常于细勾之后，发现自己未到之处；或在观赏古人画时，目为平凡之作，勾后始悟其精妙者，是不可不知也。"亲聆八师所示，悉为作画至理，学者终身服膺，自当受用不尽。

1948年7月16日　雨

苦雨终日，侍八师作画。师为言："石涛画境变化无尽。大抵艺事，最初纯有古人，继则溶古人而有我，终乃古人与我俱亡，始臻化境。"又谓："天下事一通百通，画虽小道，诅能外此？工山水者，必能花卉；善花卉者，必能人物。如谓能此而不能彼，则不足以言通，唯长此而短彼则可耳。"师又言："晚近某些画家工力日退之由，无非误于名、利二字。彼辈但求世俗称誉，善价而沽，以故笔墨每况愈下，循至不可救药。论才智非不如人，亦不难奋进，然而百尺竿头功亏一篑，不可不引以为戒。"师又示："凡画，人物最上，山水次之。而画人物又以人物器宇为上，要能绘出主要人物之崇高气质，所谓画家理想中之典型，故事画都由人物构成，故入人最深。为此，学者必须多读书，熟悉历史，对于历代风土人情以至房舍建筑、衣服、用具，均宜考据周详，画出始无疵谬。画山水，可以提高人之思想，培养人之情操。山水佳作，辄令人无限向往，油然有一种潇洒出尘之想。故画中山水，不独要可以观，可以游，且可以居，乃臻上乘。"

1986年于上海

回忆老师张大千

叶名珮[*]

　　我自幼学会弹古琴并喜欢绘画。1946年深秋，我正从师顾青瑶学画。一天老师告诉我说："著名国画家张大千由四川来沪开画展，客居卡德路（即现在的石门二路）女画家李秋君家。大千先生有一古琴，乃宋代姜白石之旧物，现琴弦散落，需待整理。我已向大千先生讲起你会弹琴，等约好日子，带你去拜见。"我回到家中，将此事告诉父亲，父亲大喜，说："张大千乃当今著名国画大师，其兄张善孖专画虎，人称虎痴。你如能得到他的教诲，画业将有大进。"

　　一个秋高气爽的早晨，顾老师带我到李秋君家拜见大千先生。他正和几位画家兴致勃勃地谈论，后即出一古琴，我将琴弦整理，调好音后奏一曲《渔樵问答》，先生听罢甚喜。当即有人提议大千师收我为徒，先生立即同意。

　　在举行拜师仪式那天，我心情激动。行拜师礼后，陈肃亮君鼓琴《普安咒》、《平沙落雁》，我弹了一曲《梅花三弄》，后到园中合影留念。合影的还有钱瘦铁、叶大密、顾青瑶、李秋君、李左庵、周练霞、陈肃亮和张心

---

　　* 大千先生20世纪40年代的女弟子，擅长国画、古琴。

奇等。影毕，李秋君、李左庵设午宴祝贺。

我原名叶世琴，老师认为名字不够雅，便与李秋君商量，改名为叶名珮，十姐（老师的长女）也改名为名玖，我们二人又拜李秋君为寄父。

老师教我学画，要我先练习线条，尤其要多勾勒人物线条，练好基本功，并嘱我要多看。平时老师作画，我们学生侍奉在旁。老师一边画，一边谆谆教导，对人物画的起笔、落笔、最后画面部，怎样开面等先后次序。

大概在1947年春，中国上海女子书画展览会邀我参加画展。老师与秋君寄父为我设计画面"子猷看竹图"，我画双勾竹，老师为我补上人物子猷并题款。此画标价50元，订购者27人。画展后，老师要回四川。在回四川前，老师知我家贫寒，难度年关，特画两幅山水中堂送我出售，做过年费用。老师的画，我和父亲视为珍宝，实在舍不得卖，但当时为生活所迫，最后不得已还是割爱了，现回忆起来实在可惜。

1948年春，我们随老师赴四川成都学画。同行者有雯波师母、嘉德八姐、潘贞则姐和王智圆姐。我们乘江轮由上海到重庆，一周的水上生活，过得相当愉快。老师除沿途观赏风景外，就是作画、写生、看书，暇时便给我们讲三峡风光与当地风土人情。到重庆后住了两天，转乘飞机到成都，住在城郊金牛坝大千老师家里。

老师在成都教我们绘画，总是让多临抚他的画，多勾勒线条，多观察，多看他作画。他说，女的细心，应学画人物。所以到成都后，我即努力学画人物画。老师并嘱我练字，临摹元赵孟頫体。

是年夏季，老师带我们上青城山避暑，同行者有雯波师母和王永年、胡梦痕等师兄，还带了长臂猿。一路上，老师见好风景就写生，给我们讲写生与画面构思如何相结合。在山上，老师作画累了，就出去散步，观赏青城的山色美景，也时常逗猿为乐。老师说：猿最有灵性，有感情。老师平时喜欢阅览收藏的古画，如董源的《潇湘图》、顾闳中的《韩熙载夜宴图》等名画。每当欣赏观摹古画时，都给我们讲解画意。老师说：在古画中如《夜宴图》这样的写实画，一人多次出现于画面，面貌酷似，而神情意态不同，确实是难得的。他每次看时均赞叹不已。

1949年秋，老师在香港举办画展后，翌年应邀赴印度讲学。从此，我和老师再没有见面，生离终成永别。

老师为人豪爽，热心助人，喜欢热闹，健谈，言语特别诙谐、幽默，也爱说笑话，特别在作画时，要有人在旁同他"摆龙门阵"，否则作起画来就不带劲。老师最讲究"美食"，暇时喜欢自己烹饪，如"红烧狮子头"、"一品豆腐"、"回锅肉"等；早餐爱吃"锅盔夹黄油"（锅盔即大饼）。

老师对学生不但在画业上谆谆教导，而且在生活上也关怀备至。当时我们学生都在他家里吃住。那时我父亲失业，生活没有着落，老师每次在给上海的二师母（张善孖夫人）汇款的同时，也给我父亲寄些生活费。后来我在外面教琴，以贴补家用，而老师则要我专心学画，说家中生活他会照顾的，这使我万分感动。

多少年来，老师的教诲与关怀，我一直铭记在心。老师的音容笑貌和当年教画的情景也经常出现在梦中。不幸老师于1983年病逝台北。噩耗传来，不胜悲痛之极。为缅怀老师恩情，特此忆录，以寄托思念之情。

1986年12月写于苏州

242

大风堂弟子回忆张大千先生

厉国香　童月莲[*]

　　我们两人均是大风堂张大千先生的拜门弟子。厉国香拜师是名篆刻家陈巨来介绍的，童月莲拜师是厉国香介绍的。当时，凡是大风堂弟子，均须行跪拜礼。记得拜师仪式是1947年借今日的北京西路李秋君家里举行的。李亦是画家，与大千先生交谊深厚。她家是一幢花园洋房，天井、客堂十分宽敞。仪式是在客堂内举行的。客堂里有一长条案，上陈放台钟、屏画及插花的大瓷花瓶，案前是纵放的两只方桌。桌上有二老师（张善孖）的画像，香烟缭绕，红烛高烧。大千师及师母各坐一边，弟子在拜佛矮凳（上铺红毡）上先向张善孖遗像三跪拜，然后向大千师及师母三跪拜。

　　拜师时，李秋君及李祖韩均在场，大千师的好友陈巨来亦在场。大千先生当时年49岁，长须及胸，双目炯炯有神，皮肤黝黑，个子不高，身上穿一件灰布长衫，足下穿一双布鞋，态度和蔼可亲。

　　拜师仪式之后，大千先生问："你们都喜欢学什么？"厉国香请求学人

---

　　*　均系大千先生20世纪40年代女弟子。

物，童月莲请求学山水。自此，我们跟随老师潜心习画，未曾稍懈。

大千先生诗书画三绝，20世纪40年代在画坛上已负盛名。他的弟子门人，只要肯勤奋学画，他都一样对待，精心培育。大千师育才有方，最使我们受感动的，有以下两点：

第一，传艺不留诀窍儿。大千师教画，从不保守，也决不"留一手"。如我们在学画人物、山水时，他总是把自己的精品拿给学生临摹，如名作《后赤壁赋》等。我们学习临摹，画好之后，再请大千师指教，他认为满意的即高兴地亲笔题字、题诗；发现不足之处，就一边讲，一边补笔，如补鸟、补树、补石等。

第二，爱才不爱财。1947年6月，大千师在游历名山大川中，画了许多新作。在上海成都路中国画苑举行个人画展，并同时展出了不少门人弟子的作品。展出的几十幅门人弟子的书画，全由大千师出资装裱。那次画展，记得厉国香有9幅书画作品参加了展出。大千师还在我俩展出的画上题了字。

另外，大千师平日也经常采取各种办法鼓励学生学艺，例如赠送画册、纸张、颜料，带领弟子遨游四海写生等，一切费用均由大千师承担。如发现哪个学生生活有困难时，更是竭力周济。

遗憾的是，我们追随老师学画的时间太短了。1948年，老师在香港办完画展后出国云游，30余年，海天相隔，总盼能有再见面的一天。讵料1983年4月2日，老师病逝台北，我们多年来埋藏在心底的愿望终成泡影。每思及此，怀念和感伤之情，难于言表。

1986年9月于上海

回忆张大千先生

刘侃生[*]

 我认识张大千先生是在1921年，当时我在南京工作，每次路过杨公井笺扇庄都能见到先生的作品。那具有传统表现手法、敏锐构思、雄健笔力的画幅，深深打动我的心，常常停立在画前仔细观摩，久久不愿离去。我还常去熟悉的裱画店，征得裱画师傅的同意后，观赏临摹先生的作品。1943年春，我去上海工作时，经金石书画家方介堪先生介绍，携带几幅拙作请先生指教。他看了我的作品，询问了我的学画经历，对我进行了指点和鼓励。自那天开始，先生应允收我为弟子。先生为人爽直，重友情，轻金钱，乐于助人，以书画交友。以后每逢星期天，我都去李秋君家里看先生作画（当时先生常在李家作画）。记得每次去总是宾朋满座，先生一边同他们聊天，一边作画，遇上画友则常常在一起研讨画论，平易近人得很。先生作画有时先画后落款，有时则先题款后画。

 张大千先生以学石涛为主，兼学八大、渐江、石溪、梅清诸人，既有

---

 [*] 大千先生20世纪40年代门生，长期从事美术编辑工作。现为上海美术家协会会员。

石涛的清逸，也有石溪的苍莽，取各家之长，又不囿于各家，不单纯是从某一个画家的绘画上，而是从整个中华民族千百年来所创造的文化宝库中吸取丰富的营养，自成一家。记得有一天阴雨，来客不多，我临了一幅石涛的山水画请先生指正，他对我说："你这段日子在学石涛，我也用了好长一段时间研究石涛。不论古今，对名作眼观手临是对的，但切忌偏爱，人各有所长，每人的笔触天生有其不同的地方，故不可专学一人。对他人所长都应该吸取；又不可单就自己的笔路去追求，要凭自己的理智聪慧来领会名作的精神，又要能转变它。"说罢信手取出一张纸，略作思索，俯身画案，饱蘸浓墨，从纸的右下方垒起几堆怪石，疏密有间，再向左方勾出两株奇松，走势各异。然后用淡墨染出远山，稍干后，加以蜿蜒的小路消失在远山的尽头。瞬时一幅别致的写意山水跃然纸上，并题："侃生贤弟留念。蜀人大千张爰戏笔。"我高兴极了，连声道谢。这是先生赠我的第一幅画。此画看似简单，信手拈来，其实构思、造型、笔势，都无不经过缜密取舍，故富有艺术魅力。石涛说过"搜尽奇峰打草稿"，要师万物，先生正是这样做的，从生活中提炼素材，从大自然中摄取精英。先生的教导激励着我不断学习，不断探索，使我的绘画水平得以逐步提高。1948年春，上海中国画院举办"张大千师生画展"，我画的《溪山行旅图》参加展出时甚得社会好评。

回想与先生相处的日子，赠诗作画，师生友情弥坚。最难忘的是1963年先生旅居巴西时，还想到我这个学生，特地隔海遥赠《蕉下高士图》，落款是："癸卯八月初四日写寄侃生贤弟。大千居士。"先生那时已是蜚声中外的著名画家了，他在绘画上，将本民族特有的气质和素养与西方的文化意识相融，孜孜不倦地探索着新的意趣和表现手法，创作了别具风格的泼墨与泼彩相结合的画法。他的国画也越发高雅秀逸。我认为先生在促进东西方艺术的交流方面，的确发挥了桥梁作用。

先生出国后，我一直盼望他早日归来，再次聆听他的教诲，磋磨画艺，重新观看先生挥拂云笺，点染丹青，尽情描绘祖国美好河山，此情耄耋之年越甚。1983年4月2日突传噩耗，备感伤痛，只得长歌当哭！不信故人今化鹤，临风遥祭哭南都！

这几年，我经常把先生所赠的书画拿出来，供友好观赏，寄托我对先生的深切怀念。

1986年12月于上海

缅怀先师张大千

伏文彦[*]

每当我看见先师张大千先生的照片，心中就涌出一种难言的感情。

回想起我拜大千先生为师的经过，那已是40年前的事了。1946年，我正在上海新华艺专学习，当时校长是汪亚尘先生。汪先生专攻花鸟，最擅画金鱼。但我很喜欢画山水、人物，看了大千先生的画，钦佩不已，极想拜大千先生为师。因为汪先生与大千先生很熟，于是通过汪老师，把我领到大千先生那里，说明来意。开始我还有些担心，谁知道汪老师刚把话讲完，大千先生便非常爽快地答应了，我心里十分高兴。请拜师酒那天，宾客满座，我恭恭敬敬地向大千先生磕头，从此成了大风堂的弟子。

我自从拜师后，就经常跟在大千老师身边，看他画画。大千师教我们绘画有以下几种方法：一是他边画边给你讲，使你掌握绘画要领；二是给张画叫你临摹，让你学其气势、构图、布局、笔墨等；三是叫你鉴赏他收藏的古代名迹，从古人处学习优秀的传统技艺；四是让你画一幅画由他修改，他

* 大千先生20世纪40年代门生，长期从事美术教育工作，现为上海美术家协会会员。

边改边讲，使你知其究竟。我在学校主要学习绘画理论，而在大千师这里，着重学绘画技法，这样理论和实践相结合，可说是相得益彰。我庆幸自己遇见了两位好老师。大千师常告诫我们说："七分人事三分天，任你天分如何高，不努力总是不行的。"说明一个人将来的成就如何，关键在于是否努力。所以大千师总是一再要我们多画画，勤学习，刻苦钻研，努力上进。回想起当年大千老师对我的许多教诲，确实使我得益匪浅，受用无穷。

当年大千师不仅认真教我们绘画，对我们这些学生的其他方面也很关心。那时大风堂的门人很多，老师不但不收学费，还对我们学生作画的一切笔墨纸砚也统统供给。要是哪位学生经济有了困难，只要老师知道了，他总是设法帮助解决。大千师常对我们说，到了老师这里，就跟到了自己家里一样，有什么困难和问题都可以提出来，不必拘束，不必客气，否则就见外了。老师的热诚和恩德，直到现在，大风堂的门人都深深感激。

1948年，大千老师临离开上海前，把一本"大风堂同学录"名册和一枚"大风堂门人会"印章交给我，殷切期望我们大风堂同学能够互相帮助，勤奋努力，不断在绘画艺术上取得优异成绩。没想到老师这一走，再也见不着面了。尤为可惜的是，老师亲自交给我的那份大风堂同学录名册和大风堂门人会印章，在十年动乱中全毁了。

大千老师出国后，还经常惦记我们这些学生，关心我们艺术上的进步。他多次寄书寄画给同学们，也多次寄赠书画给我。1982年春节，他还从台湾辗转托人寄一张照片给我。海峡阻隔，仍隔不断我们师生的深厚情谊！

我永远怀念我的大千老师！

1986年于上海

回忆爰师姑苏行

郁文华[*]

    我是在一个偶然的机会认识张大千先生的。抗日战争胜利后，久居四川的张大千先生将国画精品和临摹敦煌壁画各数十幅，前后分两次在上海成都路中国画苑公开展览，这些精湛的艺术品轰动了上海画坛，争相参观者络绎不绝，数以万计。当时，我是个正在学习国画的青年，对大千先生的画展如饥似渴地看了又看，在那高超艺术面前，虽不能完全理解，但为了学习，简直是着了迷，久久不愿离去，还幻想着能在画苑里见到大千先生。

    事也凑巧，1948年10月，张大千先生到苏州旧地重游时（抗战前与其仲兄善孖先生曾住网师园内），经老友夏品之先生的介绍，终于得识大千先生。未见面时我有些担心，总认为大画家一定架子很大，拜见时要小心谨慎。谁知一见面，与我的想法恰恰相反，大千先生谈笑风生，平易近人，没有一点架子。他对我这个初学画的青年非常关心，问了我的年龄、籍贯和跟谁学画等情况后，还说他曾见过我的作品，并嘱咐我要多看多临古人的真

---

[*] 大千先生20世纪40年代门生，现为上海中国画院画师，上海美术家协会会员。

迹，对传统技法要不断钻研。他的一番话，指出了我今后学画的方向，对我启发很大。

大千先生在苏州的几天里，我一直陪伴在他身边。他一到苏州，向他求画的人接踵而至，无论是老友还是陌生人，他总是来者不拒，当即挥毫，广结翰墨之缘，得者如获至宝。而苏州有些有钱人愿出重金请他作画，反而遭到他的回绝。说明老师是重情而不重利的。

大千先生作画的技法是高超和熟练的，无论人物仕女、山水、花鸟无所不能、无所不精，特别在当场挥毫时更显出了真本领。记得有一次他的一位老友求他画一幅仕女，他不假思索地先画仕女微倾的脸蛋，然后画右手执一面铜镜，再后画衣服线条，最后略加敷色，一幅难度很大的半身仕女照镜图，便显现在众人面前。在旁看画的人无不为之惊奇和赞赏。有人说："张先生您不用打草稿就能脱手画成，真有本领啊！"大千先生风趣地回答说："我没有办法啊，出门作画又不好带着粉本印在下面画啊！"引得大家哄堂大笑。

张大千先生还有一个绝招，那就是在书写对联时不用看纸的长短，一挥而就，恰到好处。并且一口气能默写对联数十副，内容各不相同。

张大千先生不愿在大的场合讲话。一次，有人结婚要请他做证婚人，为新娘新郎致辞祝贺，他说："君子动口，小人动手。我是'小人'，只会'动手'（即作画），不是'君子'，不会'动口'（即讲话）。"真是风趣之极，使人捧腹大笑。

我朝夕在大千先生身边，为他磨墨、拉纸、盖印，并仔细观摩他作画的过程，得益殊深。我还陪同他游览了虎丘、光福司徒庙的青奇古怪四汉柏以及灵岩、天平等地。在数日的接触中，蒙张先生的器重，愿吸收我当学生。因我已早从张石园先生为师，大千先生说："石园擅长画石谷，我画石涛，是老友。为了尊重老友的意见，必须要通过石园同意才能决定。"之后经过熊松泉、俞寄凡两老的辛劳，得到石园老师同意后才在上海西门路张宅举行了拜师仪式，正式收我为学生，并邀请石园老师参加，一时传为佳话。郑逸梅先生在他的一篇文章中曾这样说："郁文华初从张石园，后从张大千。大千对文华说：你拜我为师，举行仪式时，务必请石园先生参加。因而彼此一无芥蒂。"从这件事上，也可看到大千老师对同道的尊重和友谊。

在苏州期间，我曾求得大千老师的荷花精品一幅，款式是"疏池种芙蕖，当轩开一朵。暗香襟袖满，凉月吹灯坐。戊子十月薄游吴门为文华仁弟写此，大千居士爰。"可惜这幅画在十年动乱中损失了。所庆幸的是1963年10月，老师远在巴西时，还寄来一幅《苍松高士》图，至今珍贵地保存着。这幅佳作实际上是写他自己在老松旁遥望祖国，怀念家乡和亲友、学生的情景。现在大千老师作古已三年多，面对此作，见画如见人，不禁潸然泪下。

1986年于上海

缅怀先师 回首当年

郁慕贞　郁慕洁　郁慕娟　郁慕莲[*]

早年，我们的祖父郁葆青、父亲郁元英，久仰大千老师盛名，对老师的画极为钦佩，每一得之，如获至宝，爱不释手，早思求见，苦于拜谒无门。1945年秋末，老师来沪，父亲就率我姐妹五人，请太姑丈张仲贤引见，去原卡德路李祖韩师伯、李秋君三姑家拜见老师，并请求收留门下。当时老师要我们每人拿一张画去看，老师看了我们的画后甚为高兴，欣然应允，我姐妹遂于是年冬在秋君三姑家行拜师礼。记得那天，老师邀请的师伯、师叔有吴湖帆、谢稚柳、熊松泉、陈巨来等，师兄师姐有陈从周、章述亭、王智圆、潘贞则、侯碧漪、张嘉德、吴佩佩、叶名珮等，共数十人。老师率我姊妹及张嘉德、叶名珮、吴佩佩等诸师姐一同合影留念。

每逢老师在沪，我姊妹即去秋君三姑家，侍老师作画。画室中总是高朋满座，谈笑风生，使人感到轻松愉快，毫无拘束。老师一边谈笑，一边作画。但是，他在画精品时却要选择清静之处，有时在国际饭店，有时在康定路李家三叔处。老师每次作画，总要通知我们姊妹前去学习。

　＊　郁氏姊妹均系大千先生20世纪40年代女弟子，曾举办过姊妹画展。

老师作画，我们侍立案头，他边画边教，从艺术修养、深入生活、用笔、临摹、创作到研色下胶等，无所不教，而且对于画室中悬挂和所藏的古画，均指导学生们学习观摩，并分析讲解。老师说："学画应循规蹈矩，按部就班。首先是临摹和观审名作，切忌偏爱。各人所长，都应采取，每人笔触各不相同，故也不宜专学一家。一个成功的画家是要经过刻苦钻研，善于吸取名作的精神，再予转变，达到了化境，才能不受固定画法的限制和拘束，而能'俯拾万物'，'随心所欲'。但这不是短时期能达到的，重要的是肯下苦功。前人说'三分人事七分天'，我认为'七分人事三分天'。凡事任你天分如何高，不用功是不行的。你们应牢牢记住，好好用功学习。只要找到一条学画的正路，又肯用功，自然会有成就的。"老师画线条时，对我们说："中国画的阴阳向背是靠线条的起伏转折来表现的，每根线条在画面上都至关重要。宋人的双勾功夫，不是后人所能赶得上的，所以花卉推宋人第一，境界最高。学画首先要从勾摹古人名迹入手，先学习双勾，次则写生，再次才到写意。你们应该先把线条练好，在临摹时必须仔细观察揣摹线条的用笔。"有一次老师画了张牡丹给慕娟去勾，慕娟怕损坏老师的画，只是轻轻地草草勾了下来。老师一看就问："怎么勾得这样草率？"慕娟说怕弄坏老师的画。老师笑道："没关系，不用怕，勾稿子就是学习线条的用笔，粗细、转折、顿挫，都要与原画一样，切不可草草了事。色彩也应在勾稿上注明，或染上一点原画的颜色，以免忘却。这样去勾，日积月累，就能心领神会，到自己画时，自然能根据物的形态和画面需要运用自如了。"老师为了使我们多练线条，经常拿些画稿让我们姊妹勾。老师回四川后，曾寄来写生的大荷花大荷叶稿子，我们高兴得雀跃起来，同时也流下了感激的热泪。

在设色时，老师又教给我们用色。老师说："色彩不仅是表达物品的本色，而且用以衬托画面的立体和美。因此颜色一定要洁净、明朗、鲜艳。笔砚必须洗净，尤其在重彩设色时，不能急于一次完成，而要一次一次地上。如有的先打底色，再上浅色，再渲染，再背衬；有的则一气呵成等。重彩的颜色大都是矿物质颜料。颜色下胶，用后即加水退胶，否则隔宿就会失去本色。"我们感到老师在设色的技法上，不论山水、人物、花鸟，都有自己的特点。

题款时，老师教导说："画面上的题字，也是很重要的。慕娟字太差，要好好练字。"并赠给慕娟赵文敏九歌书画册一本，题上慕娟的款，要她临摹。

对写意画，老师曾对我们这样说："写是用笔，意是造境，不是狂涂乱抹的，也非所谓文人遣兴。临摹非下苦功夫不可，从临摹中既学到历代的笔墨技法，也能领会古人如何师造化来写万物和立意创境的表达方法。"

我们五姊妹在拜师之前，慕贞、慕云画人物，慕洁画山水，慕娟、慕莲画花鸟。老师指出："笔墨是融会贯通的，各种画都要学好，才能成为一个大家。"在老师的指导下，我们的学习就多样了。慕洁曾向老师求教写生的取舍、布局的要点等。老师说："首先要了解物理，体会物情，观察物态。无论画什么总不出这三个原则。了解这三点后，画出的画才能形态逼真，神韵生动而跃然纸上。你们在写生时要随时注意观察，一棵树、一枝花都有它的疏密、穿插、正侧、俯仰等，要从各个方位流动地看，选择可以入画的最佳角度。同时必须认真严格地、一次一次地写到没有错误为止。对于取舍，可凭自己的意思加以增删，总之应突出形态、神韵的美，舍去多余不美的方面。至于创作时的布局，不外乎两个方面，一是师古人，从古画中吸取艺术修养；二是师造化，就是要游历，从实景中观察。各地的名山大川，景色不同。如峨眉山与黄山各有特点。通过游历来增长见识，充实绘画资料。只有熟悉了各种山山水水，胸有丘壑，布局自然有所依据。从窥探宇宙万物的全貌来养成广阔的心胸。古人说：'读万卷书，行万里路。'二者是相辅相成的，都是提高艺术修养的途径，不可忽视。"

老师对我们不仅在绘画的理论和技法上悉心教导，就是对绘画用具等方面也关怀备至。他的纸笔、颜色等，常常送给学生们用。有一次慕贞画了幅仕女请老师看。老师说："最主要的眼睛要黑，才能显得有精神。"老师边说边拿出了最珍贵的槟榔墨，嘱咐慕贞添在仕女的眼珠和头发上。学生们的画，老师代为装裱，是常有的事。我姊妹也曾得到过好多张大风堂的画笔和红毛笔、深赭石等，还有每人一张丈二匹纸。当时老师对我们说，丈二匹纸等日后你们画大幅的时候再用，不要去裁小它。因此我们一直爱如珍宝地收藏着。不料在十年动乱中抄失，深为惋惜。

老师对我们的培养是多方面的，他要我们锻炼当众挥毫。一天，慕娟、慕莲去老师处，正值宾客满堂，老师即命我们当场画画。在宾客众多的情况下，我们很拘束，但老师的鼓励给我们增添了勇气，就各画了一张。老师说，不是画得很好吗？以后有人在也要画，不用拘束。老师还给我们的画题上了字。给慕娟画的那张题字是："慕娟就余案头作疏叶小鸟，大似明人。"足见老师对我们的期望和鼓励。

1946年年初，老师画了张红叶山鹊，上题慕娟款，装裱后赠予慕娟，并嘱临摹，临好后老师为之题词。此画曾参加1947年大风堂师生画展。当时，我们姊妹参加画展的画，老师都题了词。如慕莲的一张桫椤小鸟画，老师补石后题上"慕莲作桫椤小鸟，布局极有思考，运笔亦复秀健可爱，喜为补石并题"。1948年夏天，老师回四川时，赠慕娟山水立轴一幅及许多画照。老师说："这画是从箱箧中整理出来的，是早年的作品，给了你罢。"慕娟欣喜万分，一直珍藏至今。

我们姊妹自拜师后，才走上了正确的学画道路。我们深深感到，今天在艺术上能有所收获和成就，都是由于老师无私地传艺和耐心教导的结果。老师于1948年离开大陆后，我们时刻怀念，深盼能重侍案头再聆教益。而今老师已归道山，回忆当年老师教导之情，宛在目前。今后我们要更加勤奋于绘画事业，以不辜负老师的期望。

1986年于上海

怀念吾师大千居士

顾复予[*]

一、我和老师

我从小喜欢绘画。抗战期间，我由故乡嘉定迁居上海市区租界避难，因买画结识了熊松泉老师。他经常谈起大风堂张善孖、张大千两位老师的艺术，使我景慕之心与日俱增。

抗战胜利后，大千师到上海举办画展，由于熊老师的引见，得以拜识，于1946年春在西成里17号寓所行了拜师礼。此后，老师每次莅沪，我总去拜谒、学画。同年农历十二月，我30岁生日，老师和熊老师都来晚餐。那次老师对我从事绘画给予极大的鼓励。1947年夏，大风堂同门举行画展，我的三张作品都蒙老师赐题。其中两张是仿二老师（善孖）的《山君图》，老师看了很高兴。因我名"翼"，爱画虎，老师遂说："如虎添翼，猛不可当。"我即以"猛子"为字。老师还为我写了"卧虎楼"的斋名。1948年，老师来上海寓居时间较长，我谒候的机会也多。有时请老师和吴湖帆、郑午昌等画

---

    * 大千先生20世纪40年代门生，现任上海公证会计师事务所总会计师。

家一起吃饭，有时和老师单独就餐。有一次，老师邀我到西成里寓所用午膳，二师母主厨，老师亲自做了一个菜，味道鲜美，这是我终生难忘的一次午餐。午饭时，老师勉励我在绘画上要下功夫，并希望我跟他到四川去。但因家累，未能成行。老师回成都后，获悉新闻报馆（我工作的单位）失火，还关心地专函询问。不料这次一别，就没有机会再谒见老师了。

虽然师生从1948年起分别，但还通过书信和友人来往传递消息，保持联系。老师在香港时给我画了一帧松树人物册页，在巴西时寄给我一幅山水，以志纪念。1982年我转托朋友把我的信与画带到台湾，老师看后非常高兴，立即为我在画上题字。怀念之情，溢于言表。老师还给我写了"顾翼画集"题签，鼓励我继续努力。

1983年我参加中国会计学会代表团赴香港讲学，当时老师已患病住院，未能通话致候。4月2日，我讲学结束返沪的那天，在机场上惊闻老师逝世的噩耗。从此，我失去了一位平生最景仰的长者。

二、老师的艺术和为人

老师的绘画天才和功力都是异乎寻常的。正如名画家徐悲鸿先生所说，老师的艺术成就是"五百年来第一人"。他的艺术是卓越的。他的为人，也为人们所敬仰。他尊重前辈，推崇同道，提携后生。他和同时代的名画家徐悲鸿、吴湖帆、郑午昌、谢稚柳、溥心畬、于非闇等都有深厚的友情。

老师和二老师初来上海，认识了熊松泉和马企周两位画家。为了朝夕相处，切磋画艺，租屋毗邻而居。二老师和八老师（大千）住在马当路西成里；熊老师和马企周画师住在西门路永裕里，只隔一条马路。当时，他们发起组织了烂漫画社，参加者还有黄宾虹、俞剑华等著名画家。

老师在抗战胜利后来沪举办过几次画展，每次画展我总争取先睹为快。记得有一次老师在布置展览作品时，指定将某些画幅所售价款赠给几位朋友。画展结束后，他想到还有遗漏的朋友，便又派人送款赠画。后来从熊老师处得悉，老师的画展，尽管由于艺术上出类拔萃，被订购一空，但所得收入馈赠旧雨，常占相当份额。老师的待人接物，由此可见一斑。

三、张虎熊狮

二老师和熊老师都是擅长画老虎、狮子的画家。熊老师当年和张聿光画师曾为上海各大舞台画连环戏剧的布景，他因昼夜忙碌，沾上阿芙蓉癖。二老师竭力设法为之戒烟。连续三个月之久，他早晚都去熊家照看，终于使熊老师戒绝烟癖。于是他两人友谊更深，情同手足。为此，八老师建议哥儿俩作画分工，二老师专画虎，熊老师专画狮。后来两位老师还在武汉开过一次"张虎熊狮"画展。珠联璧合，相得益彰。之后，"张老虎"、"熊狮子"，名噪大江南北。

抗战期间，二老师曾在美、法等国家举办画展，筹款劳军。返川后遽尔病逝。八老师失去仲兄，悲恸不已；熊老师也言必流涕。时光流逝，弹指已是40余年过去，八老师亦于三年前病逝台北。一代画坛巨星陨落，悲夫！

1986年于上海

张大千言行录

陆元鼎[*]

张善孖、张大千昆仲都是我的老师。一位是抗日战争时期以画虎出名的爱国画家，一位是名扬海内外的艺术大师。我作为他两位先生的门人弟子，真是感到无上荣幸。60年前，我在上海英文周报上发表过一篇文章，题目是《张师善孖言行录》。60年后的今天，我又为大千师写言行录，但心情大不相同。回想38年前，八老师（即大千师）临出国前，曾一再叮咛我必须洗尽旧习，争取上进。他的谆谆教导，感人至深，使我终生难忘。我写这篇文章，曾多次落泪，一方面因老师已与世长辞，今生不得复见，不免怆然之感；另一方面，我觉得如无八老师的指点，就不会有我的今天，感激之情，使我激动不已。

八老师乃一谦谦君子。他热爱祖国，热爱艺术事业，孝敬父母，尊敬师长，以诚待友，爱护学生。我之所以这样说，是在亲身体会中得来的，因为我曾在老师处学画十余年。当时，老师住上海西门路西成里，我住在后门裱画间

　　* 大千先生20世纪20年代弟子，现为中国美术家协会会员，上海文史馆馆员。

的楼上，以便就近请教。故而对老师的言行，知之甚详，兹录数则于后：

一、热爱祖国。抗日战争开始，八老师当时被困在北平，并被日本宪兵队以莫须有的罪名关押了一个时期。但八老师始终大义凛然，拒绝了日本人的高官厚禄，费尽心机，才脱离虎口，来到上海，又辗转返蜀，与二老师进行义卖救国活动。后来，八老师出国30余年，但他无论走到哪里，都心怀祖国，这从他的诗词、画图中可以看出来。外国的山水他见的的确不少，但他经常和乐意挥写的仍然是祖国的名山大川。特别是他的巨作《长江万里图》和《庐山图》，更是倾注了他对祖国大好河山的赞美和怀念。当一位友人给八老师带去一包成都平原的泥土时，老师眼含热泪，看了又看，嗅了又嗅，因为他真的闻到了故乡泥土的芳香。

二、孝敬父母。我拜师时，太老师已去世，只有太师母。她是一位虔诚的天主教徒，也是两位老师在绘画艺术上的启蒙教师。老师们对太师母尊敬备至，每次出门或回家都要先到太师母房中请安问好。一次，十师叔出走，太师母思之甚，八老师就冒险长途跋涉，历时三月有余，四处寻找，以慰母怀。

三、尊敬师长。八老师早年拜在曾熙和李瑞清两位先生门下学习书法和诗文，并得以欣赏和临摹了不少古今名画，这为他在诗、书、画三方面都打下了坚实的基础。因而八老师对曾、李两位太老师的教导终生不忘，无论何时何地，在他的言谈中经常提到二位太老师如何如何。八老师对自己的兄长都非常敬重，如对二老师张善孖、三老师张丽诚、四老师张文修他们的手足之情，经常溢于言表，令人感动。凡遇重大之事，皆由二老师作最后决定，八老师对兄长们的意见，从来都是非常尊重的。他在国外数十年，客厅里始终悬挂着几位兄长的放大照片。

四、以诚待人。八老师一生，广交朋友，不论社会名流、军政要人、文人雅士、戏剧家、歌唱家、裱画师傅、厨师、司机等，都有老师的朋友，老师均以诚相待。有要求的满足其要求，有困难的帮助解决困难。仅举一件小事，足见吾师待人之诚。一次，八老师新得一佳砚，糜世叔洁民欲观，八老师即命学生张旭明送去，不料这位同学因事当天未能送到，待次日去时，糜竟归天，八老师闻讯悲痛不已，便以砚殉葬。

五、爱护学生。八老师对人和蔼可亲，教导后学，不厌其详。如我自幼喜爱绘画，但不辨画之优劣，以致染上了不好的习气。我初进大风堂时，八老师很快发现了我的这个缺点，便严肃地向我指出，要求我必须彻底纠正，以后又多次教导，使我的画终于走上了正道，取得了一些成就。八老师对学生的要求也尽力为之，如我请他治印，他一个上午即为我刻了两方。我也曾请他写"鬻画润例"，他老人家也立刻写成。现在，这些东西已成为最宝贵的纪念品，我将永远珍惜它们。

1986年于上海

262

雪门琐忆

钱悦诗[*]

吾师国画大师张大千，一生从事绘画创作，誉满国内外。他周游欧、亚、南美一些国家，举办画展。尤其是在20世纪40年代初，曾不辞辛苦，自负川资，长途跋涉到敦煌，历时近三年之久，考察和介绍了祖国的艺术宝库——莫高窟，临摹了大批壁画，对祖国和人民的艺术事业做出了重大贡献。

老师绘画风格随心应变，山水画运用大泼彩泼墨，又与传统皴法相结合，泼写兼施。可以说在艺术上逾越了历代画派的法则，描绘了世界大地的雄伟奇景。吾师虽云游海外，更缅怀祖国的大好河山，写了《长江万里图》长卷和巨幅《庐山图》，可谓波澜壮阔，彩墨淋漓，纵横潇洒，气势磅礴。老师的人物画线条如行云流水，飞动飘逸，肌肤血肉活跃纸上，呼之欲出。早年的工笔花鸟，飞、鸣、栖、息无不栩栩如生。

老师为人古道热肠，慷慨大度。他和我的大姐夫谢玉岑是挚友，大姐素蕖不幸于而立之年早逝。老师绘水墨白莲百幅以赠玉岑，其中有12幅通屏尤为清新隽逸，灵秀之气溢于纸上。那时我就想拜他为师，但苦无机会。姐丈

---

* 大千先生20世纪50年代女弟子，擅长花鸟画。

谢玉岑复于1936年病殁常州。去世前，二老师善孖和吾师常去常州探望，情逾骨肉。以后老师在成都对玉岑遗孤也多有关照，先父有诗相赠云："远寄成都卖书金，玉郎当日有知音。世人解爱张爱画，未识高贤万古心。"

我是1951年春在香港正式拜师的。当时，老师正在筹款准备出国，忍痛割爱出让珍藏古画。老师对他收藏的名画确实是依依不舍，他关照家人拿走时不要让他看到。

老师喜欢弟子在自己的身旁作画。他说，作为一个画家应该全面学，但允许长于此，短于彼。他爱和弟子们聊天，谈各地的风俗人情，高兴时让我们猜谜语，都是很有趣味的。记得有一个谜面是"非霸王是霸王的兵"。我猜了好久才猜出是"翡翠"二字，可谓妙极了。

老师家极重视礼貌。他和我们在一起的时候，师兄是站着不坐下的，弟子们也都站着。吃饭时，如师母先吃完饭，要把筷子搁在碗上陪我们，我们忙将师母筷子放下，而师母还要谦让再三。记得有一天下午，吃的是烧鸭辣油炒面，老师微笑着说："我的弟子可要学着吃辣呀！"烧鸭辣油炒面滋味极鲜美，此后我再也没有吃到过像那样滋味好的炒面。

老师爱猿。他说："猿和猴不一样，猿是君子，猴是小人。猿最有灵性，最有感情。"老师家有一小猿，很有趣，老是乖乖地坐在桌子一角，见人过来就伸臂要抱，像小孩子一样，很可爱。

我回上海前，老师画了一幅《印度少女献花舞》送我。老师边画边给我讲画理，实际上是对我学画的示范。画成后挂在他画室的墙壁上，刚好来了一位客人，他见了这幅画就说："这画是送你的。"我说："你怎么知道的？"他说："大千先生的人物画，送给谁的就像谁，你不知道吗？"这一说我再看，觉得是很像。后来老师加上了这样的题字："悦诗仁弟将返上海，写此以赠其行，归示稚柳、祖韩、秋君诸友，何如三年前画也。情随境迁，运笔遂异。辛卯七月大千张爱。"

那次返沪，老师和师母都还亲自送我到车站，使我万分感动。哪里知道从此与老师成了永别。后来，每当我回想起老师对我的教导和关怀，总感到有一种力量在督促我努力上进，使我多年来在绘画专业上不敢稍怠，以不负老师的期望。

三年前老师在台北逝世。哀痛之余曾写小诗四首，现录此以托哀思：

故国山河梦里天，白云流水自年年。
忽惊艺苑星光掩，遗恨难教海峡填。

神飞意惬天机发，潇洒淋漓见典型。
一代巨灵骑鹤去，大风堂内失丹青。

豪情奔放幻神奇，泼彩纵横百世师。
遗爱长留门弟子，海天恸哭共心驰。

匡庐云雾叠重峦，万里长江纸上看。①
魂兮归来回故里，莫亲乡土涕汍澜。②

1986年于上海

---

① 吾师缅怀祖国锦绣山河，写《长江万里图》长卷和巨幅《庐山图》。

② 逝世前一年，有人携成都平原泥土一包，送台北摩耶精舍，老师手捧故乡泥土，怆然泪下。

丹青引

曹大铁[*]

先师张大千先生，近数年来，域内外报章杂志、电视、广播述其事迹者累累，顾于韵言，则未一见。余不辞下俚，草此《丹青引》以缅怀先师。

> 河岳英灵炳彪列，词林文苑盈史牒。
>
> 蜀中自古多贤豪，谁复嗣者称三绝。[①]
>
> 沱水清漪万古流，内江城郭绕其周。
>
> 青莲佳句传千古，是处甜乡[②]景物幽。
>
> 神州风雨丁末世，徭役赋租甜乡散。
>
> 营作细民百姓家，拔类挺秀降大智。

---

[*] 大千先生20世纪30年代门生，本业建筑高级工程师，现为苏州市文联特委、常熟市文联顾问。

[①] 三绝指有三种超人特长的技能。"三绝"典故出自史传，如晋代顾恺之的才画痴，唐代郑虔的诗书画。此处指大千先师的诗书画三绝。

[②] 四川内江以产蔗糖著名，故有"甜乡"、"甜城"之称。

母氏劬劳擅众长，巴浪鼓著画花张。①

昭昭二难②名天下，划获传薪并阿娘。

君子固穷敦孝友，童嫂犹母保抱守。

红苕拾取嚼喂之，深恩永记长回首。

友于兄弟见诸师，寡嫂奉迎弱息持。

犹子比儿慈爱笃，张家家训不差池。③

少日顽强橐笔走，乞食有方现才茂。

赍赏有加更新衣，众目睽睽此神秀。④

由来果敢迹清狂，气壮人豪魄力强。

深浩嘉陵恣泳浴，渝州捉鬼震同窗。⑤

山行偶落强梁手，寨主怜才书办授。

---

① "巴浪鼓"是一种手摇小鼓。先师之母曾太夫人，善画，当年经常摇着小鼓在城乡出卖花鸟花样，人们都称她"画花张"。

② "二难"典故出自《世说新语》，内有"元方难为兄，季方难为弟"之说，所谓难兄难弟即指陈纪和陈谌两兄弟各有英才。这里指大千先师和其仲兄善孖先生(以画虎名世)昆仲之才华可与陈氏兄弟媲美。

③ 先师幼年家贫，因父母都要干活谋生，故由三嫂(童养媳)背着经常到山间去拾取红苕，嚼碎喂食。先师感恩其三嫂，没齿不忘。先师侨居巴西时，迎养二伯母，以迄其终。张家家训是指汉张仲以"孝友传家"的典故。

④ 先师12岁时已能画出较好的山水花鸟。有一天，因遭其父责打，负气出门，家人四出寻找。数日后着新衣返回，原来他沿途给人画画卖钱，衣食不愁。

⑤ 先师少年时即学会游泳，曾多次泳渡嘉陵江。在重庆求精中学读书时，传闻校里闹鬼，他不信，深夜独自一人手持棍棒捉鬼，击伤扮鬼的坏人。

一日官兵荡寇来，质票师爷宜无咎。①

时移世变运亨转，贸迁有术门庭焕。②

元方游学季方随，格致兼攻东瀛畔。③

肆志丹青翰墨林，名师投叩业求精。

衡阳曾与临川李，并世高门碧幢旌。④

画学津梁修绠长，寻源探迹熟端详。

背离时尚求真宰，别辟蹊径守一疆。

髡残化去渐江杳，苦瓜不作雪个老。

笔情墨趣几家存，代代相承袭旧套。⑤

何因祝发缁衣更，顶礼梵王绝俗情。

有道禅师予法号，三千世界大千名。⑥

石屋沙弥气势骄，⑦沿门托钵乞分瓢。

秃驴声恶思难忍，卸脱袈裟便遁逃。

---

①　先师在求精中学读书时，一次寒假在返家途中，被土匪掳去，因写得一手好字，被匪首封为"师爷"(即文书)，历时100天。

②　指先师父母经营有方，家道渐兴。

③　1914年善孖先生因反袁，家被抄，遂逃往日本，后先师也东渡赴日，在京都学习印染，但不废国画，即诗中所谓"格致兼攻"。

④　1919年先师由日本返回上海，先后投拜在名家衡阳曾熙、临川李瑞清门下，学习诗文、书法。

⑤　从那时起，他崇奉明末清初的四高僧石溪、渐江、石涛、八大的画派，一反当时画坛上所取法四五笔意。

⑥　1919年，先师曾到松江出家为僧(百日后还俗)，逸琳法师为他取法名大千。

⑦　先师出家后，曾在寺中作四幅人物小屏，款署"石屋沙弥"。

天纵之才不世出，放浪形骸寓笔墨。

累朝名迹富研求，四海名流相疑质。

美人名士共徘徊，瑶草琪花闲收拾。

断崖绝壁屡追攀，中土山川咸登陟。

晴开佚岩领清华，晦明风雨思颜色。

浸淫其间育朗慧，赫然秀出人敬式。

饮食起居亦如之，时还调羹飨宾客。①

强年声誉动江关，"北溥南张"姓字联。

野服京朝争胜果，王孙处士共清班。

鹤子孤山传翰府，虎儿阗阓旷人寰。②

师尊容是阿罗汉，门下尝歌"菩萨蛮"。

百年人世春秋短，湖山泂美容缱绻。

砚移吴会网师园，歌响燕台听鹂馆。

崇朝胡骑从东来，名都清梦芳尘断。

弥天烽火劫尘灰，净土田园幸未摧。

跋涉海山思远道，敢冒白刃虏边来。③

锦江春色来天地，少年乐事重省记。

_____

① 先师好客，又是美食家，时常入厨亲自烹调待客。

② 鹤子孤山指杭州孤山有宋代名诗人林和靖的"鹤坟"。虎儿阗阓指先师在苏州网师园里有"虎儿墓"。

③ 1937年"七七"事变后，先师在北平被日军软禁，次年5月逃出沦陷区，8月回四川，在成都与善孖先生呼吁抗日救国，与友人举办"抗日募捐画展"。善孖先生又到北美举办"张善孖张大千兄弟抗日募捐画展"。昭觉指成都昭觉寺，先师曾居此作画。寺中产红莲即芙蓉。

名都端合寓名流，昭觉芙蓉添新意。

巴山蜀水聚星州，竞说青城天下幽。

彩蝶翻飞烟树里，青鸾啼过殿西头。

上清宫阙仙都拟，十景前番收腕底。

乱离今作难民来，山灵识我黄冠契。

唐风金镂图麻姑，毡腊流传人争秘。

书题露井志鸳鸯，青衫红粉随缘喜。

洞天胜处植梅花，日共道人沁心肺。①

峨眉金顶峙西陲，法界华严莲岳窥。

山月半轮秋固胜，朝阳一缕景尤奇。

此间幽胜名天下，丈六如来留话把。

千重雪岭金碧辉，百丈珠帘银涛泻。

临年犹怀结侣游，谢公珠玉系情写。②

流沙瑰宝念敦煌，石室云龛选佛场。

简籍不传人世远，遁光不耀没蛮荒。

寻梦六朝隋唐迹，二窟嵯峨犹可接。

倾慕平生奚惮难，白马投荒允凭式。③

玉门关外少人行，古道丝绸塞棘荆。

---

① 1939年，先师借居四川青城山上清宫，写下了"青城十景"册。给道观画麻姑像，书题"鸳鸯井"、"麻姑池"，又遍植梅花。

② 写先师回蜀后，常去峨眉山探幽写景以及忆旧感怀之情。谢公指先师挚友谢稚柳先生。

③ 20世纪40年代初，先师决心以唐僧西域取经的精神，不避艰难困苦，定要去敦煌探索石窟瑰宝。

一日风旌开画馆，明驼重载大师巡。

黄沙旷野昏尘雾，万里征途徐展步。

凉州西去又甘州，回头重数兰州路。

行来边塞意何为，千壁丹青允腾辉。

阐发幽微侪辈事，宣扬国粹岂推诿。

阳春二月风还紧，驼队趑趄衔尾引。

一望无垠戈壁滩，天已尽头地未尽。

迈过鸣沙大小山，掉头四顾现仙寰。

白杨千树清流绕，别有灵岩静域关。①

身入宝藏应有益，敢辞劳瘁草莱辟。

三年求艾意欿欿，八代起衰思汲汲。

异彩丹青一瞥惊，长嘘恨晚见琼英。

移沙除障疏泉道，窟号重编旦暮营。②

博洽稽考慎辨析，从头摹拟调丹碧。

祥云覆盖护莲台，法相庄严端拱寂。

藻井黼黻昭文章，城郭峻崇示京邑。

万千奇观汇一区，存世艺囿云靡及。

功德何止启潜藏，补残增彩闲理葺。

妻儿门下共赞襄，三年面壁成大业。③

怡然如愿赋东归，乡国两番展璠瑰。

---

① 写赴敦煌途中情景。

② 写先师到达莫高窟后排沙、编号情况。

③ 先师在敦煌历时近3年，临摹壁画300余幅，还作了不少补残添彩的大量工作。此段主要叙述先师临摹壁画情况。

绝似长安吴道子，观者如堵意如呆。[①]

天惊地动寇氛靖，岛夷慑伏归降请。

争如杜老赋收京，放笔横扫歌欣幸。[②]

排空驭气观沧海，旧地重游多兴慨。

京华道上又风云，画笔重开惊绝代。

更番展出动春申，竟说髯翁粉本新。

自是多能又善变，上追唐宋下元明。[③]

名迹觅得捆载回，惊心荡魄石渠开。

潇湘夜宴皆稀世，尽出南唐后主帏。

三源堂继华亭笈，英物琳螂著什袭。

余珍分惠及小徒，元明五卷并巨迹。[④]

先生来去诡行踪，昨日灯前笑语雄。

---

① 先师由敦煌回来后，在成都、重庆举行临抚敦煌壁画展盛况。璠瑰指先师所临之壁画。吴道子系唐代大画家。

② 写日本投降，抗战胜利，先师放笔作泼墨荷花，并赋七绝一首，以示庆祝。

③ 抗战胜利后二月，返北平，次年到上海。1946—1947年举办两次近作展。

④ 丙戌仲冬，先师由方公介堪转余一电，云"有急用，速寄一千万元至颐和园听鹂馆"，余即如命，售出烙赤一百一十两，电汇寄去。岁暮南归，示余名古画9卷，皆出热河行宫，长春劫灰外物也。内有南唐董北苑《潇湘图》、南唐顾闳中《夜宴图》、宋人《群马图》、《溪山无尽图》、元钱舜举《明妃上马图》、姚廷美《有余闲图》、周砥《铜官秋色图》、明沈石田《临铜官秋色图》、姚云东《杂画》六段。先师以其中5卷授余以赏还垫款，余却之不可，终由葱玉估值为烙赤一百七十两作结拜领。

明发不知缘底事，长天飞去一征鸿。

览胜忽动西南履，雅州泸定间关历。

崇山万里急湍奔，拍塞天地开胸臆。

康女善舞亦善歌，金勒银尊展茵席。

川原人物贮秋水，登临选胜图瑶籍。[①]

传言忽报又西驰，死别生离会此时。

髯苏海外多思致，身入天竺法云冶。

探索渊源立断言，慎思明辨一方艺。

大吉岭与三危山，象教自同画自异。[②]

图南鹏翼抟扶摇，万里鲸天任嬉遨。

炎荒地广人烟少，巴西有土成都肖。

掘地为湖土积山，孤松岭上万松环。

五湖亭畔多幽趣，弹指蓬壶八德园。[③]

逾年岁首首欧洲，意法京城久逗留。

七月双旌风云会，东张西毕共鸣球。

此会画林旷百世，二老相逢孩儿戏。

---

① 1947年夏，先师与杨孝慈先生同游西康，在成都展出西康写生并出版《西康游屐》。

② 写先师去印度讲学，在阿旃陀石窟临摹壁画三个月后迁居大吉岭。先师认为莫高窟与阿旃陀石窟虽同属佛教，但壁画风格不一。

③ 1952年，先师举家去南美阿根廷，次年去巴西圣保罗，因与成都平原相似，故购地建园，名曰"八德园"，在此居住17年。

摔跤打滚喜如狂，画图互贶志友契。①

名园一日泛清波，居士山人去何所。

得失自我奚何恨，一笑置之奈我何。②

名都名士容侨旅，重起田园版筑举。

"环荜庵"与"可以居"，一时佳构称兰墅。③

环宇遨游最擅名，五侯百国并逢迎。

殊方不识汉文字，犹掩张翰笔墨精。④

卅年域外飘零久，小草恋山乡情厚。

一夕毅然赋归兮，台岛故人遥相候。

百篇羁旅切乡思，岁月揶人感暮迟。

偶见故山一捧土，涕零自问归何时。

年时屡斥怪余懒，营造犹怀小子远。⑤

---

① 1956年5月，先师在巴黎罗浮宫博物馆和东方美术馆举行"敦煌壁画展"。7月与西欧绘画大师毕加索会晤，相互赠画，世界艺林称这一会晤是"艺术界的高峰会"。

② 因巴西政府开辟河渠，"八德园"正当其冲，先师弃园赴美，并曰："自我得之，自我失之。"一笑置之。

③ 1970年，先师在美国加利福尼亚州名胜区卡麦尔市郊购地建"可以居"，1972年又在该地修筑"环荜庵"。

④ 先师一生环游世界，并在各国名都大邑举办画展，享誉中外。但余以为外国人仅仅赏识先师的画艺而不识汉文，掩没了先师的诗文造诣，并以晋代才子张翰作比喻。

⑤ 早年先师尝斥余不勤于笔砚，曰："你如不好好作画，将辜负了你的一支笔。"后余专攻建筑，业余习画、作诗填词，不敢稍息。20世纪70年代先师在台北营造摩耶精舍时曾对人说："我还有个学生是建筑专家呢，可惜他不在这里。"

密迩一水阻台津，引领春风五中燃。

前年密禀报平安，星岛人还示翠翰。

垂念拳拳行接济，师恩浩荡白云端。^①

客春幸会故人子，侨民伉俪任驰驱。

门报吴中弟子来，破例下床迎特使。^②

痼疾沉疴有自知，强持起坐要题辞。

瑶编分惠亲人守，绝笔摧肝肠断时。^③

风烛残年未可料，病情电讯日传报。

一朝霾耗碧空来，六洲艺苑同哀悼。

争教蜀客怜蜀山，梅丘暂厝遵遗言。

望坡崖上郁青葱，奉安有日待归年。^④

槐市音沉岁一经，悲歌下俚述生平。

---

① 1981年，友人柳和清、王丹凤夫妇赴港，余修书一封，乞其托人转呈先师。旋得复示"汝过去经济情况甚好，现在如何，是否要余襄助"云云。余以工作顺利、生活安定、谨谢关怀。唯我师盛情，永铭肺腑。

② 1983年年初，余特请老友谭和庵之子廷元、媳张梦儿夫妇，专程赴台，代叩师座。得蒙破例延见，并承优遇，于余近况，垂询甚详。

③ 1983年3月8日下午，先师忽扶病下榻，命出新印画集，题赠国内老友、门生，家人劝阻不听，并曰"此时不题，再无机会矣"。共题12册，内3册赠老友、9册贻门生，余亦得1册。此次题字为先师绝笔。

④ 先师殁于公元1983年4月2日(农历癸亥岁二月十九日辰时)，享寿85岁。遵师遗命骨灰权厝于台北外双溪"摩耶精舍"梅丘之下。余以北宋文与可铲平山岩瞭望苏东坡回蜀的"望坡崖"故事，切盼祖国统一，先师归葬故乡。

孔门弟子心丧在，曲引丹青付汗青。①

1984年写于江苏常州

---

① 余作为先师的老门生，借孔子弟子"三年心丧"的典故，怀着无比感伤悲痛之情，写了这篇《丹青引》以寄托哀思。

从师散记

潘贞则[*]

十年才拜师

1935年夏，我父亲（潘梓彝）邀老师、师母和王世伯等人到莫干山颐居小住，原来我想前往拜大千为师，后因要照料弟妹，没有同行，错过机会。老师从莫干山回上海后，来我家做客，我初次见到老师，他的相貌清奇，一把大胡子，谈笑风生。我对老师的印象是既严肃又和蔼可亲。老师与我父亲相约明年再到莫干山，后因太师母仙逝，没有践约，我又失去一次拜师的机会。

俟后老师来上海时，便常借江西路上海银行大楼我父亲任职的美商华明烟业公司的地方作画，父亲让我到华明公司看老师画画。老师允许我临摹他的作品，有名画亦让我同看，并为之解说。这些对我来说，都是从没有看到和听到过的新鲜事，因此印象很深。记得老师还给我写了个小卷，款书"赤壁清游，贞则小姐清玩"。

1945年9月，抗战胜利后，老师来沪，寓卡德路李祖韩、李秋君兄妹

---

* 大千先生20世纪40年代的女弟子，在上海从事美术教育工作多年。

家。9月的一个清晨，王智圆陪我到李家老师的画室，见老师一人在写画。在智圆引进下，我向老师恭恭敬敬叩了三个头，行了拜师礼，完成了十年的夙愿。老师送给我一本早年仿石涛罗浮山图册页，作为纪念。自此至1948年这段时间，老师常来上海，住在李家和西成里，也曾数次与雯波师母、嘉德八妹在我们家小住。老师在我们家里，没有客人干扰他，清早起来便作画，倦了便在躺椅上休息，看画读书。得意时，在腿上或桌上以指划字，有时和我们谈画或谈他小时候的往事。晚饭时和我们一家"摆龙门阵"。他对我父母说，广东菜什么都吃得来，就是苦瓜煮鲥鱼、煮文旦皮实在不敢领教。还讲峨眉山的猴子在地里偷苞谷，把偷摘的苞谷一个一个夹在腋下，偷了半天到头来在腋下只有一个。老师说得绘声绘色，引得满屋的人哄堂大笑。

1948年年底，我和王智圆、张嘉德筹备在香港开一联合画展，老师亦赞同，并为我们决定画些什么。1949年年初，老师来香港时，我父亲亦在香港，同寓简琴石家。老师得知我们的画已带香港，便一一检视我们展出的60幅画，并为之修改润色。那次画展能够得到好评，是和老师的支持关怀分不开的。

随师入川

1948年5月9日（农历戊子四月初一），大风堂同门会上海分会在虞洽卿路（今西藏中路）万寿山酒家恭祝大千老师50寿辰。同年6月5日，嘉德、名珮和我即随老师和雯波师母乘民生公司客轮入川，船长杨凤洲特为老师设画桌于驾驶房内。船从上海启碇后，老师即开始作画，分赠驾驶房的船员们。记得船过南京时，老师为杨船长写下采石矶的一段，以后经过的马当、北固、金山、焦山、小孤山、君山等风景点，都一一收入老师的笔底。船到汉口停泊半日，老师带我们登岸，并找人通知徐松安同学在汉口的红英别墅餐室见面，老师和徐叙谈半日，便匆匆回船。过宜昌入川江后，老师日间少作画，终日注视川江两岸，为我们讲述典故，指点江上风景。过彩灯影峡时，老师发现远处瀑布自天飞下，便随手取了我的速写本勾了几笔，但后来未见他用这稿本，盖已深得心源，万里长江早已印入脑海了。入川江后，滩险流急，不能夜航，老师便趁此挥笔写下了长江览胜。待到天将破晓，船启碇时，老师又早已置身在驾驶房中看江景了。老师要我们早起，因为船行速，好风光一瞬即逝；教导我们要勤学苦练，师造化，要明白物情、物理、物态，才能达到妙境，写出胸中丘壑，为山川万物传神。6月14日，船到重庆。在重庆住在陕西街二哥家，雯波师母与名珮先乘飞机回成都。三日后，嘉德和我随老师，由老师的族兄陪同乘汽车去成都。6月17日到达成都，住昭觉寺西塔院。刚安顿好，老师即嘱管事的同学给我和嘉德每人一份研钵、颜色、笔砚、纸张，要我们开始研色勾稿。记得老师常把未完成的作品，一幅幅挂在男同学和裱画师傅寝室的墙上，他休息时到那里去细看，有时取下来，回到画室去补笔再画。这时候，我们可以趁机将画稿勾下来，要是等老师全部画完，便会被人拿走或者送去装裱了。有时，老师散步到我们画室，看我们写画、勾稿，见我不得法和信笔勾线，便坐下来写给我看，边教边讲："勾稿必须如画，白描，笔笔严谨，不能草率。"又说，"学画第一重要的是勾稿练线条。"老师还取出珍藏的赵子昂人马册页让我临摹，说："作画唯一重要的是笔底洁净。"老师拿起我的画笔说："你们小姐家还这样不爱干净啊！"我听了很惭愧。

有一次，老师和客人谈颜色，并出示他用的沙青。老师说：此物唐代名琉璃，名贵非常，来自新疆，原出阿富汗北部，公元1500年前由印支入藏，此物起过沟通欧亚文化的作用。客人说：能睹此物，眼福不浅。老师又说：朱砂以箭头砂最好，镜面砂次之，豆砂再次，又一种灰色的为火山的岩石磨成，不足取。这些矿物颜色经久不变。一天，看老师画大幅荷花，老师说：荷梗挺拔，一笔下去墨色往往起笔与收笔不同，可分两笔，一笔自上而下，一笔由下而上，接笔处墨色恰好，如无缝天衣。8月，老师为好友李秋君祝寿，命同学各画一张册页凑合18页。李秋君生肖猪，命我画猪。因得睹敦煌莫高窟北魏人画猪，线条飞舞，形象简单如漫画。老师说：看敦煌画有它的时代性：六朝时，世事纷扰，人心不宁，所表现的人物形象倥偬，飞仙之衣带飞动，如闻其声。及隋，则渐安详，人物雍容。老师又取他在敦煌所作寄琳琳的手卷，仿六朝时供养人像：第一人为雅各（老师长子，已殁），次为老师自画像，再次为雅弗（老师次子），后面是罗罗、蘧蘧、琳琳、澄澄（均系老师之子），作红孩儿状，后系一鹿，最后为一狗。得睹此卷，眼福不浅，不知琳琳尚保存此卷否。老师曾让我收藏文无量寿经。老师还将收藏的赵子昂人物画册页真迹让我临摹，并为我改正补笔。

在成都时，老师原计划带我们去敦煌，后因种种原因不果。老师对我们说：敦煌去不成了，请你们到峨眉山去也不枉此行。这年8月20日，随范锦文四姐夫一家四口，由同学肖建初领队乘木船两艘，向乐山驶去。同行的有曾师母、凝素师母、宛君师母及嘉德、拾得姐妹两人，同学有肖建初、俞致贞、王慧兰、王智圆和我，还有女佣林嫂。临行前老师为我们安排好上山路线，并让我们先行，他从陆路来。后因洪水冲毁公路桥，老师此行未果，改往青城山小住，之后于9月22日乘飞机去上海。这四个月蜀中之行，使我得以在老师身旁受到许多教益，对我以后的工作和生活帮助极大。

追忆老师二三事

因祸得福

老师画峨眉山构图不一般。听老师说：有一次乘飞机返重庆，适遇空袭，不能飞近重庆，即飞往峨眉上空。飞了一圈，警报还未解除，再一圈，仍如是，第三圈后才飞往重庆。谁料反而因祸得福。三次飞绕峨眉上空，得从各方面看到峨眉山，故老师画峨眉，能从各个不同的角度取景，别具风格。

饱我馋嘴

1948年随师入蜀，老师得知我爱吃四川珍品伞把菌，便要管理伙食的王永年同学去购买，饱我馋嘴。有一天，王师兄自青龙场购得鲜美的伞把菌，时我等正侍老师作画，老师当即取出数朵，吮毫写生数幅，赐给在场的心仁四姐、嘉德八妹、郎静山夫人（雷佩芝）、王智圆和我。给我的一幅题词为："贞则入蜀，嗜伞把菌，谓酷似粤中之鲜草菰……"老师对弟子情同骨肉，令人难忘。

度量非凡

老师对人一贯宽宏大量，有时明知受骗也不生气。如1951年老师从印度大吉岭到香港，我到老师寄住的高家去拜望。老师对我说，他被人骗去了一张宋画（这张画老师视为至宝，随身携带）。原来前几天，有位朋友将这张画借去，昨天却来信说他已将此画留下作为还他的两万元借款。实际上，这张画价值连城，何止两万元港币，这位朋友低价买了一张名画。老师徒唤奈何，但却一点没有介意。

夙愿未偿

1951年，老师从印度大吉岭到香港，寄寓九龙尖沙咀高岭梅家，不久迁往九龙塘亚佳老街。我经常到新居听老师教诲。老师常为我讲述印度风光，并将印度壁画和石刻与我们敦煌壁画作比较。同年5月，我和嘉德要拜别老师回上海，不知为何，老师竟为我们设席饯行。席间谈到大陆情况，我乘机请老师回大陆观光，老师坚决地说："我是要回去的，等我把这两年借下的债务还清，才能成行。"孰料人事沧桑，30年做客海外，思归夙愿，终未得偿。

遗恨终生

1952年年底，我又去港探亲，得见老师一面，但老师旋即赴欧美。老师于旅途中寄我一信，嘱我候他老人家回港一晤。信中写道："寄贞则贤侄：

倘归能诵与智圆、述亭、郁氏诸女弟，冀知吾志，盼甚甚。

近闻行且去，谓我意如何。即归相识少，不死别离多。

未来真可卜，已往定非讹。湛湛长江水，愁看血作波。

四月二十八日爰

令尊、堂及令妹同此叩候"

我当时因为通行证期限将到，又不能延期，故无法遵命。孰料错过机缘，终成永别，遗恨终生。

1986年于上海

声画昭精　墨采腾飞

——缅怀先师张大千先生

糜耕云[*]

最难忘：三宵共榻养云轩，万寿后山赏月，谐趣长廊授课；

何幸得：卅载立雪大风堂，巴西八德补松，环筚摩耶赠荷。

这副挽联是先师张大千先生于1983年4月2日病逝台北时，我在万分悲痛的心情下书写的，芜词无当，而思慕之情深矣！回忆1948年秋，我与吾师同游北平后回到上海，随即送老师上飞机回成都，不料这次一别，竟成永诀。画坛巨星陨落，但其艺术光芒却永照人间。我曾以《文心雕龙》内两句话："声画昭精，墨采腾飞"概括和评价吾师卓越的艺术一生，想不以为溢誉吧！

我是抗战胜利后在上海拜张大千为师的。我受老师的教海，虽只短暂的三年，却承老师厚待，亲授大风堂绘画的独特风格，先后临摹了老师所临

*　大千先生20世纪40年代门生，现为上海文史馆馆员，上海美术家协会及书法协会会员。

的董源《江堤晚景图》和《潇湘图》等名画六七幅。我临了再临，下决心要学习老师临摹古画可以乱真的毅力和精神。我拜师之前只画山水，不画人物花鸟，看到老师工笔重彩的或者白描的人物仕女以及飞禽走兽之类，线条挺秀，敷色华丽而不俗，我被迷住了，就刻意临摹，深得老师赞许。1948年，我与老师同住北京颐和园里的养云轩，时值旧历九月十五，昆明湖上残荷犹存，老师即景教导说："中国画重在笔墨，而画荷是用笔用墨的基本功。"当时老师带我在谐趣园和长廊沿湖的荷花丛中，拿出速写本勾写荷花各种姿态，并说："画荷主要在于画荷叶及荷梗。"同时教我如何用笔用墨，从此我又开始画荷了。吾师的画荷是从八大、石涛入手的，后来画荷也用泼墨泼彩，又喜画朱荷，用赤金勾线条，色彩鲜明。

抗日战争胜利后，老师在上海举办过三次画展。第一次是1946年在大新公司七楼，展品主要是临摹的敦煌壁画。第二次是1947年5月，在成都路中国画苑，展品目录是82件，另附临摹敦煌壁画6件。第三次是1948年5月，地点也是中国画苑。展出作品99件，大部分是工笔重彩，都是在四川画好、裱好，仅未装轴，用飞机空运到沪。老师将提单交我，由我亲自去机场取回。这次画展展品精彩夺目，鉴赏家和同行们无不叹为观止。订购的红纸条贴得满堂红，我也订购了7件精品；还有预约复画的。其中有9件是非卖品，尤为精湛，堪称杰作，皆被当时的富豪重金购去。这次画展的目录和我购画的发票至今还保存着，留作纪念。

吾师生前在上海最早的契友是谢玉岑先生和他的胞弟谢稚柳师叔。玉岑先生与吾师同年，擅长书法、绘画，尤以诗、文、词为当代文豪所倾倒，吾师题画之作亦常就教于玉岑先生，而玉岑先生对吾师之画则爱若珍宝，藏有吾师画百幅之多，并有不少合作画。不幸玉岑先生早作古人，存年仅37岁。听吾师讲，玉岑先生去世那年他曾数次梦中相见，一次梦中二人还曾共吟黄水仙花诗。翌年吾师即画一幅黄水仙花赠予稚柳叔，诗云："黄水仙花最有情，宾筵谈笑记犹真。剧怜月暗风凄候，**赏花犹有素心人**。"后缀以长跋记梦中凄凉之境。稚叔与吾师之交迟于玉岑三四年。时吾师任中央大学艺术系**教授，稚叔亦供职南京**，得以常相见。吾师第一次上黄山，稚叔与共，并同去敦煌研究临摹壁画。稚叔善于书、诗、画，尤精鉴赏理论，常与吾师在一起论诗评画。

1950年，吾师去印度举办画展，并研究印度壁画。回香港后曾寄给我一张照片，怀中抱着两只印度小猿。1956年他定居巴西，思念祖国和家乡，来信嘱选购梅兰芳、余叔岩的唱片和川剧唱片。老师在国外，身穿中国长袍，头戴东坡帽，吃四川家乡菜，讲四川话，听中国歌曲，教育儿孙一定要学习祖国文化，不要忘了祖国。在巴西拓地建园，取名"八德园"，苦心经营，居此作画近20年。我曾寄去习作，蒙吾师补景或加以修改。叶浅予先生曾说过：张大千教学生作画，最好的方法是替学生改画，寥寥几笔，化平庸为精彩，使学生茅塞顿开。1972年吾师去美国，在洛杉矶郊区购地筑"环筚庵"以居。1978年迁入台北市外双溪"摩耶精舍"新居。这期间，吾师有作品及照片寄赠给我。1980年，老师于摩耶精舍画一幅82岁自画像寄我，我敬挂在画室中，朝夕相对，不胜依依。

1983年春节，王个簃老前辈赠我一本《王个簃随想录》，书中有一帧20年代的名贵照片，其中有曾农髯太老师、王老和大千师。我请王老再赠一本给吾师，王老很高兴地在扉页上题了款，并赋七绝一首："曾老门前第一人，腾蛟起凤见精神。老当益壮多怀想，痛饮千杯万象新。"我随即寄交港友，请放大转呈吾师。吾师看后非常高兴，就检出最新出版的《张大千书画集第四集》，也在扉页上题了款，还写了一段王老早年搬扶梯在西成里故居墙上舔唐六如画的趣事。那次也同时题赠我一本，上写"耕云仁弟试阅兄近照，知目翳手战，长病可叹。八十五叟爰"20余字。当时他一口气题了十多本，家属和护士一再劝阻，吾师则说："现在不写，以后就没有机会写

285

了。"想不到竟一语成谶，这些画册的题字竟成绝笔！这以后不几天，吾师就因心肌衰竭住进医院。入院时还随身带去20本，准备继续写给祖国的老友和学生，结果因病情恶化，未能如愿，抱憾与世长辞。嗟乎！吾师怀国念旧何其深耶！

综观吾师绘事艺术，在30年代即享盛名，而吾师虚怀若谷，从不骄矜，经常以他人之长，比己之不足，故而勤奋不懈，精益求精。谦谦美德，贯于终生。吾师画人物仕女，初以柔美胜，抗战时期入敦煌莫高窟临摹壁画后，乃变柔美为健美。无论人物或佛像，线条敷色均显见特异，是一次大飞跃，艺术乃进入中年辉煌鼎盛时期。60岁以后，因积年糖尿病引发青光眼，不能复作工笔人物。而吾师以惊人的才智和毅力，不用细笔，仍能绘出雍容华贵、瑰丽多姿之人物。吾师的山水画，早年雄奇俊逸，后又从王洽的泼墨发展到泼彩，不断创新变化，"直造古人未到处"，令人有诡异谲诡、灿烂炳焕的感觉，是为其登峰造极的晚期作风。吾师40年回顾展画册中有一幅泼墨泼彩山水画，是1963年画的，比《长江万里图》卷早5年，可以看出吾师那时对泼墨泼彩已臻成熟。1972年，在洛杉矶的恩克伦画廊所举办的一次小型画展中，内有一幅青山积雪图，吾师又别开生面以泼粉来充分表现出青山积雪溶解后奔流于群峰环抱中的景象。可惜这一独创新意的作品，我仅能从复制品中看到。吾师于1976年的一张泼墨泼彩山水上题云："自王洽创为泼墨，米老承之，以为云山，后有作者墨守成规，不离矩步，不知风气既移，不容不变，似者不是，不似者乃是耳。"又于1979年一幅山水画上题云："以泼墨飞白合写之于老米落茄法又别具一副手眼。"这些都说明吾师在80岁高龄时仍在不断探索中国画如何发展，如何变革，以适应时代的要求。有人说吾师晚期作品近于西方抽象派，实则吾师早就说过："中国画三千年前就是抽象的，不过我们通常是精神上的抽象，而非形态上的抽象。近代西洋名画家所倡导的抽象派，其实就是受中国画的影响。"吾师画艺，到晚年已入神奇之境，享誉中外，而吾师并不满足，总以杜句"语不惊人死不休"自勉。吾师最后遗作巨幅《庐山图》之完成，洵称惊人之笔，而吾师亦可以长眠永"休"矣！

1985年于上海

永沐恩庥

——怀大千师

慕凌飞[*]

　　我的老师、国画大师张大千先生遽尔仙去，瞬忽已有三年，每当忆及，辄然伤悲。回想起和老师在一起的日子，其情其景，犹历历如昨，老师的音容笑貌，也经常浮现于眼前。

拜师经过

　　我的家乡是山东黄县一个山清水秀的小山村。故乡美丽的山水，使我从小就爱上了绘画，但苦于没有老师指点，自己只是摸索着乱画一气。

　　10岁时，我随父亲离开了家乡，到处辗转奔波。17岁那年（1929年），

---

　　* 作者于20世纪20年代从师张善孖、张大千学画，以画虎著名，现为天津茂林书法学院教授，天津文史馆馆员，天津美术家协会及书法协会会员。

288

我跟父亲到了上海，听说擅长画虎的张善孖和擅长画山水、人物的张大千昆仲正住在上海，我很高兴，因我看过他们的画，很喜欢。正巧，我父亲有朋友和张氏兄弟熟识，于是我就缠着父亲，要求他请朋友帮忙，介绍我拜张氏两位先生为师，学习绘画。父亲见我决心已定，于是就通过朋友引荐，替我递了门生帖子，并请了拜师酒，我行了大礼，正式拜张善孖、张大千两位先生为老师。

当时，善孖老师和大千老师都住在上海西门路西成里169号。这是一幢两层小楼房，面积不算很大。两位老师和师母、学生住在楼下，楼上住的是老画家黄宾虹，隔壁住的是名诗人谢玉岑。他们和两位老师的交情都很好，谈画论诗，经常往来。我自从拜师以后，也和其他师兄弟一样，按照两位老师的排行，称善孖老师为"二老师"，称大千老师为"八老师"。我很幸运，别人拜师只有一位，而我一下就有了两位名师指点。后来才知道大风堂的规矩，只要拜了张氏兄弟中的任何一位为师，也就成了张氏兄弟的共同学生。大千老师说过："我们兄弟的门生，都是大风堂的门人，非仅我一人的学生。"

我拜师后，就搬到了老师家居住，一住就是三年多，日日随侍老师，聆听教诲，学习绘事。两位老师毫无保留地把他们的绘画技艺传授给我。善孖老师重点教我画虎、马、牛、走兽等。大千老师则着重教我画山水、人物、释道、花鸟、虫鱼等。两位老师还常把大风堂所藏的古代名迹拿出来让我们临摹、鉴赏。两师收藏的历代名迹很多，又慷慨大度，使我们学生大饱眼福，广开眼界，并从临摹中能够仔细揣摩和学习前人的高超技法，这可说是大风堂门人具有的一个得天独厚的学习好条件。

跟随老师上黄山

1931年秋，两位老师要去黄山，这是他们二上黄山了。我和师兄张旭明、吴子京随同前往。

我们从上海坐火车到了杭州，待了几天，看了看西湖景色，然后坐船溯钱塘江而上，过富阳进入富春江。这次出游，老师的兴致很高，沿途不断写生，也作了很多诗。船到桐庐，正是晚上，城内灯火闪烁，映照江面。大千师吟诗一首："桅樯高挂月如梳，红紫遥分落照余；灯火千家鸦万点，乱山明灭过桐庐。"他对我们说，一个好的画家，不光要画画得好，还要字写得好，诗做得好，这样诗书画互配，更加相得益彰，加强作品的艺术效果。大千师每作一首诗，总是微笑着把诗稿交给我们，要我们提意见。我们提得出什么意见呀！赶紧掏出小本子，把老师的诗抄录下来，反复吟咏玩味，所以当年老师的许多诗作，我至今还能记得。

当晚，我们住在桐庐县一个叫鹭鸶门的小港。第二天船行不远，到了东汉隐士严子陵的钓台，临江有严先生祠堂。我们上岸观看，内有历代碑刻题记。船再往前，就是严陵八景之一的七里泷。这里山势陡峭，云雾密布，水流湍急，有"有风七里，无风七十里"之说，舟人每在此祭风，以便船行迅速。在这里，大千师又作了两首诗："江静潮平岂偶然，一山才过一山连；钓台近处行当缓，何用风牵上濑船。""晓日曈曈雾尽开，轻舟初入峡中来；渔娘打桨呼鲈美，知道前山近钓台。"七里泷还出产一种鳊鱼，个大肉嫩，味道极佳，长于烹调的大千师，亲自动手做鱼，我们大饱了口福。

船行到新安江后，四周青山环绕，风景幽丽，但由于水浅，船底几乎贴着河滩走，速度极慢。我们三个学生下船去拉纤。大千师见我们拉纤不得法，个个弯腰弓背，费力不小，船还是行走不快，又写诗一首："十里危滩五里湾，撩人四面列烟鬟。引舟莫怪长年懒，却得推篷看好山。"在诗里故意把我们比成磨洋工的懒虫，逗得大家哈哈大笑。

我们在街口下船登岸，经歙县、丰溪、谭渡、方邨等地，从汤口进入黄山。我们在慈光阁住了几日，后来又住在文殊院，看见周围变幻莫测的云雾，大家都不禁有飘然欲仙之感。翌日清晨，两位老师在文殊台旁一块崖石上刻下了"云海奇观"四字，系由大千老师书写，并落款："辛未九秋，蜀人张善孖与弟大千。"

在黄山期间，二老师与八老师整日忙个不停。他们忙着爬山观景、写生、照相，还常常给我们几个学生讲黄山古迹的掌故，评壁上前人题书的优劣，还谈到哪些景色可以入画，告诉我们如何观察，如何选景、写景，用什么手法表现较佳等，走到哪里就讲到哪里，使我茅塞顿开，学到了许多书本上学不到的东西。我们游至始信峰后海，此处风景极佳，悬崖上还有前人镌刻的"观止"二字。大千师举起照相机，欲把崖上的字拍下来，但因被崖边伸出的松树枝挡住，不好拍照，我跳起来抓住树枝，想把它拉开，不料树枝弹起来把我悬空吊起，只要一松手，掉下去就是万丈深渊！这可把两位老师吓坏了。大千师赶紧放下相机，一面大声叫我千万不能松手，一面急忙用一根行路用的竹竿小心翼翼地把我拉了回来，等我安全着地后，大千师对我好一顿埋怨！他说，一张照片照好照坏没什么要紧，要是万一你出了事，回去后如何向你父母交代。要我以后不论做什么都要仔细小心，注意后果。老师在黄山拍了许多照片。记得大千师在黄山迎客松附近蓬莱三岛处拍摄的一张黑白照片，30年代初在比利时举行的万国博览会上获得了金质奖。

从黄山返沪途中，我们在歙县住了几天。这里出的墨全国有名，两位老师在著名的胡开文笔墨店订制了一批徽墨，并在上面题字。制成后赠给众亲友及子侄门人，作为旅游黄山的纪念。大千师在墨的正面题了"云海归来"四字，墨的背面是善孖老师所题："蜀人张善孖与弟大千、侄旭明、吴生子京、慕生泉淙（我当时的名字）同游黄山，时辛未秋九月也。"老师当年将此墨送我十锭，我至今还珍藏着一锭。令人伤感的是，墨上记有五人，但其中四人均已先后作古，现只剩我一人了。

大千师勉我继承虎公遗志

　　1932年，两位老师携家迁居苏州网师园，我亦依依不舍地离开了老师。虽然离开了老师，但两位老师的教诲仍时时记在心中，促使我在艺术道路上奋进，不敢稍懈。

　　抗日战争爆发后，善孖老师不惜奔波万里，远赴欧美举办画展，筹款支援抗日。我和两位老师天各一方，不得相见。善孖老师于1940年在重庆病逝，我闻之大悲。一代虎公，竟过早地离开了我们。1947年，大千师重来上海，我速去拜见，师生久别重逢，欣喜之情，难以言表。交谈间，大千师告诉我，善孖老师生前有一愿望，就是绘一张百虎图，以增辉艺苑。因以前画坛上虽有百卉图、百鸟图之类，但尚无百虎图。大千师对我说："我知道你喜欢画虎，也曾得善孖老师的尽心传授，希望你能继承他的遗志，去完成这张百虎图，以慰老师。"我义不容辞地答应了。大千师还鼓励我说："绘制这张百虎图，一定会有很多困难的，但什么事只要决心去做，就总会有办法的，我相信你一定能够完成它。"我很感激老师对我的信任，把这么重的任务交给我。从此，我就积极筹备，搜集资料，为完成该图做准备工作。

　　1950年，大千师赴印度举办画展，后来又侨居海外。我不久移家天津，互相间音讯不通，但我仍记着老师的嘱托，设法搜集画稿，查阅资料，构思布局，四处写生，为尽早完成百虎图而努力。然而不幸的是，十年动乱中，我和许多人一样横遭迫害，并被遣送回山东老家。许多资料、画稿丢失，百虎图的绘制也就被迫停顿了。

"文革"后，我于1979年春重返天津。此时老师也从美国迁居台湾台北市，并通过友人和我取得了联系。我得知老师健在，非常高兴。于是我抓紧时间，拼命努力，终于在1982年完成了《百虎图》的创作。该图长24尺，高1.5尺，图中老虎品种不一，神态各异。虽然我对此图还不甚满意，但总算没有辜负大千师的嘱托。

《百虎图》完成之后，有幸受到了美术界的赞誉，百岁老人孙墨佛、著名书画家李苦禅、刘海粟、溥杰、谢稚柳、朱屺瞻、启功、董寿平、冯星伯等诸先生，也先后为该图题字，给予奖掖和鼓励。饮水思源，恩在老师。我在《百虎图》的卷首，专门留了一块地方，以待大千老师归来时在上面题字。谁知就在《百虎图》完成后的第二年，1983年4月2日，大千老师竟然与我们永别了！噩耗传来，肝肠寸断，悲痛欲绝。

现在，大千师逝世已经三年多了。古人云：滴水之恩，必当涌泉相报。老师给予我的是太多太多了。1986年5月，在成都举办的《张大千师生书画展》上，我书写了一副楹联，现抄录如下，以表达我对先师的衷心爱戴和永久怀念：

春雨润门墙，长铭铎训；
大风吹绛帐，永沐恩麻！

先师千古！画业常青！

1986年于天津

缅怀大千先师

丁翰源[*]

早在30年代，张大千先生的绘画艺术已闻名中外。我在四川美专肄业时，常爱从当时出版的《美术生活》画报上临摹大千先生的山水人物画和善孖先生画的虎。到抗日战争初期，大千先生回四川后，我与家兄瑞祺随从他住青城山上清宫学画。

先师的山水、人物、花鸟画，工笔与大写，或兼工带写，无不精益求精。继承传统，追溯源流，务求学得深透。他善于仿效古代若干名家的书法和画法，以至乱真。为练功底，教我们临摹古代名画要忠于原作，尽量达到作者造型传神的境地，领会师古人之心，不能随意改变原作，要改，可在自己的作品里，取人之长来改进。因此，他教导我们要善于学古人师造化之功，严谨而熟练地掌握传统技法，从大自然和社会生活中选取题材，开拓意境，才能成为自己的创作。他常说："继承传统不能亦步亦趋，只限于模拟为足，则无画矣。"

先师常仿新罗、陈老莲及宋人工笔花鸟画法，写实景。大写花鸟多师八

---

* 大千先生20世纪30年代门生，长期从事教育工作，并致力于诗书画创作。

大、白阳。荷花、鱼、鸟，深得八大笔墨之神韵。他常赞赏八大画的荷花，有大荷塘景象，不是摘几枝花叶的拼凑。画荷叶泼墨与渴笔兼用，卷舒自若，层次深厚；荷干亭亭净植，气势挺拔；荷花取法自然，清丽多姿；更创兼工带写，淡彩和金勾珠色荷花，青绿重彩、泼彩等画法，独具风格。先师曾赐我两支他画荷花的笔及人物描笔，我一直保存着。

他住青城山期间，畅游嘉陵江及峨眉山、康定，写蜀中山水《西游纪行》；写峨眉神秀、青城十景及山花、红叶、彩蝶、幽禽，画了千幅以上构图新颖、气韵生动的佳作。

先师住青城时，我们从师朝夕相处，常侍画案。他在作画时，一边挥洒运笔，一边给我们讲解画法，阐述画理，示范教导，使我们深受教益。我深感要继承和发扬先师的绘画艺术，需要善于正确认识他的作品。石涛的画常题为仿效古代某名家，其实石涛仿效的，有石涛的风格；先师也常题仿效某古人，则又有他自己独特的风格，正如人们所说的"大风堂"画风。

他创作的取材，凡万里河山巨作，花鸟、虫、鱼小品，以及人物、动物，虽有古典形式，却含有深厚的现实意义。如先师所作《文会图》，取材于古代以文会友。古代文人共同切磋，创造了祖国丰富的文学遗产，这启示我们须善于去继承，并不断发扬、振兴祖国民族文化。

我曾多次观赏先师收藏朱耷画的水墨写意荷花。先师画荷深得其用笔及章法气势，并常喜亲临荷塘观察、写生，故他画的各式花型，取法自然，就不同于朱耷了。朱耷画荷多用湿笔，先师兼用渴笔。湿笔墨活、浓郁、深厚，凝敛而不滞；渴笔飞白、苍劲、流畅，华滋而不枯。刻画自然，气韵天成。他并创多种兼工带写，淡彩与重彩画法，可谓别开生面，大胆创造。

每当他在写实中，处理题材内容感到传统画法不够用时，就力求突破、更新。山水画他推崇石涛，说石涛"在善于继承传统的基础上，又敢于大胆突破，故有其成就"。先师把他所创画荷的泼墨、泼彩法，更用于山水画，并在技法和审美观念上都有开拓创新，使他的山水画从渐变到晚年的飞跃变革。如《长江万里图》体现了他外师造化，中得心源，具有气壮山河的雄伟魄力，同时在骨法用笔、用墨、用色上都可见他入于法而不为法所囿。画面上，千山万水，气象万千，令人有故国神游，大江东去，水远天长，造化钟神秀，山河极壮观之感。有似杜甫《望岳》所刻画的壮阔景象和心潮逐浪高的激情。先师晚年山水画的飞跃变革，展现出中国山水画划时代的特色。有人说是"吸取了西方绘画艺术的营养"。但是，他的画，正如他平素所说所作的那样，"保持着中国画的民族精神和艺术特征"。先师也曾这样谈过："绘画是人类文化的体现，中西画应无鸿沟之分。只因各有民族地区、风俗习惯和画具的不同，各具特色。在不失自己本色的基础上，互相交流，共求进步，世界才永远有丰富多彩的绘画。"我们深感先师在国画艺术上的继承传统、突破和创新，开拓了中国画富有生机的发展途径。在师承问题上，则不能以他的作品作为完善了的固定模式去重复，要追踪他的创作道路，发扬他的开拓精神，继续去探索，不断前进。

先师对门人的教导，最着重人品道德和知识方面的培养。他说，作为一个绘画专业者，要忠实于艺术，不能妄图名利；不应只学"文人画"的墨戏，要学"画家之画"，打下各方面的扎实功底。首先须具有书法功力，才善于掌握骨法用笔，这是中国画特有的基础。还有关于中国画的题跋艺术，诗与画的关系，篆刻及使用印章的艺术，他都精心教诲，关怀备至，使我们至今铭记在心。

先师侨居海外30多年，旅游欧美许多国家，举办画展50余次，作品遍寰中，为举世所景仰，尊称他为"中国文化使者"。1956年他于巴黎与毕加索会晤，共同谈论了艺术上的重大问题，并互赠作品。西方报纸誉为"历史性的会见"。1958年，纽约国际艺术学会公选大千师为"当代世界第一大画家"，赠予金质奖章。先师于1983年4月2日，84岁寿终于台北摩耶精舍寓所。四川成都著名画家张采芹书挽联上下首句云"是画苑大宗师","为中华文明使",是对他最确切的论定。先师于绘画艺术上的卓越贡献,永垂千古。为表敬仰和怀念之情,近作先师画像一帧,题七绝:"一世丹青万世师,长江万里寄深思。笔参造化钟灵秀,气壮山河画即诗。"

回忆早岁从大千师住青城山中,往事陈迹,兴感书怀,赋词调寄《浪淘沙慢》如下:

依稀梦,青城胜景,古观常客。十景千师墨画,梅花亦是手植。为负笈从师承教益,感关注,法教深析。从杖履登临览云海,银涛望无极。任漂泊,人间俯仰陈迹,叹岁月蹉跎吞声老,独自深惋惜。常梦到尊前,须发皆白。神游故国,挥写长江万里情怀激。沧海长天遥相隔,相思意,含情脉脉;相思句,连篇歌当泣!感伤鹤驾去人间,赋招魄,春风化雨思恩泽。

1985年于四川遂宁

大师携我入画门

王永年[*]

先师张大千一生的信条是"三分天才，七分用功"。他认为，任何天才，如果不痛下苦功，在事业上是不可能成功的。先师毕生的艺术实践是这样，他教导学生学艺也是这样。他常说：要成为一个真正的画家，不仅需要在绘画上勤学苦练，在书法、文学、理论、生活等多方面都必须下功夫，而且必须终生学而不厌，老而不辍。按照先师的经验和主张，学画应是一临抚，二写生，三创作。我正是沿着这条道路，在老师的精心教导下，逐步成长起来的。

1945年春节前夕，当时大千老师寓居成都外东沙河堡五福村蓝尧衢先生的牡丹园里。我蒙聂生朋先生介绍向老师拜了门。老师见我虽喜欢画画，但却远未入门，于是首先给了我一块画板和柳炭、纸张，叫我到牡丹园里写生。作为初学画的我，面对一片盛开的牡丹真是无从下手，老师便教我如何选取花枝，如何分析花头和枝叶。这样我慢慢学会了自己选取，先由牡丹而芍药，进而描绘其他花卉、树木、虫鸟。后来老师移居成都昭觉寺，寺院林

---

[*] 大千先生20世纪40年代弟子，现为四川省美术家协会会员。

园植竹多种，尤以荆竹最美，于是我的写生便转为画竹。夜以继日，勤学苦练，如是者数月。先师的老家四川内江有荷花珍品重台莲，又名佛座莲。在花开季节，老师命我专程前往画了半个多月，得了不少画稿。平时除花鸟之外，还对山水、人物进行写生。老师游西康，要我随从对沿途风景名胜和藏族僧侣进行写生。以后，老师游历名山大川时，只要可能，就带我前去，亲聆指导，进行各种各样的写生。

大千老师历来师古而不泥古，终生不断探求，不断创新，其秘诀就是重视饱游饫览，重视摹写造化。他认为要在绘画艺术上有所成就，必须透彻了解一切对象，穷究物理、物态、物情。所谓物理，就是对象的结构和生长规律。起初我写生只能画个大概，细不起来，深不进去。老师便教我过细观察各种花卉的结构，并用解剖法弄清花瓣、花心的构成，辨别各种花卉的异同；研究各种花木枝叶的生长规律、筋脉结构和外形特点；在表现上注意正反敧侧变化和前后层次关系。在去内江画重台莲时，就命我专门画了各层花瓣、花心的解剖图。在写生时，老师要求对对象要远观近玩，了然于心而后着墨。老师常讲，画树要讲四面出枝；画山要弄清来龙去脉、阴阳向背；画人要懂得解剖、比例和相法，衣服要穿得上脱得下。这样，使我学会研究和了解对象，从而使写生稿也逐步趋于深细和精确。所谓物情，是指摹写对象除由人所赋予的感情之外，其本身所具有的天然生趣和气势神韵。我原来不善于表现那些下垂的枝叶，每每画得像被开水淋过或者被烈日晒蔫了一样，缺乏生气。老师教导说："一切生物都是向上向阳的，即使下垂的枝叶，其末梢也必有一股向上之力。那崖壁上的树木之所以向一旁猛烈伸张，乃是争取生存的天地。"老师要我体会万物的生意，无论花鸟、人物都必须求其生动，不能画成死的标本。我画的《青城山》图，到处都清清楚楚，入微刻画，结果就因为缺乏生气而用处不大。老师教导说，应当观察山水在晴雨朝暮和烟云变幻中的种种奇妙变化，且要眼观心记，心领神会，方能得其灵秀之气。本着老师的教导，细心观察体会，使我的写生稿逐渐有了情趣而生动起来。所谓物态，就是从物的本身特点出发所构成的符合人们审美情趣的各种姿态。老师教我画花要当作舞蹈中的美女，务求其婀娜有致。而且一个物体，并非任何一个方向都可以入画，必须选择其可以入画的角度。老师为我选择写生对象时，总是要四面观察比较，然后确定一个最佳角度。从此我慢慢懂得中国画独特的审美特征，学会选择美的角度和姿态，使写生稿的可用率渐渐上升。总之，通过写生了解物理，观察物态，体会物情，方能熟悉对象，使外界之物化为胸中之意象，再由胸中之意象变为画中之境。这样，才能在临笔时做到胸有成竹，物我两忘，得心应手，情景交融。

学画之初，我只会照样勾描，根本不懂得要在线描上下功夫。因为，要充分表现对象，必须掌握各种线条的勾勒。于是老师教我学习临抚。除选取古人众多精品深入研究，反复临抚之外，还大量勾抚老师的稿本和别人的善本。我起先多学习比较严谨的工笔双勾技巧，后来也学些写意技巧。在照本临抚的同时，更细心观察琢磨老师作画，从而使自己的写生和绘画本领日渐提高。

大千老师之所以能够不断创新，不画重稿，就是因为他能够在游览和写生中不断获得新的意境和新的构图。我每日写生所得，他都要过细审阅，看到好的稿子，哪怕是一部分，都要加以肯定和鼓励，尽量加以运用，并指导我组稿构图。一张杂乱的写生稿，经老师删改裁剪，立即成为一幅构思独特、意境深远的艺术品；几个局部稿子，经他统一摆布构思，立即成为一幅完美的画图。在老师边构图边讲解中，使我学到了许多构图美学知识，理解了诸如疏密、虚实、高低、起伏、穿插、对应、主次、变化等对立统一的美学关系。

当时，在学习绘画之余，也兼学一些书法、文学，但毕竟时间短促，所得无多。五年的学习，各方面都仅仅算是入了一个门。虽有大师引路，怎奈我生性驽钝，有负老师心血，在艺术上至今成就无多，愧疚万分。今后只有充分利用余年，学习老师的治学精神，争取在艺术上有所进步，有所贡献，也是对呕心沥血携我进入绘画之门的大千先师在天之灵的一点慰藉吧！

1986年4月于成都

追忆先师张大千先生

罗新之[*]

一

　　我是四川新都县人，幼年家境贫寒，小学还没有毕业，不到14岁就来到成都暑袜北街"介文社"书画店当学徒，除学石印插图外，曾自学画佛像。

　　20多岁时，去蜀华照相馆工作，帮助画画布景，兼习照相。这段时间，我特别景慕张大千先生的人物画，萌发了向他拜师学画的念头。我给正在北平的哥哥去信，希望他能帮我引荐介绍。哥哥罗祥止当时跟随齐白石老人学治印，而张大千和齐又时相往来。哥哥回信说，前不久大千先生来到北平时，他即向他提起我要拜师的事，蒙先生慨然允诺。哥哥信上还说，不久大千先生南下，叫我速去江南拜师。我看完信，心中大喜，急忙整装动身。谁知天不遂人愿，竟在重庆码头遭窃，所带的行李盘缠全被扒手摸光，拜师之行，遂成泡影。

　　"七七"事变后，1938年秋，大千先生逃脱了北平日本侵略军的虎口，

　　　　　　　　　　　　　　　　　　　　　　

　　*　大千先生20世纪30年代门生，擅长人物画。

经香港、柳州等地辗转回到重庆，于年底又到了成都，借居在桂王桥著名收藏家严谷声家。我哥闻悉大千先生平安归来，即去严宅拜访，谈起我当年投师路上被盗一事，先生为之慨然。听说我现在还想拜他作老师，遂欣然同意。不数日，我备了礼物、名帖，正式行了拜师礼，实现了我多年的心愿。

自拜师之后，我就常去老师那里，看他绘画，听他讲解，也常把自己的作业带去请他指教。大千师授业很认真，对我们习作上的一点点毛病都不放过，有了成绩也不吝夸奖，画理、画法，谈起来头头是道，而且往往当即画给你看，使人心悦诚服。大千师对人很热情、很和气，在学生面前不摆架子，我们有啥问题都可以向他提出来，遇到困难，他又总是设身处地地为你着想。

二

1941年，大千师率心智兄赴甘肃敦煌考察，并临摹壁画。第二年，张比德、肖建初、刘力上诸师兄亦应召前往相助，我其时因母有病未能前往。后于1943年春末，独自一人登途前往敦煌寻找大千师。不料方抵敦煌，即闻悉大千师一行已赴榆林窟临摹壁画。我虽因未见老师，懊悔没有早来一步，但因此行不易，我遂留在千佛洞内观摩、学习了数月。莫高窟的壁画，确实如大千师信中所言，美奂绝伦，蔚为大观。许多雕塑，惟妙惟肖，眉目传情，只待说话，诚为我国之一大艺术宝库。我看见大千师在莫高窟外所写的那么多墨痕犹新的编号，尤其通过自己在短短时间内艰苦的临摹活动，更切身感受到大千师能在这荒僻风沙之地待那么久，又临摹了那样多的壁画，确实表现了他为艺术的献身精神。这正是他在艺术道路上不断前进并取得成就的奥秘所在。

该年7月，我得知大千师已去兰州，让我前去。我即刻起程赴兰。在兰州，大千师住在七里河鲁大昌公馆。我住在一位朋友家里，白天去大千师处帮助整理敦煌临摹画稿，筹备在兰州举办画展等事宜。8月中旬，"张大千临抚敦煌壁画展览"在兰州展出时，盛况空前，报纸上刊登了不少消息和文章，盛赞他整理敦煌古迹的功绩。我们作为学生的也为此感到自豪。

兰州画展后不久，我就跟随大千师同车回到四川成都。大千师住在城北昭觉寺，整理临摹壁画画稿。我亦经常前去帮忙，并受大千师之命，和大风堂同学刘君礼一起，根据老师在敦煌考察时所写的笔记资料，辑录了一份《张大千临抚敦煌壁画展览目次》，内多考证，钩沉发微，弥补了正史之不足，是一份极为珍贵的敦煌研究学术资料。该书曾由谢无量、沈尹默、向楚诸先生相继题词，于1944年1月由西南印书局正式出版。

1943年，"张大千临抚敦煌壁画展览"先后在成都、重庆举行。为祝贺画展的成功，徐悲鸿先生曾在成都白玫瑰餐厅请老师和我们几人吃饭，席间谈笑甚欢。席后曾备有笔墨，两位大师含笑挥毫，顷刻成幅，传为佳话。

三

抗战胜利前夕，我绘了数十幅作品，准备在成都开一个画展。事前我去请教大千师，老师听了十分高兴，连忙问我，画够不够，不够的话从他那儿拿几幅去好了，并说他最近也准备开画展。我一听，便说请老师先开，老师哈哈一笑说，这你就不懂了，当然是由你先开，这样才易获得成功。然后又问我地点选好没有，筹备工作办得怎样，并告诉我一些注意事项，关切之情，使我极为感激。

不久，我的画展在成都提督街开幕了，共有40多幅画，主要是佛像、高士、观音、仕女、罗汉等释道人物。画展受到好评，40多幅作品数日内全部售完。大千师得知消息，亦为我感到高兴。我的画展结束不久，老师的画展即在成都开幕，看画展的人络绎不绝，标明已订和复订的红条子贴个满堂红！

抗战胜利后，先生离开四川，时而北上故都，时而南下京沪。1946年春，我于偶然的机会在旧市场买了一幅大千师在1926年画的李瑞清图像水印品，画的是太老师李瑞清站在盛开的梅花丛中，图上并有太老师曾农髯以及吴昌硕、孝臧等先生的题词题诗，十分精美。我买到此图不久，适大千师正在成都，我即请先生来观。大千师见后极为欣喜，忙问此图从何处得来，并说此画当时是太老师农髯命他为之，画得相当尽心，画成不久，曾在上海水印，分赠亲友，印得很好，但印数很少，连他都没得到。我见老师极其喜爱，便提出愿将此图奉送，但大千师抚髯一笑说："君子不夺人之好，我看你比我更珍爱此图，哪里能够受之。"不肯收下。于是我就说，那么请老师为此图题点字如何，大千师欣然允诺，当即在画上题字曰："先师李文洁公画像。新之仁弟供养。丙戌三月，弟子张爰谨题。"

题完此图不久，大千师知我以前学过石印，又如此喜爱这种印刷品，于是又送我一幅他绘的《香供仕女》木刻彩印，图上原有一诗："鹅黄新染戒香熏，换却霓裳旧舞裙。乞得有情天不老，不辞为雨更为云。"并跋："仿莫高窟唐人笔作香供数天女。"先生在此上加题："旧京荣宝斋木刻，题与新之贤弟。丙戌初夏，兄爰。"

这两幅图，虽然都是印刷品，但印制极为精美。特别是李瑞清图像，大千师画得酷肖，神采奕奕，已是一件十分难得的珍品了。这两幅图我一直悬挂在家中，时时观摩学习，珍藏至今。

自老师出国以后，与老师再也没有音讯往来。尽管如此，大千师的音容笑貌，仍时时忆及。原盼老师能翩然归来，白头聚首，谁知竟再也没有这一天了，痛哉！

1986年于成都

大风堂前缅爰翁

邱笑秋[*]

　　轩、堂、斋、馆乃书画家挥毫寄情之所，皆以各人之所好而定名。国画大师张大千在中国台湾、美国和巴西的画室称"摩耶精舍"、"环筚庵"和"八德园"。在大陆题画时常用"写于大风堂"或盖以"大风堂"之印。"大风堂"在何处？追根寻源乃画家之故里——内江也。其遗址在内江市半坡井附近之芭蕉井侧。此处有一簸箕形院落，坐南向北，正对象鼻嘴（今人民公园），与太白楼隔江相望。院内有一吊脚小楼，十分别致古朴，这正是当代著名画家张大千与其二哥张善孖最初操习丹青之处。1974年因市内统建住宅虽被拆除，据悉当地政府已作决定，将在离原址不远的翔龙山按原样修复。翔龙山保存有唐宋摩崖石刻，最近又发现大千诗碑，以及一些名人手迹，确实是个颇具古风的好地方。

　　所谓"大风堂"，据大千先生之四哥张文修先生云：善孖、大千崇敬汉代刘邦所作《大风歌》和明代山水画家张大风简洁、磅礴的高格，故以"大

---

　　* 大千先生20世纪60年代弟子，现为中国美术家协会及四川美术家协会会员。

风"二字命名。这正合了张氏弟兄开阔的胸襟，豪放的情操。善孖、大千的门人，都以"大风堂弟子"自称。老画家何海霞有一朱文压角大印曰"大风馀韵"；都江画院的胡梦痕称他的住处为"大风别墅"，并珍藏一册由大千长女心瑞题签的《大风堂弟子画集》。张氏弟兄收藏之古画常加盖"大风堂鉴赏"等印。

新中国成立后，文修先生一直住大风堂。在他病重时倍加怀念他的大千八弟。而大千先生也常以书画寄呈。他曾以泼墨泼彩写峨眉山水从巴西寄回，并题诗追述手足深情。他的三哥张丽诚先生满90岁之际，他又特意作《群仙祝寿图》祝贺。

大千先生思乡怀故之情日深，20世纪80年代初，其子女心智、心瑞、心庆、心玉相继赴香港和美国探亲，他常以长途电话询问大陆友好故旧近况，每次长达一两小时之久。

对于曾抚育过他的三嫂更是念念不忘。据说常常梦魂萦绕，老泪纵横。

一个美国人带去一包家乡的泥土，致使他手捧故土泣不成声。

20世纪70年代后，他开创泼墨泼彩新路，画风浑厚磅礴，富丽堂皇，艳不失雅，墨色交融，处处展示出巴山蜀水的风貌和精神。1982年，他深夜为家乡人民留下了"内江市志"和"内江县志"八字墨宝。中共内江市委原想再求大千先生为"大风堂"题匾、作画。讵料噩耗惊传，连徐悲鸿先生所盛赞之"三健"（健谈、健步、健饭）的张大千也难逃病魔之手，且葬身台岛不能返蜀。哀哉！画坛巨星陨落，我作为他的晚辈、门生和同乡，怎不悲恸！

"大风堂"即将修复。愿祖国统一大业早日实现，愿先生遗骨早返故土。爰翁，魂兮归来！

1983年于四川内江

第五辑

眷属缅怀：遗恨难填是离散

我的表哥张大千

喻钟烈[*]

一

张大千在1983年4月2日与世永别了。

张大千是四川省内江市人。内江盛产蔗糖，素有甜城之称。城临沱水，风景秀丽。明朝时出了一位宰相赵大洲；清末民初，出了一位受孙总理追赠为大将军的喻培伦（黄花岗七十二烈士之一）；再有就是我这位以画成名的表哥张大千。

张大千比我整整大了33岁。新中国成立前虽常听家人谈过他，在成都看过他的画展，可是一直没有见过他。

1956年，他匆匆过港去欧。我在报上偶然得知他住在郎静山先生开设于尖沙咀的"国际艺术人像馆"，就去探视。哪知我们见面却宛若路人，几乎相对无言。我那时年轻气盛，醉心欧美文明，对祖国文化殊少感情。面对这位一身长袍，美髯飘胸，满口乡音的表哥，直感到他是又"土"又"古"，

---

* 　大千先生表弟，黄花岗烈士喻培伦之子。

311

却又带几分令人温暖的乡情，好像自己又回到内江那个"古气盎然"的家中似的。以后在海外的十几年中，不论在联邦德国、在巴西，或在美国，每次见到他就会有同样的感受，且是一次比一次强烈。

那次见面一共不到15分钟。我们简短地谈了那个在内江已不存在的"家"，我就起身告辞了。最后他告诉我，他已在巴西定居，我说不久将去联邦德国求学。我们没有交换地址，也没有再约后会之期，就这样在黄昏中分手。记得他送我到门口，深深鞠躬告别，这种礼节我已多年不见了。

是年秋天，我去联邦德国路经巴黎，赫然在法国国家画廊看见他的画正在特别展出。进门处挂着他善画的长臂猿，真是栩栩如生。那时正值"冷战"时期，中国在"自由世界"可说毫无地位。骤然在异国看见巨幅丝裱的中国画，确是备觉亲切，何况还是自己表哥的大作。表哥独自在海外展出书画，足迹遍及欧、美、日本及东南亚各国，着实宣扬了中国文化。而他那挽袖挥毫，落笔拂须的神态，确也堪称一位表里相符的中国"文化大使"。日后与他有过较长的相处，使我一向对中国传统文化冷漠的态度也逐渐改变，对祖国重新获得了"认同"。

二

在巴黎我没有再去找他。一去联邦德国就开始了六年半工半读的苦学生活。直到1963年年底才考得学位。次年与德籍女友结婚。正巧他来联邦德国举行画展，我从当年任职巴黎联合国文教组的远亲郭有守先生处得知他的住址，就请他们一齐来参加我的婚礼。香港一别匆匆已是7年，想不到我们能在我念大学的科伦城重逢，真是难得！晚宴时女方家人都感惊奇：男方亲属竟会不远千里前来欧洲参加婚礼。

在联邦德国他仍是长袍布鞋，一派中国绅士风度，处处引人注意。记得我们为庆祝他65岁生日，曾在莱茵河游艇上举行宴会。船上游客见到这样一位中国的"美髯公"，纷纷前来请他签名留念。当时我们一群身着西服的"华人"骄傲地站在他身旁，内心却感到万分羞愧。因为我们已"西化"到连穿中国衣服的勇气都没有了，而张大千却能一身布衣走遍天下，四川方言从不离口。

以后，我曾与他在加州美丽的克密尔城并肩散步，在巴西的圣保罗城闹市中心逛街购物。他总是一手提着长衫，一手偶尔拂须，昂首漫步，真是潇洒至极。我自己在海外终日着"胡服"，说"胡语"，哪里还有他那一股"黄帝子孙"的劲儿。

联邦德国科伦城之会也只有几天的时间。要找他说话的人太多，我们仍未能作畅谈就又匆匆分别了。他经日本回巴西时，曾在横滨谐乐园小住，赶画了一幅山水寄来作为补送我的婚礼。这幅画一直挂在我的书房里，如今睹物思人，而他已永离了人世。

在科伦城分手时，他曾邀请我与内人去巴西他家度假。他说，他家在圣保罗城外，占地不小，取名"八德园"。园中有五亭湖、竹林、画楼、假山，并养有长臂猿。同时雇了三名日本园丁，专门为他照顾上百盆名贵的盆栽。他这"大观园"似的家，对我这个寄篱异国的游子来说，确有不能抗拒的诱惑。我接受了他的邀请，用了近一年的时间为去巴西而做准备。

三

1965年秋，我与内人终于踏上征途，飞越大西洋去巴西他家度假。在"八德园"住了两个星期，重享了那失去已久的"天伦之乐"。我们每日晨

313

起静听园中鸟鸣猿啼。早餐后环绕"五亭湖"散步。湖上寂无一人，宛似仙境。湖中悠游的两只天鹅还是他从瑞士买回来的。离湖边不远，在一棵枯树旁有小墓一座。碑上刻有"笔冢"二字，这是张大千埋葬他用过的废笔之处。他这般对物的情意，恐怕很难找到第二位了。

午饭后我们总是小睡一阵。下午在屋前树下面对各式优美的盆栽，听他"摆龙门阵"，天南地北，有趣极了。晚上在客厅围坐，他儿孙成群，大家东一句，西一句，讲个不停，热闹得很。

张大千离开四川已久，但他"本性不移"，仍然健谈，好客，爱吃。可惜他晚年深为糖尿病所苦，必须注意饮食，鱼肉油荤已不能多吃。为了替我们洗尘，他还是叫私厨特地做了一桌精美的酒席。又亲笔写好菜单，送去厨房，然后给我留作纪念。当晚席上赫然有"白汁鱼唇"、"红烧大乌参"这样的名菜，真使我"受宠若惊"。远在万里的海外，能在私人家里吃到如此考究精美的菜肴，恐怕很难找到第二家吧？

临别前夜，又在花园举火吃巴西烤肉，看他儿孙们在火光下唱歌、游戏，直到午夜才兴尽就寝。张大千那时已年近70岁，但总陪着我们，唯恐因他离去而使我们扫兴。就连去附近小镇上看电影，他也陪着我们去枯坐了两小时，因那部影片他早已看过了。这种陪客的精神应该列为中国的美德之一，这是在西方的长辈中很少能找到的。

"八德园"两周日夜相处，畅谈阔别，已使我们之间的关系更为亲近，它早已超越了年龄、地位、学识的差别，而有了不止于表亲的友谊。回想当年在港初次见面时，彼此相对无言，宛若路人的情景，这份友谊就显得更加可珍、可贵了。

1967年我考得博士学位后，抽空与内人去纽约拜会她战前移民去美的亲属。那时张大千正在加州克密尔城筹办画展（他极喜欢该城的树木，后来在彼处购屋，取名"可以居"）。他得知我们已在美国，就坚邀去加州与他相会。那个濒临太平洋的小城，四处皆是奇花异木，本身就是一座花园。我日间看他画画，或陪他散步，而他总是边画边讲，一面走一面谈。终日听他用乡音讲故乡人物、逸事，常不知身在太平洋彼岸，离四川内江何止万里！

有一次我突然问他："你这样道地的中国人，入了巴西籍有何感受？"

他瞪着眼大声地回答："这有什么关系，我这个人仍是中国人嘛！"

的确，他浪迹海外几十年，始终表里一致是个十足的中国人。

那次克密尔城一周的相聚想不到已是最后的一次了。临走时，他挥毫为我画了一幅墨荷。在一枝挺干的荷花旁陪衬了一大片残叶。画完后他信手在画旁写道："钟烈表弟，分袂三年，顷来访于克密尔；欢聚数日，又将去西德。别绪不任，写此黯然矣！"最后一句多少带有悲伤之意，不知他是否当时已有预感：此一别，后会无期了。

他的死讯传来，我站在客厅里，面对此画良久。他豪迈的笑声、拂须的神态、朴实的衣着，一切都似昨日情景，却已一去不复还了。

4月12日，联邦德国《南德日报》登出了他的照片，追念他为用"泼墨"结合中西艺术最成功的画家。而这位驰名中外的一代画师，在我心中将永远是一个平易近人、可爱可敬的长者。他像千百万真正的中国人那样，总是在平凡中显露出他们的崇高与杰出，所以他们是难忘的，永远存留在人们的心中的。

　　　　　　　　　　　　　　　　1983年4月14日于西柏林

难忘的友情

周企何[*]

　　我和大千先生的交往开始于1939年他从北平回四川时。当时他在成都暑袜街办个人画展，我得知后就去观看。我酷爱书画，因书画艺术与戏剧表演艺术有共同之处，有许多地方值得戏剧借鉴。对大千先生的画技，我一向是非常仰慕的，所以他办画展，我即慕名而往，观赏后很佩服。但大千先生的画价很高，最高的大致一幅售价要七八百块银元，最低的一幅，如画一棵水仙花，也要60元左右。当时我每月的薪金约45块银元，买一小幅水仙也够不上。心中羡慕，也很遗憾。后经画界的朋友介绍，我有幸才结识了大千先生。初次见面，他就画了一幅钓鱼图送我。后来我又邀请大千先生看了几次川剧。他很喜欢我的表演，也很喜欢我的性格，我俩交谈很投机。他常指点我如何欣赏绘画艺术，因此对我的表演艺术也有许多启发。就这样，慢慢地我俩的交往就密切了。当时他住在成都骆公祠街严谷声的家，我空闲时就常带点礼品去看望他，他也常常约我去。记得一次我请他到悦来茶园看我演出的《请医》。这是一出嘲讽庸医误人的笑剧。他看了很欣赏。第二天我们在

---

　　* 大千先生挚友，四川剧院院长，著名川剧表演艺术家。

严谷声先生家会面时，他就挥笔画了一幅《请医》的戏装像赠我。当时，严先生在场，许多画界的朋友也在场。画好时，大家都纷纷说相貌活像严先生。大千先生很高兴，即兴又赋诗一首："戏画周企何，人说严谷老。左手夹药箱，招牌是'壹好'（成都有药店招牌为'壹好堂'）。本欲移赠君，犹恐被君恼。企何持归去，永以为家宝。"一挥而就，风趣幽默，可见他的才华。由于经常往来，我俩的友谊更深了。后来他每次有事离开成都，如去北平、上海，以及赴敦煌莫高窟临摹壁画时，临行前都托我帮忙照看他的家庭。因此，我与他的夫人、子女都很熟悉。他从敦煌返回后，我们又一起聚会，为他接风洗尘。以后不论他住在沙河堡，还是昭觉寺、金牛坝，尽管离城很远，我都经常去拜会他，陪他进城品尝小吃、看演出。他游览青城山、峨眉山时也邀我同往。我们结识的十来年间，他赠送我的大小幅山水、花卉、扇面等不下20来件。但随着世事变迁，都散失尽了，实令人痛心！1948年他匆匆离四川后，我们也就再未晤面了。

1980年，我去香港，他从台湾托人转送我两本非常精美的画册，一本是台湾出版的画册，一本是他寄居巴西的寓所"八德园"的照片。我请人给他送去两盘川剧录音带。后来他托人带信说：他听后很感慨，牵动了他思念家乡的情丝。以后，他又托人来要去我的全家近照及我的近况介绍。两年后惊闻他不幸病逝的消息，我手抚画册，睹物思人，对他更加怀念。他一生才华横溢，对国画艺术做出了巨大贡献。与他交往，受到艺术上的熏陶，使我的表演艺术受益不少。他对哥嫂情深，如对四哥张文修、二哥张善孖及善孖的女儿很厚待。他对朋友以诚相待，乐于帮助有困难的友人，不重钱财，家中时常宾朋满座。他乡土观念强，流离外乡时，常流泪写诗怀念故土、亲人，但直到去世也未如愿相会，实令人感叹。回想我俩的交往，历历在目。这段难忘的友情，使我每次回忆都感慨不已，心情久久不能平静。

1986年于成都

万里归迟总恋乡

肖建初

　　张大千先生是我的岳父，更是我的良师。抗日战争前，我在北平时，拜在先生门下习画。1942年随先生在敦煌，1943年先生从敦煌回成都后，先后住成都金牛坝、昭觉寺。当时，我和何海霞、刘力上、俞致贞、王永年、胡梦痕等同学，食宿均在先生家。由于朝夕受教，得益匪浅。先生于1948年去香港举办画展，1950年去印度讲学。旅居海外30余年，不幸于1983年4月2日病逝于台湾台北市。

　　噩耗传来，家乡亲友，无不同声悼惜。回忆先生一生勤学苦练，数十年如一日，治学非常严谨，从不以自己有所得而满足。他常说：要多看、多画、多改。多看，是多看自然界景物，多看古今名作。多画，是多写生，多积累素材，多创作，多临摹古今名作。多改，是对自己的作品要严要求，不要一触则逝，满足于小有所得。

　　先生学习传统，不限于一家一派。钻研之深，背拟可以乱真。在生活方面，他一生中，家居城市，本人却身处山林。20世纪30年代家住北平，先生四季居颐和园。曾以颐和园前后景物为题材，画出优秀作品不下数百件。抗战期间，家住成都，先生居青城山上清宫，所写青城与都江堰景物，大小不下数千件。所画《长江万里图》，即自都江堰开始，一直到吴淞口流入东海止。画长59尺、宽1.6尺，气势磅礴。侨居海外期间，年年出游，踏遍世界名山大川，收之笔底。他常说，作画不但要有广阔深厚的生活基础，还要有广博的知识、熟练的技巧、磅礴的气概、爽朗热情的胸怀。还要善于体察物情、领会物理、熟悉物态，三者缺一不可。一幅画作成之后，如不能感染自己，又何能感染观者！先生正是在这样的艺术道路上前进的。

20世纪50年代以后，先生远游海外，作品曾在各国展出，颇受赞誉。1956年7月，他在巴黎与毕加索相晤。两位大师互赠作品，当时西方报章描述为"东西艺术界的高峰会"。1958年，纽约国际艺术学会，公选先生为"当代世界第一大画家"，赠予金牌奖。国际友人称赞说，张大千先生在绘画艺术上的成就，不仅是中国人民的光荣，也是东方人共同的光荣。

大千先生非常热爱祖国，怀念家乡，他虽远游海外，踏遍世界山山水水，但在他的笔下，仍然不离祖国河山，情深意切，流露在大量作品和书信中。1981年我们在美国同他通话时，他还问到他当年在青城山上清宫亲手种的梅花长得如何？我们说，树木已长大成材，在红叶落尽之后，绿萼盛开，艳丽芬芳。他听后很高兴，并为青城山上清宫题了字。逝世前在台北展出的一幅先生的大画《庐山图》（长36尺、高6尺），气势雄伟，浩瀚万千，磅礴之气，不减当年。先生虽然长年往返于祖国名山大川，唯独未到庐山。《庐山图》是他阅读了若干有关庐山记载的资料，参考了朋友们为他收集的图片，前后历时两年有余所绘。

先生晚年虽为眼病、糖尿病、心脏病所苦，然年复一年，对生活充满信心，对祖国充满希望。他作巨画《庐山图》，浩瀚山林，气势雄奇，说明胸中丘壑未曾失色。没想到，先生一病不起，继《长江万里图》之后的巨作《庐山图》尚未作最后润色，已永无完成之日矣！先生九泉之下，能不怅然！

先生虽侨居海外，时时不忘故土，念念不忘亲友。在寄居巴西摩诘郊区十数年间，他用多年的精力，把家居"八德园"布置成一座中国式的庭园。园中遍植中国花木，如松、竹、梅花、杜鹃、玉兰、佛手等等。身在异域，进入园内，却如同回到祖国。近年更常写诗作画，远寄家乡的老友与亲人。曾有诗句："五洲行遍犹寻胜，万里归迟总恋乡。"1981年我们去美国探望老人。归国临行前，老人作画为念。在题给我妻心瑞的一幅《白头红叶图》中写道："……心瑞爱女，汝细观之，当知父衰迈，又不得与汝辈相见，奈何奈何！"当时以为中美通航，往返甚易，不料竟成永诀。睹物思人，悲伤无补于万一！

先生一生，把整个身心都献给了绘画艺术事业。美术家协会四川省分会、四川省博物馆于先生逝世刚十日，就联合举办了"张大千画展"。在成都的文艺界知名人士和先生亲友数百人参加了开幕式，对先生的艺术成就给予了高度赞誉。先生有知，应含笑于地下矣。

1983年于重庆

缅怀八叔——张大千先生

张心奇

  我的八叔——已故国画家张大千先生，在我们家族中是一位十分令人尊敬的长者。他从小在父母的教诲及兄长、长姐的影响熏陶下，养成了崇高的思想品德。尤其在他致力于绘画艺术的研究和创作后，祖国悠久的文化历史令他感到自豪，祖国的壮丽山河使他陶醉，他对祖国的无限热爱和眷恋之情经常溢于言表。无论从他的日常生活和他的诗画中，都能体现老人家思乡爱国的深情。八叔虽旅居国外，却始终保持着民族传统的生活方式和习俗，他一直穿中国长袍、布鞋，吃家乡川味饭菜，在家中一律说四川话，要求家属子女在外面见到中国人一定要说中国话。他的居所也都以中国传统建筑为本，如他在巴西的"八德园"、美国的"环筚庵"、中国台北的"摩耶精舍"等，无不浓缩了祖国园林建筑的精华，体现了老人赤诚的爱国之心。八叔是1950年出国讲学的，数十年来，足迹遍及欧、亚、南北美洲，但最后他还是感叹地说："外国的山水，我看了不少，看来看去，还是中国的好。"八叔有很多怀念祖国家乡的诗句，如"看山还是故乡青"、"青城回梦旧林邱"、"半世江南图画里，而今能画不能归"等等。八叔在巴西旅居期间，曾创作巨幅《长江万里图》、《青城山全景》；在台居住期间，更以泼彩、泼墨和墨晕等独特的艺术手法，创作巨幅《庐山图》，以寄托他对祖国大好河山的怀念。八叔晚年，思乡之情日增，常常面对大陆亲友们的照片和从家乡带去的土产，睹物生情，潸然泪下。他不顾年高体弱，带病勤奋创作。这一时期，他在大陆的亲友和故交也时常得到他托人辗转带回相赠的书画、诗词、画册等。想不到这些珍贵的墨宝，竟成了八叔最后留给人们的纪念。

八叔生前最重兄弟情谊，对几位兄长和嫂嫂的尊敬、爱戴是感人至深的。他一生遍游海内外，但无论走到哪里，在他的客室中总悬挂着我伯父（张善孖）、三伯父（张丽诚）和先父张文修的放大照片。过去老辈们健在时，每逢年节，八叔总是要提笔润墨，绘画题书，寄赠大陆兄嫂和亲友。1981年，八叔托人从美国带回一些画幅和生活照片，分赠亲友。他在给我父亲张文修的一帧《看荷》照片上题跋："八弟正权两年前摩耶精舍看荷留影，敬呈文修四哥赐阅。七十年岁辛酉六月二十九日，弟年已八十三矣。奈何，奈何！"（正权系八叔名）充分流露了八叔对故乡亲人的思念，也表达了自己晚年思归的无可奈何之感。实际上，我父亲早于1972年去世，由于家人知道他们老兄弟一往情深，为免使八叔过于伤感，故一直未将实情禀告。当时，我们晚辈们手捧这帧彩色放大照片，悲喜交集，激动万分。只见照片上荷塘一角，生机盎然，一团团翠绿的荷叶托起两朵亭亭玉立的粉荷，八叔长袍扶杖，伫立其间，含笑对荷凝视，慈祥的容颜笑貌如故，只是满头银丝，长髯似雪，仿佛数十年前我们所敬爱的八叔又站在面前了。讵料两年后，噩耗惊传，八叔竟溘然长逝。他老人家最终也未能了却返归大陆故里与家人亲友团聚的夙愿，我每思及此，备感痛心。

八叔离开我们已经三年多了。这期间，祖国发生了深刻的变化，祖国统一的前景更加光明了。我们相信，在海峡两岸人民的共同努力下，祖国统一大业终将实现。届时，我们可以告慰八叔于九泉之下了。

1985年11月于重庆

回忆大千八叔

张心俭

1948年春，我在成都叩别八叔前往西北求学，哪知即为永别。八叔毕生重感情，秉性公正而好学，尤其大孝。他对所有侄儿侄女都视同亲生子女，所以大家对八叔也最敬爱和崇拜。在我的回忆中，1932年，二伯父善孖和八叔大千应名流叶恭绰先生之邀同住苏州网师园，直至1938年，才分别由北平和苏州迁回老家四川。

八叔在网师园期间，作画是在玲琅馆，即荷花池畔。我虽只有十来岁，但是还是喜欢站在师兄们背后的间隙中观看。八叔绘画喜欢边谈笑边落笔，而且还给大家讲解心得。那段时间，我看过八叔的《风荷》、《墨荷》、《朱荷》，真是生动极了。八叔的山水画更是浑厚清奇而秀丽。记得八叔游黄山归来后，画了一幅《黄山奇松通景》，真是千岩竞秀，万松常青，大有香风飘逸、美妙多姿的感觉。

八叔的老师我们知道的有三位，我们称呼为：李太老师梅庵，曾太老师农髯，保太老师鼎。前两位太老师是教书画的，保太老师是教剑击拳术的。但是八叔幼时启蒙书画老师却是祖母曾友贞太夫人。八叔对祖母极孝顺，祖母在堂，哪怕是一瞬间的外出，也一定要当面禀报。回家后，同样先看望祖母再论别事。如果要去外地旅游、访友，更是要在祖母面前叩别请训，归来后先向祖母请安。1936年5月16日，祖母病逝于安徽郎溪县，八叔由北平前来奔丧，伤恸之情，实难言表。

1937年"七七"事变后，北平沦陷，当时八叔居住在颐和园昆明湖畔之听鹂馆。日军入侵后要邀请他出来当画院院长，他当然不就，于是将四哥文修兄嫂（我父母）由上海请来北平，从长计议，终于冒险出走，于1938年由天津海路辗转南回四川。

1939—1940年，八叔居住在灌县青城山上清宫和成都骆公祠18号，该宅是书画收藏家严谷声的公馆。严老最敬佩八叔的才华，他分文不收，坚请八叔住进18号全套府宅。我有幸又依傍八叔，受到他的教诲和养育。在成都，八叔接待的客人有叶浅予、谢稚柳、沈尹默、高龙生、杨孝慈、肖翼之、于右任等。八叔在青城山上清宫住时，经常写生，大量作画，并开画展筹集川资，准备远赴敦煌。这是八叔多年夙愿，他深感有必要探寻国画艺术的源流，以便更好地继承、发扬光大。

1941年春，八叔自筹资金并得到朋友的热心支持，携子心智到达敦煌。侄儿心德，学生刘力上、肖建初等也相继前去。在条件差、困难多、生活艰苦的情况下，面壁三年，临摹了莫高窟内魏、隋、唐、五代、宋、元等各朝代的壁画近300幅。八叔还系统地、科学地对莫高窟各洞文物进行了考察和整理编号。他按照从南到北，又自北复南的顺序，把整个石窟群共编了309号，以大洞为主，两侧耳洞附属于大洞。八叔编号的代号是英文C。这是他对敦煌石窟艺术所作的又一贡献。

八叔是我国现代画家中到敦煌较早的一个。这也是他在艺术上最为坚实亦最为艰苦的一次磨炼，使他的艺术风格受到敦煌壁画极深的影响，自此，他的画风为之一变。1944年春，张大千临摹敦煌壁画在成都、重庆相继展出，轰动一时。

1945年8月，日本投降。道路稍通后，八叔给我银元300元，命我赶赴北平迎接父母回川。1946年夏，父母抵渝。他们弟兄分别8年，一朝相见，其悲欢之情，见者无不感叹！

八叔自20世纪50年代初出国讲学，旅居欧美，后迁居台北。1983年4月2日病逝。噩耗传来，家人肝胆俱裂，悲恸至极。海峡两岸亲人同声悲叹，相对唏嘘，寄予深切的怀念与哀悼。

八叔忧国怀乡之情，我抄录其居台怀旧诗六首，就知他衷心良苦了。

谁将折柬远招呼，长短相思每日无。
挈取酒瓢诗卷上，一帆风雨过姑苏。

梅花落尽杏成围，二月春风燕子飞。
半世江南图画里，而今能画不能归。

我家香国为乡国，想到花时意便销。
长恨少陵无色兴，一生不解海棠娇。

清泉石罅咽轻流，晚霭林边接远眸。
绿黛山峦秋欲晚，青城回梦旧林邱。

有余地处便栽花，秋月春风总怀家。
最是五亭湖上路，万千竹绕两桥斜。

万里还归故国山，溪边结得屋三椽。
种梅负屋馀生了，月下花前伴鹤眠。

1985年于四川内江

在爸爸身边

——记台北摩耶精舍二三事

张嘉德[*]

巨幅《庐山图》开笔

　　1981年，爸爸（张家侄辈对大千先生均称爸爸，不称八叔）已是83岁高龄。但他老人家仍然不服老，要绘制巨幅泼彩泼墨山水《庐山图》。这年7月7日，《庐山图》开笔。那天天气晴朗，9时许，爸爸的三位老友相继光临。张岳军（张群）大伯由其长媳陪同来得最早，随后张汉卿（学良）、赵一荻夫妇和王新衡夫妇及其子媳也来了。爸爸画室中特制的大长画桌上，已铺上定制的长三丈六尺、宽丈余的白绢，王新衡的儿子拿着照相机对准画案，等开笔后摄下各种镜头。爸爸两侧由八婶和我分别拿好大笔，端着一碗墨汁，还有水碗和纸巾，护士小姐站在老人家的背后。只见爸爸在谈笑声中从容端起水碗把水泼在绢上，用大笔扫开，然后将浓墨汁向润湿的绢幅上缓缓泼去，再以大帚笔破

---

　　* 大千先生侄女（张善孖之女），现侨居美国宾夕法尼亚州。

墨勾画。只见墨汁随老人之手渐渐化开散去，形成各种浓淡不同的山水轮廓。这期间，他时用纸巾，时用水，时用墨汁。因画幅太大，老人不得不来回走动。八婶和我一边随拿用品，一边还要随时推动放置绘画用具的小车，也跟着来回走动。当时，我可真紧张啊！大约过了两个小时，画绢上初步形成了，淡淡的各种山川的大轮廓。至于泼彩和细画，那就是以后的事了。

帮助老友会见亲人

台湾著名摄影家朗静山伯伯是爸爸多年的老朋友。他和在大陆的女儿朗毓秀分别数十年，再未见过面。1981年年初，朗毓秀去美国。朗伯伯很想赴美看望自己的女儿，只因家里一时难得筹集一大笔旅费，甚为焦急。爸爸晓得后，不声不响地赶画了一幅青绿山水中堂，我们全家人，包括学生和护士也为此画忙了整整三天。画成之后，立即托人出手，售得万元美金。然后爸爸请朗伯伯到家里，赠送与他，并催其从速起程。不久，爸爸得悉他父女已在美国团聚，无比喜悦。但我们很快又发现老人家的脸色渐渐变得阴沉并黯然泪下。我们谁也不敢问，也不敢劝说。后来才知道，这是爸爸在思念自己远在大陆的子女亲人，特别是在数月前，心智十哥为探亲到了香港，咫尺天涯，父子最终未能见上面，这怎么能不使老人家痛心落泪呢！

重九登高观瀑

1980年秋，八婶去了美国。临行将侍奉爸爸、照顾家事的任务交给我。到了农历九月初九重阳，爸爸兴致来了，要去登高一游。当时给我这个侄女确实出了难题。一来爸爸年事已高，身体又不好，再上山登高可不是"好玩"的事，况且八姊还再三叮嘱要我照顾好爸爸；二来爸爸感情丰富，登高望远，不免又要想起盛唐诗人王维的名句"独在异乡为异客，每逢佳节倍思亲"，勾起他的思乡怀旧之情。可是爸爸的脾气我也知道，不依他是不行的，真是急死人了。幸好，在我左右为难之际，徐伯郊先生与著名摄影家胡崇贤先生来了，加上大师兄张效义和姜姐一起进行劝说，才算打消了他登山的念头。可是时逢重阳佳节，老人游兴不衰，登山不行，又要去一个离家不远的地方观看瀑布。他指着我说："我这个侄女还没有去看过呢，一起去看瀑布吧！"就这样，大家立即动身。我和护士陪同爸爸坐一辆车，另一车坐的是友人和学生。这个地方虽说不远，却行车半小时。到了目的地，我们都被那壮观的奇景吸引住了，爸爸的兴致特别高。只见银白色的大瀑布，由数十丈高的山峰上陡直地泻下来，由于阳光照射，十分耀眼，水泻声隆隆震耳欲聋，说话都要放大嗓门。离瀑布不远处有山石，可以爬上去坐观瀑布。爸爸兴趣又浓起来了，他要大家挨个爬上去坐着请崇贤先生摄影留念。哪知后来爸爸自己也要上去照相，这可难坏了我们，因为登上去是有危险的，但老人非要上去不可，无奈，只得由众人半扶半拥让爸爸登上山石，拍了几张照。他得意地说："今日重阳，登高观瀑亦一乐事也！"

1986年春写于美国宾夕法尼亚州

乐叙天伦事可怀

张心瑞

　　1963年5月，父亲在香港举行画展的时候，我带着小女儿肖莲到香港去看他。阔别了10多年的父女，从未见过面的外公和外孙，异地相聚心里充满了无限的欢乐。我们到香港不久，画展就结束了。父亲要回巴西，我们原打算马上回内地，但是，至亲骨肉，乍见旋离，的确感到万分难舍。因此，临时又决定陪父亲同去巴西。我们在巴西住了一年多，直到1964年8月才回国。

　　父亲在巴西圣保罗购置的庄园叫"八德园"。庄园的结构陈设都是中国式的，园里种植的花木以松树和杜鹃为主。他喝的是茶，吃的是按我国传统方法烹饪的饭菜，按照中国的传统和习惯过年过节，全家人在家里都说四川话。他曾经对我说过：山水是祖国的好，外国山水，人工培植的多，祖国山水天然磅礴，气象万千。对于有关祖国文艺的事情，他都很感兴趣，如他看到国内出版的黄宾虹等人的画册，认为祖国很重视传统的绘画艺术，加以整理出版，是很好的事情。他设法买了不少这类画册。父亲喜欢京剧，结交不少京剧名家。1963年著名京剧艺术家马连良访问香港时，父亲曾约他在香港电视台见面，并合影留念。在父亲的书房里，我还看到好几盘京剧艺术大师梅兰芳演唱的京剧录音带。

在巴西，我除了协助照料父亲的生活外，有时也向他学习绘画。他总是耐心地加以指点。对于刚满7岁的外孙女小莲，他更是爱护备至，经常教她读书、作画，带她去游山玩水。小莲也非常喜欢外公。祖孙之间，很快就建立了深厚的感情。我们祖孙三代，形影不离，过着同享天伦之乐的幸福日子。

我36岁生日是在父亲身边度过的。当时，父亲激动地拉着我的手说："时光流逝何如是之速！与儿分别竟十四年矣！"言犹未已，声泪俱下。我在巴西时，偶尔亦作画，曾临摹父亲《岁朝图》，被老人家看到，加以点染，并题词其上："拾得（我的乳名）爱女，远来省亲，温凊之余，偶效老夫墨戏临此岁朝图，颇窥堂奥，喜为润色之。爰翁并识。"

流光易逝，叩别父亲的时间要到了，离情别绪很快又系于各人的心怀。尤其是父亲，此时此境，感触更多。在相处的最后日子里，父亲不仅给我画了许多画作为纪念，同时还特别给小莲画了一本包括山水、花卉、翎毛的册页和好几张较大的画幅，并在册页上写了200多字的题词说："韶（这是父亲给小莲新改的名字）孙远来省亲……平时出入于溪涧间，甚快。一旦云归，不知今后能否再见，故画以送之，祝其康强，亦以自祝。"这段临别赠言，虽然遣词含蓄，但惜别之情，溢于言表，使我感动不已，更加深了对父亲依恋不舍的情感。

临别前夕，父亲特意给小莲又画了一幅花鸟。小莲高兴地守在画案旁边看他挥毫。他画完之后，逗着小莲说："这幅画，只送你一半，我也要一半哟。"小莲听了，莫名其妙，忙问外公："怎么分得开呢？"外公装着正经地说："把它裁成两半边就行了嘛！"小莲信以为真，连忙要求外公不要裁开，外公才笑着答应了她，而且在画上题道："送一半，留一半。莲莲、莲莲你看看，到底你要哪一半？"这风趣的插曲，谱写了父亲和小莲之间多么深厚的情感。20多年来，小莲一直把外公送给她的册页和画幅珍藏着，时时展观，爱不忍释。这当中，也寄托了外孙女对外公的真挚怀念。

1981年，我和丈夫肖建初去美国探望父亲。那时老人家已迁居祖国台湾，因健康情况不佳不能赴美，我们又无法去台，骨肉亲情只有靠电波来传送。他老人家每隔三两日总来电话，与侨居美国的弟妹和我们长谈，对一家大小都要一一问个究竟；对于亲友故旧，特别是艺术界的老朋友，更要问个明白。如若老一辈的逝世了，还要问后辈如何？当时四川发生水灾，老人家每天看电视、听广播、读报章，随时来电话问我们得到家乡的信息没有？要我们打电报、写信回家探询。后来才知道，当时父亲还让在宁夏工作的家兄心智将四川水灾情况从速电告。第一封电报发去，父亲嫌太笼统、简单，又让"详告"。据家兄谈，他再次做了详尽了解后，曾拍了一份过百字的电报，禀告那次水灾详情及由于当地政府组织军民全力抗灾抢险，家乡平安无事等情，老人家才放了心。

　　那次去美国，我们是多么想见父亲一面呀，但最终竟不能一晤。1983年4月2日噩耗惊传，父亲竟舍我们而去，悠悠苍天，夫何言哉！我每思及此，悲痛之情真是笔墨难以形容。而今，只有巴西省亲的天伦之乐，将作为我今生最美好的回忆，永远铭记在心。

　　　　乐叙天伦事可怀，梅丘难祭意难开。

　　　　庄园松竹池亭影，时共亲颜入梦来。

　　　　　　　　　　　　　　　　　　1986年于重庆

回忆爸爸几件事

张心庆[*]

虚怀若谷

爸爸张大千虽然别人推崇他是大画家、国画大师等等，但他自己从不承认。爸爸画了一辈子画，据我所知，从来没有自满和骄傲的时候。他在1972年"四十年回顾展"的自序中这样说："先友徐悲鸿最爱予画，每语人曰：'张大千，五百年来第一人也。'予闻之，惶恐而对曰：'……是何言也。山水石竹，清逸绝尘，吾仰吴湖帆；柔而能健，峭而能厚，吾仰溥心畲；明丽软美，吾仰郑午昌；云瀑空灵，吾仰黄君璧；文人余事，率尔寄情，自然高洁，吾仰陈定山、谢玉岑；荷芰梅兰，吾仰郑曼青、王个簃；写景入微，不为景囿，吾仰钱瘦铁；花鸟虫鱼，吾仰于非闇、谢稚柳；人物仕女，吾仰徐燕孙；点染飞动，鸟鸣猿跃，吾仰王梦白、汪慎生；画马则我公与赵望云；若汪亚尘、王济远、吴子深、贺天健、潘天寿、孙雪泥诸君子，莫不各擅胜场。此皆并世平交。而老辈文人，行则高矣美矣！但有景慕，何敢妄赞一辞焉。五百年来

---

[*] 大千先生次女，长期从事教育工作。

第一人，毋乃太过，过则近于谑矣！'"爸爸对别人绘画艺术的尊重，不仅在我成年后耳闻目睹，深有所感，记得在我幼年时，有一次曾傻乎乎地问："爸爸，到底是徐伯伯（徐悲鸿）的马画得好呢，还是您的画画得好？""是齐伯伯（齐白石）的虾画得好呢，还是您画得好？"爸爸绷起脸，郑重其事地说："爸爸什么都没画好，爸爸只是喜欢画。当然是徐伯伯、齐伯伯比爸爸画得好，这些是他们的专长，爸爸是向他们学的。你们娃儿小小年纪要尊重老前辈，以后不准乱说。"爸爸的话我一直牢记在心。后来我长大了，懂事了，才知道爸爸对自己的艺术，总是精益求精，从不满足；也才真正理解了爸爸的那次谈话。原来爸爸从来都是虚怀若谷。

穷无立锥，唯有两手

爸爸的朋友总以"富可敌国，贫无立锥"来形容爸爸，溥心畲伯伯曾把他比作李青莲，爸爸确实是有"千金散尽还复来"的豪概。他一生酷爱收购名古画，只要他爱上的真迹，总是一掷千金，甚至借债也无所顾惜，所以有人送他"一身是债，满架皆宝"八个字。听母亲说，抗战胜利后，爸爸由成都迁居北平，想买一处宅院，苦于无钱，后有几位好友主动给他凑了50多根金条，并说妥了一处有40多间房的大宅院，可是到了付价交契的那天，爸爸突然变卦。房主很生气，爸爸说不是不肯买，而是不能买了，因为爸爸已用这50多根金条买了三张古画，两幅是董源的《江堤晚景》和《潇湘图》，另一幅是顾闳中的《韩熙载夜宴图》，均为难得的南唐时的名画，爸爸除了收藏古画外，还喜欢购置盆石花木，特别是他出国侨居海外和迁居中国台北后，在这方面所耗费的巨额金钱是很可观的。他每年都要让侨居在美国的葆罗弟去日本购买一次盆景。在日本时，有时他还要亲自去买。花店的人一见他的"大胡子"，马上抬高价钱，但是即使上当受骗，他也心甘情愿。郑曼青先生曾有诗赠爸爸："旷古画家数二豪，张爰倪瓒得分曹。腰缠散聚且休论，百万相看等一毛。"可是，爸爸有时候口袋里却是一毛钱都没有。记得1944年我上初中时，有一次开学前我向爸爸去要学费，没想到他连女儿的几个学费钱也拿不出。爸爸说："你们等两天吧，我身上的钱刚好送给一位比我还要穷的朋友了。爸爸没有钱，只有两只手！"他真是到了"贫无立锥"之地了。

香港探亲琐记

1963年暑假，我申请去香港探亲。那时爸爸住在乐斯酒店，每天都在忙着绘画。有一天，突然来了一位四川老乡，脚有点跛，看样子爸爸并不认识他。这人满脸愁云，无限感伤地作了自我介绍。原来他因残废被单位辞退失业，一家数口人流落街头，生活陷于绝境，来求爸爸帮忙。爸爸放下笔，听完他的叙说后同情地说："听口音咱们是老乡，我也不晓得你的名和姓，但我很同情你的遭遇。在香港谋生没有一定的生财之道是不行的，我也是个不会生财理财的人，我就靠我的两只手。"后来爸爸给他画了两张画，让他卖些钱去开个"沙龙"（小茶馆），维持一家人的生活。只见这位老乡，眼里含着激动的泪花，手捧两张画，连声道谢地走出了门。

那次探亲，我带着5岁的小女儿小咪。她每天站在画案旁看爷爷画画，手里不时捡起一些裁剩下的小白纸条，吵着要爷爷给她画鱼。爸爸满足了小咪的要求，寥寥数笔就勾出几条似在水里游乐、神态各异的小鱼，小咪爱不释手。当时有位师兄买了一些汽车、飞机玩具送给小咪，故意逗她，要用这些玩具换她的"小鱼"，小咪一听马上摇着头说："叔叔，您的汽车、飞机，百货公司都能买到；我的小鱼是爷爷画给我的，别处买不到，我不换。"当时，爸爸不禁哈哈大笑，指着小咪说："别看她人小，你还骗不到她所爱的东西。"

永远感谢廖承志老伯

由于十年动乱，我和爸爸失去了联系，多年音信杳无，思念之情，难以言表。粉碎"四人帮"后，形势越来越好，我终日苦思冥想如何才能和爸爸取得联系。终于我想起了廖承志老伯。我想：给廖老伯写封信，他一定有办法帮助我。信发出后，我天天盼。一天，果然收到了廖老伯的回信，信中说，我们父女一个月后一定能取得联系。我喜出望外。真的在一个多月后，我就收到了爸爸的来信。1982年3月，我去美国探亲，住在葆罗兄弟家，只能同滞留在台北的爸爸在长途电话中互诉思念之情。当我向爸爸转达家乡亲友们对他的问候时，83岁的老父泣不成声，要我向亲朋故旧以及青城山的道友问好，并要我把他当年在青城山所画麻姑像和书写的"鸳鸯井"三个字的拓片寄给他，把他当年在上清宫庭院中亲手栽植的梅花拍成彩色照片寄去，还要我代他向颐居重庆的三嫂（我的三伯母）行三叩九拜礼（因他幼年曾受三嫂抚育）。谁知当我回国后遵嘱办完这几件事，正拟呈书禀告时，爸爸却一病不起，溘然与世长辞。噩耗传来，我真恨自己为什么不能早一步呈书奉告，以使老人家在弥留之际能得到来自家乡故土的安慰而含笑于九泉。

1987年于四川成都

此恨绵绵

——缅怀我的爸爸张大千

张心裕[*]

　　随着时间的流逝，我与爸爸海天相隔分别30余年，我无时无刻不在怀念着爸爸，忍受着骨肉离别的痛苦，盼望着有朝一日，爸爸归来，父女重聚。可是盼来的却是1983年4月2日爸爸病逝台北的噩耗，怎不令人悲痛欲绝！

　　回想当年，爸爸对我们的教诲和关怀，一桩桩、一件件，铭记在心，他老人家的音容笑貌，也历历在目。记得1941年我读小学五年级时，爸爸去甘肃敦煌莫高窟临摹壁画，我写信向他请安，信中写了错别字，如写"父亲大人膝下跪禀者……"将"跪"字写成"跑"字。爸爸将我写的错字做上记号，改正后给我寄回来，并风趣地批评说："跑禀者，就是边跑边说，这样对长辈尊敬吗？"从此以后，在爸爸的教诲下，我比较重视语文学习，尽量做到少写错别字。

　　大约在1944年，我读完初中一年级的那个暑假，爸爸带领我们全家到灌

　　＊　大千先生三女儿，重庆西南制药一厂工程师。

县青城山避暑。这个假期我过得特别愉快，也很有意义。清晨，爸爸带着我，拿着画板和画架，走遍山峦，迎着朝霞写生画画。有时我站在爸爸身后看他作画，但多数时间是在读英语。他笑着对我说："你不愿意跟老子学画，愿意在洋学堂念书。学英文也好，那就要认真地学。凡事只要认真，总归会有好的效果。"他老人家的话以及那种勤奋作画的精神，对我以后在学习上的长进，确实是起了很大的启发和鼓励作用的。

爸爸还经常教导我们要热情待人。他说："应该很好地帮助别人，因为帮助别人是一种美德。""不要因为自己生活优裕，就看不起穷人。"他要我们对家中的佣人都要客气相待，所以我们兄弟姐妹从来没有对佣人发过脾气。我家在成都昭觉寺住的时候，家里还住了很多跟爸爸学画的学生，凡是男学生，我们就称他们某师兄，凡是女学生，我们就叫她们某师姐，相处十分和睦。

每当过年，我就忆起在爸爸身边度过的愉快而热闹的除夕之夜。那时，我们全家大小（包括长住我家拜门学画的师兄、师姐）都围聚在他身边。辞岁完毕后，便在爸爸带领下开始做"对诗"和"对字"游戏。所谓"对诗"，就是由爸爸写诗的上一句，大家对答下一句；或是一句诗不写全，中间填空，看谁对得准、填得准。而"对字"则是由爸爸先写一个字，然后我们就写出同音字中的任何一个字，看谁写的字的意思与他写的相同，谁就赢了。有时，为了一个字或一句诗，大家争论不休，直到爸爸说出正确答案，并加以解释时，争论才停。那时我年幼，"对诗"我很少参加，有时也去乱猜乱填几次，偶尔也有碰对的时候。使我感兴趣而又有把握的还是"对字"。当我答对时，爸爸便以夸奖的口气说："十二（这是我们这辈包括叔伯姐妹的大排行称呼），你有长进啦，不要再乱写乱用字了。"的确，这种游戏对我学习语文是有很大帮助的，尤其是在纠正错别字方面，这也是父亲对我严格教育的结果。

最使我难忘的一件事情，是1948年夏天，我考上了华西大学（现在的四川医学院）药学系，爸爸非常高兴地拉着我的手，对我说："十二，你考上了大学，读药学系，毕业后就是药剂师了，你能有药把我的糖尿病治好吗？"在那段时间里，他每当见着老朋友时，都笑着告诉他们说："哈哈！真没想到我的十二还能考上华西大学，以后就是药剂师了！"从他的谈话中，流露出他老人家对我的勉励、希望和爱抚。为了不辜负爸爸对我的期望，我在大学学习期间，总是以爸爸的教导为动力，暗下决心，刻苦学习，因此在所学专业上取得了较好的成绩。

回忆往事，记忆犹新。爸爸含辛茹苦，将我养育成人，使我毕生难忘。我现在是重庆西南制药一厂的工程师。但是，每当我想起爸爸在台北病重之日，虽然一水之隔，我却不能亲侍汤药；我虽然学了医药学，却不能按爸爸的愿望治好他老人家的糖尿病；30余年来，饱尝了亲人分离之苦，也未能最后见他老人家一面。每想到这些，我禁不住伤心落泪，悲痛不已，深感遗恨难填，抱憾终生！

1985年于重庆

南望何时拜梅丘

苑仲淑[*]

  1943年秋，先公大千先生由敦煌莫高窟临摹壁画归来，路经兰州，住在西郊七里河吴家园鲁大昌家中。当时，我家也住吴家园，与鲁家斜对面，相隔很近。先父苑沙华和鲁家素有交往，从而结识了大千先生。吴家园滨临黄河，有几十户人家，当时远近传闻，都知道鲁家来了一位长胡子的大画家。

  一天傍晚，我和妹妹放学回家，一进院门就听见父亲和一位四川口音的客人在谈话。我俩蹑手蹑脚地跑到窗外向里张望，只见一位慈祥的长者，双目炯炯，一脸大胡子，一身黑色长袍，谈笑风生。"肯定就是那位大画家！"我和妹妹都激动地悄声说。这时，父亲朝着窗子喊我们进去施礼，我们又喜又惧地向张伯伯毕恭毕敬地鞠了一躬。父亲介绍说："她俩的美术教员就是您的高徒刘君礼先生。"大千先生听后爽朗地笑了几声说："那好嘛！跟你们刘老师好好学画，将来学好了，我收你们作再传弟子！"可惜，我们姊妹都没有这天分，也没有在这方面下苦功，辜负了他老人家一片好心。那晚，我随父亲送张伯伯出门时，已是暮色苍茫，我一直凝望着那飘飘

---

 * 大千先生长媳，宁夏政协文史编辑。

洒洒的背影消失在路旁一行白杨树的尽头。

一面之缘！我和先公只有这一面之缘。不久，他在兰州开完画展就回四川家乡了。数年后，听说大千先生去印度讲学并云游海外。他老人家去国离家30余年，终于没能回来让我们子媳晚辈们再拜上一拜！只有43年前那长髯拂拂、慈祥和蔼的面容，那黑色长袍飘飘洒洒的身影永远清晰地留在我的记忆中。那年，先公曾给父亲绘赠山水中堂一帧，可惜已毁于十年动乱中。

1982年7月，我和心智回四川家乡探亲，专程去灌县青城山一游。先公大千先生于1939年曾举家居住青城山最高的一座道观上清宫两年多，在那里带领门人子侄潜心写生习画。我们那次也是专为访旧而去的。先公高徒胡梦痕师兄的夫人，不辞辛苦陪我们同游。幽幽青城，名不虚传。据说，青城山是道家的发源地之一，天师洞、建福宫、上清宫等道观倚山而筑，气势雄伟，夹道树木葱茏，浓荫蔽日，满山滴翠，各色野花点缀其间，确是写生作画的好地方。我们拾级而上，当爬到距山顶不远的上清宫时，已是汗流浃背，气喘吁吁。这里道观的一位女道长和主持等听说我们是大千先生的亲属时非常高兴，热情地招待我们。当时心智指着这四合院的上房和一侧厢房（约有十间）激动地告诉我们："这就是当年爸爸带领师兄们习画的地方，这是他的画室。白天有时候爸爸和师兄们常外出写生，满山遍谷地搜集素材，晚上就在这画室里作画，两盏菜油灯伴着他经常熬到深夜。"心智又高兴地指着院中那一片已长到一人多高的梅花说："爸爸最喜欢梅花，所以搬来不久就亲自动手带领我们在这儿种了不少红梅和绿梅。如果爸爸能回来看看他亲手栽种的梅花已长得这样喜人，该会多么高兴啊！"说到这里，心智似乎无限感伤地说不下去了。我们凝望着梅花，相对无言地伫立了一会儿。心智像记起了一件大事，急忙领我去看"鸳鸯井"和"麻姑池"。在山门内的二道门左侧院中高台上有两口井，据说下边的井水是相通的。井台上竖着块一米多高的石碑，上刻"鸳鸯井"三字，是先公亲笔所题，笔锋苍劲有力。麻姑池坐落在进入上清宫后，右侧的一个小院里，是一个直径六七米的正方形水池。池边竖立一块近两米高的大石碑，上面刻的是先公当年为该池绘制的麻姑仙子像，线条流畅洒脱，造像丰腴柔美，虽经40余年风吹日晒，仍清晰如新。当时，我们在这些值得纪念和留恋的地方都一一摄影。

傍晚，我们来到天师洞，准备在这里留宿。只见这儿殿堂高大瑰丽，雕梁画栋，灯火辉煌，供案前香客不断，焚香膜拜，青烟缭绕，煞是热闹。易大师等几位主持似乎早已得知我们是大千先生的子媳，竟为我们准备了一桌丰盛的素筵，还尝了他们自制的橡子酒。陪我们同来的胡嫂嫂是这里的熟人，她说："大师们日夜想念八老师（指大千先生），这也是他们的一点心意，就不必客气了。"后来，我们在易大师房中还观看了先公不久前给他们赠送的两帧画（人物、荷花各一幅）。易大师激动地说："这两张画是八老师托人由台湾带到美国交女儿心庆带回来的，真是不容易。说明八老师虽然离开这里几十年，但仍然想念青城山，还惦记着我们这些出家人！"

那晚，我们住宿在大殿旁边的单间房里。刚睡下，就听窗外淅淅沥沥地下起雨来，雨越下越大，雨点打在这幽谷的树丛中，一片哗哗声，真是夜雨敲窗，难以入睡。我们索性披衣坐起。雨声中，我又听心智讲述了当年先公在青城山时几件胆识过人的往事：

"1940年夏，我们还在青城住。有一次，爸爸和著名画家黄君璧先生游峨眉山，带我同去。回来途经成都已是黄昏时分，本应在那里留住一宿，但爸爸执意要在当晚赶回青城。于是我们父子二人便乘最后一班公共汽车，在晚9时多到了灌县，又在县城吃了晚饭。这时店铺都已关门，买不到电筒，摸黑走路不说，糟糕的是马家渡晚间停止摆渡，要过岷江，只有绕道'二王庙'下边过索桥。当时的索桥全长约650米、宽约2米，系用几股竹索撑拉，桥面铺上木板，人走在上面左右摇晃，加之，有的木板因年久破烂只剩半节，很不牢固，稍有不慎就会失足掉入江中。我刚一迈步就腿软心跳，被江水激流声吓得蹲了下来。但爸爸却毫不介意，一手提着个小箱子，一手将我拉起，让我放大胆紧随他的脚步。就这样，在那伸手不见五指的黑夜里，在那震耳欲聋的哗哗流水声中，我紧拉爸爸的手，跟跟跄跄、左歪右斜地向前移步，不由得吓出一身冷汗，而爸爸却如走平地，硬是拖着我从从容容地过了索桥。待到爬山回到上清宫时，已经是凌晨2时多。

"又一次，记得是个秋高气爽的傍晚，青城山上已是景色朦胧，爸爸、妳妳（妈妈）带领我和妹妹心瑞、弟弟葆罗到上清宫前面的旗杆石（据说是明代张献忠起义军插过旗的一块巨石）附近散步，突然从不远的一条深沟里传来了豹子的吼叫声，我顿时毛骨悚然，妳妳和弟妹们也都吓得慌了神，只有爸爸镇定自若，让我们都回去，他要留下看个究竟。妳妳拗不过他，只好领我们先走。到家后，每个人都提心吊胆地盼着爸爸快回来。时间一分一秒地过去了，大约半个时辰后，妳妳正急得六神无主、不知所措时，却见爸爸面带笑容，安然归来。爸爸说他躲在一棵大树后面想等豹子出沟，但总是只听吼声不见豹子的踪影，后来吼声越来越远，他才失望地回来。"

心智讲到豹子，又想起了一件事，他接着说：

"爸爸不仅在苏州网师园和我二伯父养过虎，还在青城山养过一头豹子，记得是一位朋友送的。开始只是头十来斤重的小豹子，后来经我们喂养，长成了一头约二米长、重五六十斤的大豹子，毛光色美。爸爸和我们在青城山散步时，它总是跟在后面。爸爸作画时它就卧在画案下，夜里则睡在爸爸的床底下。开始，我们弟兄姊妹怕它咬人，总是望而生畏。但是爸爸常对我们这样说：'人们都很怕老虎和豹子，认为它们会伤人、吃人。其实这些动物是可以在家养的，就像养猫、养狗一样；还有人说养这些虎豹必须从小把它们的门牙敲掉，才不致有危险。可是事实证明我过去和你们阿爸（二伯父）养的老虎和这头豹子都没有敲掉它们的牙齿，也没有关在铁笼里，你们看，这豹子不是和我们生活得很好吗？'但是，爸爸说他决不养狼，并说：'人们在吵架时常骂对方是狼心狗肺，事实上狼确实是最残忍、最忘恩负义的动物，你辛辛苦苦把它养大，到头来，它会毫不客气地反咬你一口！'"

心智讲完了，虽是几件平凡的往事，却使我久久沉思，深觉先公大千先生是位有胆有识之人。他那胆大心细、临危不惧、从容排难的作风和气度，令人敬佩。

窗外雨声小了，但又起了风，刮得山林树木呼呼直响。我们睡意全消，想起了白天看到的上清宫、梅花、鸳鸯井、麻姑池，先公那苍劲的题字，那飘洒的麻姑仙子像又浮现在眼前。睹物思人，感慨万千。在风声、雨声中，我们作了两首感怀小诗：

依然旧时老厢房，燕子衔泥入画廊。

麻姑池水空自绿，鸳鸯井侧梅凝香。

曾记当年上清宫，朝霞暮色画青城。

天高海阔人隔远，空留梅花寂寞红。

我们原准备将这诗和在青城的拍照寄给台北的亲人，想老人家看了一定又高兴、又激动。遗憾的是后来这部分底片在邮寄途中丢失。翌年春，竟传来了老人溘然长逝的噩耗。"天高海阔人隔远"的怀念之情又化作生离死别的哀痛。先公骨灰安厝于台北"摩耶精舍"院内"梅丘"下。"梅丘"，这块不平凡的巨石，尽管我们从照片中见了千百遍，但真正的"梅丘"却是咫尺天涯，可望而不可即。但愿类似这样的人间悲剧早日结束。南望何时拜梅丘，想来已为时不远吧！

1986年于银川

附：缅怀先公张大千先生

苑仲淑

颂先公画业

天涯海角自在游，
飞墨纵横遍五洲。
神笔涂尽人间色，
光彩袭人照千秋。

*

大笔淋漓绘《庐山》，
《长江万里》巨浪翻。
非经毕生丹青苦，
挥洒长图岂等闲。

*

写罢《庐山》气如虹，
潇潇洒洒去无踪。
人间已是云游遍，
何处仙山留阿公。

*

墨有余香笔断魂，
画堂寂寂画帘沉。
留得满园桃李在，
点染江山自有人。

西江月

大笔纵横淋漓，倾盆泼墨泼彩。

沱江乡土育英才，飞墨五洲四海。

一代艺坛宗师，丹青矢志不衰。

大风堂前桃李栽，景色还看后来。

纪念先公逝世三周年

去国离家几度秋，

儿孙日日盼归舟。

未偿夙愿公先去，

南望何时拜梅丘。

*

云高路断奈何天，

一水盈盈欲渡难。

阿公仙去遗恨在，

魂归夜夜绕巴山。

*

先公遗泽代代传，

墨宝无价情无边。

亮节高风懿德重，

留得清白在人间。

*

仙游乍去已三春，

杖履飘飘入梦频。

且待山河一统日，

儿孙扶柩故乡行。

1986年于银川

345

缅怀大千世伯

荷钱谢钿

张大千世伯是先父谢玉岑的挚友。我早在少年时见到他画的石绿山水，便神往不已，但一直没有机会叩见。直到1935年，先父卧病回故里后，我才在常州观子巷家中第一次见到世伯。不过当时只远望而未能近就。因为世伯从吴门来常州探望父亲，当日往返，行色匆匆，一到我家便进入先父卧房，叙谈作画不稍歇，直到火车临开才匆匆离去。先父视世伯的画如性命，与世伯会面更是他病危时最大的安慰，一刻千金，我们从不敢进房相扰。1936年先父弃养，世伯亲莅送葬，我又一次见到世伯。

抗战后，我入蜀求学。1938年世伯携全家回成都，途经重庆，稍作逗留，邀我叔父谢稚柳先生（世伯挚友）、婶母端如夫人及我与他相见。那天，我在他寓所见到满屋子的人，一时也记不清名号和称呼，其中雅各（世伯长子小名）极像世伯，我一下便把他记住了。后来雅各回成都上了天府中学，跟我通信，称我"钿姐姐"，可惜他不久便病殁了，每当我想起世伯，便同时想起雅各世弟。

1940年，世伯又来重庆，常来国府路我叔父家中，我始与世伯相熟起来。记得一次世伯兴致极高，言谈、作画之余，曾亲下厨房作肴飨客，还亲

346

授我烹调之术。他对色、香、味都极讲究，从洗、切到下锅、火候都有严格要求。记得当时我学了两样菜的烧法：一是红烧肉，肉块切成长方形，每块将近二两重，先以红茶将肉煮沸，使肉块成浅红色，然后倒净茶水，另放少量清水，加以酱油、葱、盐等调料，用文火焖至烂。二是烧鲫鱼，对鱼的洗法至关重要，开肚前要先去鳞，洗净；开肚后，小心取出鱼肠，不要弄破胆，不能下水洗；下锅时油要热，稍煎便下豆瓣酱、葱等作料及少量清水。这样烧的鱼吃起来肉嫩、味鲜。40多年来，我曾多次采用此两种烧法作肴飨客，而每次烹调时总不免引起我对世伯的怀念之情。

就在那次相聚时，世伯为我画了一幅水墨荷花，内有一朵盛开的白莲，水中有如钱的小叶，题词谓："门外野风开白莲。"世伯作此画有纪念先慈素蘷夫人之意，而且也把我的名字"荷钱"入画了，很有意思。我把它视作珍宝挂在卧室中，不料被姊母的一位女友看中，借去临摹。世事沧桑，那幅珍品再未回到我手中。

一次，世伯在成都开画展后，远寄重金500元至沪，馈赠我家，代其亡友赡养高堂，抚养遗雏，情谊感人。我外祖父钱名山先生曾作诗盛赞世伯风义高千古，我也始终不忘世伯对我们的恩情。

世伯仙逝了。当年世伯悼念先父曾有"安得起九泉为我歌吟"之悲叹，现在世伯与先父当已在九泉相会，又能一面一诗抒怀如当年了。生死友情，永垂千古。写此短文，聊志思念之忱。

1986年于海南岛

深切怀念我们的爸爸——张大千

张心庆　张心裕　张心珏[*]

　　1983年4月2日，我们的爸爸——张大千在台湾不幸逝世。噩耗传来，我们万分悲痛。

　　我们虽然只在爸爸身边生活了20余年，但是他献身艺事、奋进不懈的精神，对儿女巴心巴肝的爱，对祖国、对故乡的无限深情，却永远铭记在我们心中。

　　爸爸是一位卓越的艺术家。他在漫长的艺术生涯中，苦心志，劳筋骨，不避艰苦，从事国画的创作和研究，为祖国创造了宝贵的精神财富。我们印象最深的是他在抗日战争时期，为了探索国画艺术源流，带着心智十哥和弟子两赴敦煌，在黄沙滚滚，不见寸草的荒岩上，面壁临摹，从古代壁画中汲取丰富的艺术营养。著名书法家沈尹默老伯曾写诗一首对他在艺术上的艰苦求索精神，倍加赞赏。由于爸爸继承传统，师造化，得心源，铸成了独特的国画艺术风格。

　　爸爸是一位慈祥的父亲，他含辛茹苦将我们养育成人，就是在他离开

---

　　* 张心珏系大千先生四子，化工工程师。

家园，飘零异国他乡的30多年里，仍时刻心系儿女，对我们恩重如山，我们永远不会忘记。1930年，心瑞患重病，爸爸在大连知道后，心急如焚，马上叫妈妈赶回上海照看，并深情地题诗念道："三岁吾娇女，爱怜如左思。存亡未可卜，去住定何之。万里归慈母，千金市国医。远凭先世泽，应得免凶危。"我们永远不会忘记，爸爸远在海外，还设法从万里之遥修书带钱回成都，对家中生活妥善安排；我们永远不会忘记，1982年，心庆赴美探亲，爸爸想见女儿不成，便从台湾托人将自己精心绘制，留以自怡的一幅《春畦图》带给女儿，以作存念。这一桩桩、一件件，饱含着爸爸对我们深深的爱，浸透了爸爸的一片骨肉深情。然而，海峡阻隔，咫尺天涯，我们却生不能为老人家尽孝，死不能为老人家送终，心感万分罪疚，只能引领东滨，痛哭长天，来寄托我们的哀思。

特别令人追念的是在羁旅异国异乡的岁月里，爸爸日夜想念祖国，思念家乡，怀念亲人。20世纪60年代，爸爸旅居巴西圣保罗，曾以能买到一本祖国大陆出版的《黄宾虹画集》，能看到一部国产故事片《野猪林》，而备感亲切和欣慰。同时，他也为蛰居"八德园"，举首无家山，接目无亲人，而深感投荒异国的凄楚。他曾写诗哀叹道："不见巴人作巴语，争教蜀客怜蜀山。垂老可无归国日，梦中满意说乡关。"对祖国无限向往，对故乡无限眷恋。1978年，爸爸回到祖国的台湾台北市定居后，由于岁值垂暮，他倍加思念故乡，想念在祖国大陆的骨肉亲人。1979年，他在一幅梅花图上题道："百本栽梅亦自嗟，看花堕泪倍思家。"画上的朵朵红梅，凝聚着老人家的滴滴怀乡思亲老泪。1980年，爸爸得知人民政府给我们的堂兄张心义落实了政策后，至为欣慰，马上画了一幅迎春茶花图送给心义，并在画上题句抒怀："见报后，知汝已平反，改职龙泉驿，私心稍慰。"但是，一想到家乡他的两个兄长，老人家不禁怆然，又在题句中发出悲叹："三叔今年96岁，四叔95岁，愚叔已81岁矣。老年兄弟不得一见，奈何奈何！"1981年7月，四川遭受特大洪水灾害，爸爸知道后日夜不安，几次打电话询问亲人，成都淹了没有？重庆淹了没有？内江淹了没有？三叔住在龙泉驿淹了没有？让速发电报，详细禀告。1982年，爸爸听说知名画家张采芹老伯健在，回味旧事旧情，怀旧之意涌上笔端，即兴给老伯画了一幅垂丝海棠，并在画上题诗："锦绣襄城忆旧游，昌州香梦接嘉州。卅年家国关忧乐，画里应嗟我白头。"不仅如此，在这前前后后，爸爸还多次托人传书带信，要故乡"天府"的肥泥沃土，要川剧《白蛇传》的录像带，要青城山道人用的棕拂尘，要桑梓地内江的蜜钱……当这些散发着故土芬芳的东西，越过千山万水，送到他手上的时候，老人家见物生情，感慨万端，又伤心地哭起来。

我们今生再也不能与爸爸团聚，再也不能伴随他老人家用丹青妙笔去描绘祖国的大好河山。痛定思痛，我们只望祖国早日统一，海峡两岸的骨肉同胞早日团圆，再不忍看到他们像我们这样饱受骨肉分离之苦。我国民间有这么一种说法：人逝归天，五日能上望乡台。我们此时此刻，多么希望爸爸在天之灵能遨游家乡，与我们在梦中相见！我们更希望，爸爸的骨灰能早日从异乡台湾运回他的故乡四川省内江市，安葬在老人家生前神驰遐想的沱江之滨，"大风堂"下。

1983年4月

附 录

两岸同悲悼大千

李永翘

　　1983年4月2日，画坛一代宗师张大千先生与世长辞，引起了人们的无限哀思。数十年来，先生为了弘扬中华文化，继承和发展我国的绘画艺术，把中国的传统文化艺术介绍于世界，进行了长期不懈的努力，做出了巨大贡献。他的逝世是中国美术界的一大损失。海峡两岸人民同声悲悼。

　　4月2日，新华社发布了张大千先生在台北逝世的消息。接着《人民日报》、《光明日报》等各家报纸都纷纷刊载了张大千先生逝世的消息，并发表了大量纪念张大千先生的文章、照片、图片、唁电、挽联、悼诗，沉痛悼念国画大师张大千先生。台湾《中央日报》还以《张大千先生千古》为题发表社论，对张大千先生的逝世表示了深切的哀悼。社论说："大千先生是名满天下的大画家，是崇尚自然的诗人、书家、艺术鉴赏家，更是代表着中华文化精神的一个堂堂正正的中国人、大丈夫。""大千先生以他的画、他的诗、他的艺术生命和人格，为中华民族伸张正气，他对国族的凛然大节和他在艺术上的卓绝成就，将同传不朽，永远为世人敬仰、怀念。"

　　美国《纽约时报》、日本《产经新闻》、美国《华侨日报》，以及其他许多外国报纸，都在显著地位刊出了张大千先生逝世的消息。

4月4日，中国美术家协会从北京致电居住在台北的张大千家属，对先生的逝世表示哀悼。唁电说："惊悉大千先生在台北不幸病逝，至感悲恸。先生中国画艺成就杰出，向为人所仰慕，他的逝世是中国美术界的一大损失。特电致哀，以表海内朋友念慰。"

　　同日，先生长子、宁夏回族自治区政协常委、副秘书长张心智偕妻向母亲徐雯波发出唁电："惊悉爸爸仙逝，悲痛欲绝。儿与媳、孙等，遂面向东南而跪，恸示哀悼。祈母亲节哀保重。儿心智、媳仲淑泣叩。"

　　先生在四川的女儿张心瑞、张心庆、张心裕亦联名致电母亲徐雯波："惊悉爸爸不幸逝世，儿等心如刀绞。今年初，听说爸爸已完成巨幅国画《庐山图》，儿等还为老人家精力旺健而高兴。半月前，突闻爸爸病重住院，儿等又泪含满眼，遥祈老人家病体早愈。不料，噩耗惊传，老人家竟丢下儿女，溘然长逝，怎不叫儿悲痛欲绝！'生事之以礼，死葬之以礼，祭之以礼。'爸爸将儿等养育成人，恩重如山。今海峡阻隔，儿等生不能为老人家尽孝，死不能为老人家送终，只能引领东溟，痛哭长天。伏望母亲大人节哀，珍重玉体，并乞诸兄弟姊妹代行重孝之礼，以慰爸爸在天之灵。"

　　先生的四子、在中国音乐家协会甘肃省分会工作的张心玉，也向母亲徐雯波发出唁电："我和父亲分别已经30多年了，但我从未忘记他老人家对我们兄弟姊妹的养育之恩。1981年，我去美国探亲时，希望能在美国或台北拜见他老人家，但由于各种原因，他老人家未能到美国，我亦无法赴台湾，终未见面。父子只能时时在电话中互诉思念之情。从电话中，深知他老人家对家乡、对亲人、对故乡充满怀念之情。我临回国时，他老人家在电话中泣不成声，为他不能赴美国和我们团聚深感悲伤，特赶画了几幅画托人带给我，要我一定转交国内亲友。父亲的声音，至今犹萦绕耳际。不料，从此再也听不见他的声音了！父母恩重如山，父亲生前，我未能晨昏侍奉，是我终生最大憾事。今父亲仙去，我们全家万分万分哀伤。今特发唁电，以寄哀思。"

4月5日，张大千治丧委员会在"台北故宫博物院"成立，由严家淦担任召集人，张群担任主任委员，秦孝仪担任总干事。治丧委员有张群、严家淦、谢东闵、陈立夫、何应钦、孙运璇、倪文亚、黄少谷、刘季洪、余俊贤、张宝树、邱创焕、蒋彦士、马纪壮、林洋港、朱抚松、朱汇森、邓传楷、陈奇禄、李登辉、杨金枞、蒋纬国、王升、秦孝仪、周应龙、宋楚瑜、张学良等台湾国民党党、政、军以及文化、艺术界人士共117人。会上公布了大千先生于1979年4月12日订立的遗嘱。遗嘱规定，先生除将自作书画分成16份留给妻儿外，他所收藏的古人书画文物和家宅"摩耶精舍"的房屋及基地全部捐赠给公家。治丧委员会决议："摩耶精舍"暂交台北市政府接管，组织成立张大千纪念馆，并决定了各项治丧事宜；同时决定，按照先生生前意愿，丧礼中不接受花圈、挽联、挽幛及奠仪。

先生之最后遗作《庐山图》于4月5日起在台南展出。"台北故宫博物院"院长秦孝仪表示，为纪念国画大师张大千，该院将于近期内将先生捐赠给他们的敦煌壁画摹品付梓出版《张大千临摹敦煌壁画画册》，并同时举行"张大千临抚敦煌壁画特展"。台北历史博物馆馆长何浩天也表示，将尽快出版《张大千书画集》第五辑，并将在近期内举办《张大千生活照片展览》。

4月5日，我国著名画家及大千先生的生前友好和学生吴作人、刘开渠、刘海粟、叶浅予、李苦禅、何海霞、黄永玉等人，从北京联名致电台北先生的家属，对先生逝世表示深切哀悼。唁电说："惊悉大千先生不幸病逝，至为哀恸。先生终生为艺术献身，为国内外所崇敬，他的逝世是艺坛一大损失。谨致深切哀悼并向家属慰问。"

四川省、宁夏回族自治区及重庆市、成都市的有关领导同志和四川美术学院的领导同志，分别看望了张大千先生在成都、银川、重庆的亲属，向他们表示了亲切的慰问，并通过他们向在台北的先生夫人徐雯波女士和亲属表示诚挚的慰问。

4月7日，著名戏剧艺术家梅兰芳的女儿梅葆玥、儿子梅葆玖、戏剧研究家许姬传（梅兰芳原秘书）亦发唁电致台北张夫人，痛悼大千先生仙逝。其唁电委托香港《大公报》社长费彝民先生转交。

4月8日，张大千故乡亦发出唁电，委托香港《大公报》转交先生夫人。其唁电全文如下：

徐雯波女士清鉴：

惊悉张大千先生仙逝，乡梓人民，尤感痛惜。追忆先生勤于笔砚，精于丹青，血汗铸成名山大业；感怀先生浪迹异乡，心属故里，手书"内江市志"、"内江县志"，墨痕犹新。痛之惜之，惟将先生业绩垂之竹帛，以慰天灵。

望夫人节哀，祈阖府纾悲。

四川内江市编史修志委员会

4月10日，张大千先生在大陆的子女张心智、张心玉、张心瑞、张心庆四人分别从宁夏、甘肃、重庆、成都四地兼程抵达香港，要求赴台奔丧。他们到达香港后，立即去台湾驻港有关机构申请办理赴台手续。该机构负责人对大千先生遗属深表同情，但表示无权办理，须请示台北决定。

4月12日，西德《南德日报》刊载了先生逝世的消息，登出了张大千先生的照片和生平，追念他是用"泼墨"来结合中西艺术最成功的画家。

4月13日，中国美术家协会四川分会、四川省博物馆联合举办的张大千画展在成都人民南路四川省展览馆开幕。省博物馆馆长、四川大学历史系主任徐中舒教授主持开幕式，省文联主席马识途剪彩。在四川的美术家、作家、艺术家和社会各界人士，大千先生的生前友好及学生刘雅农、张采芹、朱竹修、何海霞、王永年、胡梦痕……以及先生的亲属肖建初、施硕权、张心义、张兰先、晏良伟等400多人，怀着沉痛的心情出席了开幕式。

在开幕式上，中国美术家协会副主席、四川省分会主席李少言讲了话。他说："张大千先生是当代著名的中国画大师，毕生从事国画艺术的创作和研究，为人类创造了宝贵的精神财富。"李少言在讲话中还高度赞扬了张大千热爱祖国的品德。他说："张大千先生在定居祖国台湾省台北市的垂暮之年，他愈加向往祖国大陆，思念家乡和骨肉亲人。我们不仅对大千先生半生零落异乡，未能实现'树高千丈，叶落归根'的夙愿深表怆痛，而且对1800万台湾同胞寄予无限的关切。"李少言最后表示："希望台湾画界的同人，与我们携手合作，共为一体，一起探讨张大千先生的国画艺术，为振兴中华的文化艺术和完成祖国统一大业，做出积极的贡献！"

这次画展，是从张大千先生自1924年到1982年的遗作中，挑选出来的150幅精品，内容有山水、人物、花鸟、松石、虫鱼、敦煌壁画摹品以及书法条幅等等。展出期间，各地、各界的参观者络绎不绝，他们对张大千先生的艺术成就交口赞誉，对先生的逝世深表痛心和惋惜。

4月14日，依照张大千先生生前遗愿，先生遗体于上午10时30分在台北市立殡仪馆火化。从即日起，"台北故宫博物院"展出数十幅张大千临摹敦煌壁画菩萨像，以示悼念。

4月16日，张大千先生之丧礼在台北市立殡仪馆举行。因先生生前曾向人言"至痛无文"，主张丧礼应力求简单、隆重，故治丧委员会依先生遗志，不发讣文，不收花圈，不收挽联、挽幛和奠礼。灵堂前除悬挂了一副治丧委员会撰写的挽联外，没有其他挽联或任何花圈、花篮，真正做到了简单朴素而隆重肃穆。

治丧委员会的挽联是：

"过葱岭、越身毒、真头陀苦行，作薄海浮居，百本梅花，一竿汉帜；理佛窟、发枯泉、实慧果前修，为山河生色，满床退笔，千古宗风。"

上午8时，由大千先生的家属先行家祭。面对着先生的遗像和骨灰，张夫人率儿孙再度伤心痛哭。

8时02分，蒋经国先生特派"总统府秘书长"马纪壮前来灵堂代行祭吊；祭奠后，并代表蒋先生向大千先生遗属致唁。蒋先生并特发褒扬令一道，全文如下：

四川张爰，耆年令望，艺苑宗师，天赋高华，发为绘事，深功博古，妙悟创新。所作自东徂西，驰誉光国，历名都而展出，拓异域以流传。远游归来，多难明志，中原海上，下笔成图，托忠爱于丹青，写山河之壮丽。揆其艺术成就为独步，于我文化复兴为有功，继往开来，永垂不朽。遽闻溘逝，悼惜殊深，应予明令褒扬，用昭文节。

8时15分，由治丧委员会主任张群率领全体治丧委员举行公祭，祭文如下：

唯先生之挺出，实累行而渐修；竖立身之大纲，亦与世而遴。托性情于纨素，积退颖如高丘；面佛窟以穷索，掳藻思而冥搜。绚烂云乎重译，推美接于朋俦；蓁床化于异俗，汉帜拟乎中州。羌归来兮髯苍苍，居少出兮声益光；婴痼疾兮忘凤劝，挥云烟兮神飞扬；胡遗世兮成独往，余楷则兮长芬芳，灵旗飙兮蘸雨，魂有知兮来飨。呜呼哀哉！

10时30分，公祭完毕。在哀乐声中，由大千先生之子张葆罗捧着先生骨灰盒，步上灵车发引往"摩耶精舍"。

中午12时，张大千先生的骨灰，被安葬在"摩耶精舍"中的"梅丘"巨

358

石之下。一代画坛宗师就此长眠，留给后人无限追思。

4月19日，《人民日报》发表吴作人文章《悼念张大千先生》，对先生给予了高度的评价。文章说，张大千的逝世，使"画坛痛失巨匠，一水之隔，两岸同悲"。文章特别强调："大千先生以他渊博的识见，令人景仰的成就，赢得了各国艺术界、评论界的尊重，增强了中国绘画艺术的世界影响。他的建树，是值得我们纪念的；他的声誉，是当之无愧的。"

4月20日，美国文艺界和华侨界为张大千先生举行追悼会，由先生生前老友、国画大师黄君璧、台北历史博物馆馆长何浩天及在美学习的台湾著名演员郭小庄主持。

4月22日，上海博物馆和中国美术家协会上海分会联合举办的"张大千遗作展览"在上海博物馆大厅开幕。展览为期一月，共展出先生自1921年至1982年的遗作114件。刘海粟、谢稚柳、唐云、王个簃、陆俨少、程十发等名画家及各界人士，纷纷前往参观。

5月1日，香港《大成》、《美术家》等杂志，台湾《艺术家》、《雄狮美术》等刊物，纷纷出版《张大千专辑》，刊载了大量纪念大千先生的文章、照片、图片等，以哀悼张大千逝世。

5月6日，张大千子女张心智、张心玉、张心瑞、张心庆四人因在香港申请赴台奔丧未成，离港返回内地。

离港前，张心智等四人曾致函台北大千先生生前友好，以及治丧委员会的部分负责人，对他们为其父主持丧事，奔波操劳，表示感谢。

5月13日，张大千先生夫人徐雯波，在张葆罗的陪同下，遵照大千先生遗言将张大千生平珍藏之古书画、文房用品及奇石、木雕等共94件正式点交捐赠"故宫"，由院长秦孝仪代表接受。"台北故宫博物院"将所捐赠的珍藏举行了特展，印制了精美图片，并编印了一本纪念册。

5月28日，"张大千遗作展"在台湾高雄市大统百货公司八楼画廊展出，由台北历史博物馆主办，该馆典藏部主任秦景卿代表主持。共展出先生精选遗作136幅，先生的生活、艺术照片100帧。遗作内容有山水、人物、仕女、花卉、禽鸟、走兽、游鱼、云瀑、松石、梅荷、蕉竹、蔬果等，体现了大千先生的各种绘画风格。其精品有《蜀江图卷》、《资中八胜图》、《昆明草湖图》、《黄山松石图》、《黄山探胜》、《阿里山风云》、《巴西八德园》、《摩诘山园图》、《瑞士山中》、《墨荷》、《仕女图》、《临敦煌菩萨像》、《张氏自画像》等。众多参观者观画思人，无限叹喟。

6月13日，由中国美术家协会、中国画研究院、中国美术馆联合主办的"张大千画展"在北京中国美术馆隆重开幕。中国美术家协会副主席叶浅予主持了开幕式。许德珩、朱学范、杨静仁、刘澜涛、钱昌照、朱穆之、华君武、蔡若虹、李可染、关山月、黄胄、黄独峰等前往参观。张大千的弟子们也专程到场。张氏在宁夏、甘肃、四川、江苏等地的子女，亦都阖家赶来北京。

大千先生的生前友好、80多岁高龄的叶圣陶，也出席了画展开幕式。

1981年从台湾迁居北京的马璧教授在开幕式上说："张大千先生的作品是不朽的，欣赏他作品的人们的心灵是相通的，张先生的作品可以沟通海峡两岸人们的感情。"

这次画展共展出了大千先生自1922年至1982年的作品216幅，展示了60年间大千先生在各个不同时期的艺术特色和思想。

1986年于四川成都

张大千年谱[*]

（1899—1983年）

张心智　苑仲淑

张大千，四川省内江市人。原名张正权，又名张媛、张爰、张季爰，字大千，别号大千居士。画室名"大风堂"。

1899年己亥　1岁

5月19日（农历四月初一）生于四川省内江县城郊安良里象鼻嘴堰塘湾。

1908年戊申　10岁

随母曾友贞习画。

1911年辛亥　13岁

随父母入基督教会。在内江华美初等小学堂读书。

---

[*]　年谱中谱主年龄按虚岁计。

361

1914年甲寅　16岁

就读于重庆曾家岩求精中学。

1916年丙辰　18岁

暑假回内江途中，被土匪掳去，百日后逃出。

1917年丁巳　19岁

与仲兄善孖在日本京都学习绘画及印染艺术。

1919年己未　21岁

由日本回国到上海，投拜于名学者、书画收藏家曾熙（号农髯）门下学习书法、诗文。后在江苏松江县禅定寺出家为僧。由该寺住持逸琳方丈取法号"大千"。百日后还俗，回四川内江结婚。后又到上海，从名学者、书法家李瑞清（号梅庵）习书法。

1920年庚申　22岁

从曾熙、李瑞清二师习书法、诗文。是年，李瑞清师逝世。回四川内江。

1921年辛酉　23岁

为内江资圣寺题字勒石。开始以书画售世。返上海，借寓李祖云家研习书画，并从李筠庵师专心临摹古画，尤学石涛、八大之画风。

1923年癸亥　25岁

经常随善孖兄参加上海"秋英会"之集会，当场即兴绘画赋诗。

1924年甲子　26岁

与兄善孖先后在上海参加"寒之有社"、"九社"等画社，与当时书画名流经常聚会，互相切磋书画技艺。3月26日，父亲张忠发（字怀忠）逝世，享年64岁。

1925年乙丑　27岁

在上海宁波同乡会馆第一次举办个人画展，展品百幅，全部售完。自此，以卖画为生。

1927年丁卯　29岁

随兄善孖游黄山，率工人数名，逢山开路，遇水搭桥，披荆斩棘，开出一条上山小路。每到一处即对景写生，所得素材颇多。

1928年戊辰　30岁

迁居浙江嘉善，住好友寓所"来青堂"。

1929年己巳　31岁

在南京，以两幅作品参加第一届全国美术展览会，被推选为第一届全国美术展览会干事会员。

1930年庚午　32岁

秋，曾农髯师逝世。

1931年辛未　33岁

出席在日本举办的中国唐、宋、元、明历代名画画展。秋，归国。二上黄山作画，并拍摄黄山风景照300多帧，后选12帧制成珂罗版画册。

1932年壬申　34岁

举家迁居苏州网师园，与仲兄善孖在此潜心习画。是年曾去朝鲜金刚山旅游写生。

1933年癸酉　35岁

受聘为南京中央大学艺术系国画教授。5月，以作品参加法国巴黎波蒙博物馆举办的"中国近代绘画展览"。作品《荷》为该博物馆购藏。《江南景色》为莫斯科博物馆购藏。同年，在上海、南京举办画展。

1934年甲戌　36岁

辞去中央大学教授职。在南京、济南举办画展。赴朝鲜、日本。回国后，9月，在北平以作品参加"正社书画展"。

1935年乙亥　37岁

春，与仲兄善孖在北平中山公园水榭举办"张善孖、张大千昆仲联合画展"。12月，在北平举办"张大千关洛纪游画展"。冬，在汉口举办书画展。上海出版《张善孖张大千兄弟合作山君真相》（上、下集）。同年，作品首次在英国伯灵顿美术馆展出。三游黄山作画。

1936年丙子　38岁

5月16日，母亲曾友贞逝世，享年75岁。迁居北平，住琉璃厂桐梓胡同2号。春夏常住颐和园听鹂馆作画。夏，黄河泛滥，为捐款救灾，在北平举办"张大千、于非厂、方介堪书画联展"。12月，举办"救济赤贫，张大千、于非厂合作画展"。与兄善孖在天津举行扇面画展。上海中华书局出版《张大千画集》。

1937年丁丑　39岁

7月7日卢沟桥事变。日军占领北平后，拒绝担任日华艺术画院院长及日伪北平艺术专科学校校长等职，并拒绝借出所收藏之明、清字画办展览。又由于在言谈中表示对日军烧杀、抢掠等罪行的不满，被日本宪兵队关押一个多月。

1938年戊寅　40岁

5月13日，摆脱日本宪兵的监视，离开北平赴上海。在友人的帮助下，绕道香港回四川。10月抵重庆。与善孖兄举办抗日、爱国流动画展。共同准备了作品100余幅，以国民政府赈济委员会名义，由善孖携往欧美举办"张善孖、张大千兄弟画展"，为抗日战争募集捐款。与晏济元举办抗日募捐画展，赈济难民。年底，携家室、学生前往四川灌县青城山，长住上清宫作画。

1939年己卯　41岁

在青城山画"麻姑像"，题"观日亭"、"鸳鸯井"等碑字。在成都、重庆举办画展。两次去夹江造纸厂协助研制、改进夹江国画宣纸。

1940年庚辰　42岁

在重庆举办画展，出售部分珍藏字画，筹集去敦煌经费。

1941年辛巳　43岁

春末，赴甘肃敦煌莫高窟临摹壁画。年底去青海，邀请塔尔寺藏族画师昂吉等5人同赴敦煌协助临摹工作。计在莫高窟两年时间，率门人子侄，不辞艰辛，对十六国、北魏、西魏、北周、隋、唐、五代、宋、西夏、元等各朝代的壁画代表作及雕塑精品进行了临摹。共临摹壁画300余幅。

1943年癸未　45岁

春，根据国民党政府行政院决议，在敦煌成立"敦煌艺术研究院筹备委员会"，被聘为该会委员。夏末，离敦煌赴安西榆林窟（万佛峡）临摹壁画两月，临摹壁画60余幅。8月14日，在兰州首次举办"张大千临抚敦煌壁画展览"。秋，返回四川成都，继续修整摹品，在成都印行《大风堂临摹敦煌壁画》一册。

1944年甲申　46岁

1月25日至31日，国民党政府教育部及四川美术协会在成都举办"张大千临摹敦煌壁画展览"。5月19日，该展览移重庆展出。3月15日至20日，在成都举办"张大千藏古书画展览"。3月25日，在重庆召开的首届美术节纪念大会及中华全国美术会第七届年会上被推选为中华全国美术会理事。四川美术协会出版《张大千临摹敦煌壁画展览特集》、《敦煌临摹白描画》。

1945年乙酉　47岁

居成都北郊昭觉寺，完成四屏大荷花、八屏西园雅集等巨幅画，在成都举办画展。8月15日，日本投降，抗战胜利。遂于11月自渝飞北平，寓居颐和园养云轩。12月，在北平中山公园与于非厂举办联合画展。同年底，以重金购得名古画《韩熙载夜宴图》、《江堤晚景》、《潇湘图》等。

1946年丙戌　48岁

2月，由北平回四川，在广元县写生。8月重返北平。应邀担任北平艺专国画名誉教授。去上海举办临摹敦煌壁画展。冬，返北平，居颐和园。是年，作品曾参加联合国文教组织在法国巴黎现代美术博物院举办的世界美术画展。该画展后应邀移至伦敦、日内瓦、布拉格等地展出。

1947年丁亥　49岁

在上海中国画院举办大风堂师生同门画展。印行《大千居士近作》第一、二集。彩印《敦煌壁画临摹品》画册。夏，回四川，到西康写生。9月，回成都。10月举办"康巴西行纪游画展"。出版石印画册。写成《西康游屐》。冬，去北平。

1948年戊子　50岁

春，回成都。初夏，到上海。5月，在上海中国画苑举办画展，展出作品99件。9月回北平，冬，去香港，居九龙亚皆老街。出版《游戏神通》。

1949年己丑　51岁

3月，在香港举办画展。为毛泽东主席绘制《荷花图》，由何香凝女士转交。

1950年庚寅　52岁

应印度大吉岭大学邀请，赴印度讲学。在印度新德里举行个人画展。留印度大吉岭年余。游菩提伽耶等六大佛教圣地，后又去印度西南部阿旃陀石窟观摩、考察壁画及文物古迹。

1951年辛卯　53岁

举家迁居香港，在香港举办个人画展。秋，赴日本、中国台湾访胜作画。冬，返香港。

1952年壬辰　54岁

举家移居南美洲阿根廷，住阿首都布宜诺斯艾利斯附近之曼多洒城，居室名"呢燕楼"。在当地举办画展。

1953年癸巳　55岁

元月，赴美国参观旅游，曾参观波士顿美术博物馆、哈佛大学中文图书馆，后经巴西回曼多洒。5月，赴中国台北举办画展。6月，赴日本。秋，二次赴美国旅游，参观尼亚加拉大瀑布及霍伊巨穴、沃特金斯峡谷等名胜。10月，以数幅作品参加华美协进社在纽约举办的"当代中国画展"。

1954年甲午　56岁

在巴西圣保罗市郊购地270亩，修筑中国式庭园，定名"八德园"，在此侨居17年。将12幅作品赠法国巴黎市政厅珍藏。

1955年乙未　57岁

12月，在日本东京举办"张大千书画展"。同年，《大风堂名迹》四集在日本出版。

1956年丙申　58岁

4月，"张大千临摹之敦煌壁画展览"在东京举行。随后，该展移至巴黎，在罗浮宫博物馆展出，出席了画展开幕式。7月，在巴黎城郊古堡与西方绘画大师毕加索会晤，互赠画幅并合影留念。西方报纸誉为"艺术界的高峰会"。9月，赴瑞士等地参观游览。冬，绘制《四川资中八胜图》长幅。后经中国香港、日本返回巴西。

1957年丁酉 59岁

秋，因患眼疾，赴美国医治。

1958年戊戌 60岁

参加国际艺术学会在美国纽约举办的世界现代美术博览会，以国画《秋海棠》荣膺该学会颁发的金质奖章，并被公选为"当代世界第一大画家"。

1959年己亥 61岁

2月，赴台北观光。台北历史博物馆举办"张大千先生国画展"，于右任先生主持开幕式。开始漫游欧洲，经日本到法国、瑞典、瑞士、西德、西班牙等国，对西方绘画艺术进行观摩、考察和研究。在巴黎国立现代美术馆参观了中国名画家潘玉良所作之雕塑《张大千胸像》。以12幅作品参加法国巴黎博物馆举办的永久性"中国画展览"。开始创作大泼墨、大泼彩技法。

1960年庚子 62岁

由法国官方机构出面，在巴黎现代美术馆举办"张大千先生近作展"。以30件作品先后在比利时布鲁塞尔、希腊雅典及西班牙马德里等地展出。

1961年辛丑 63岁

在瑞士日内瓦举办近作展。在法国巴黎举办巨幅荷花特展。作品《荷》

被纽约现代博物馆购藏。

1962年壬寅　64岁

香港博物馆举办"张大千书画展览"。香港东方艺术公司出版《张大千画集》。是年，在巴西"八德园"绘制《蜀江图卷》上、下两卷。游日本横滨。

1963年癸卯　65岁

3月12日，"张大千画展"在新加坡维多利亚纪念堂举行。此次画展系由新加坡南洋学会、艺术研究会、南洋美专等六机构主办，由新加坡各界名流176人赞助。画展展出了各个时期的代表作。4月，赴香港筹办画展。与前来探亲的女儿张心瑞、张心庆会晤。作长2丈、宽1丈的六屏巨幅荷花，在美国纽约赫希尔艾德郎画廊作盛大展出。《读者文摘》社以14万美元高价购藏。

1964年甲辰　66岁

4月，作品在西德科伦城展出。在泰国、吉隆坡等地举办画展。8月，女儿张心瑞由巴西回国，带回向故乡亲朋的赠画。

1965年乙巳　67岁

在英国伦敦举办画展。因胆石病赴美国就医。

1966年丙午　68岁

春，在巴西举办画展。冬，在香港举办画展。

1967年丁未　69岁

6月，赴美国，在斯坦福大学博物馆举办画展，随后移至美国卡米尔莱克美术馆展出。10月，在中国台北历史博物馆举办近作展。12月，移至中国香港展出。中国香港再版《张大千画集》。

1968年戊申　70岁

2月，被中国台湾文化学院授予荣誉博士学位。3月，应邀赴美国旧金山斯坦福大学作学术讲演。5月，所作长卷《长江万里图》绘成。中国台北历史博物馆举行该图特展，并印行《张大千长江万里图册》。同年，作品先后在美国纽约福兰克加卢美术馆、芝加哥莫里美术馆、波士顿亚尔伯—兰敦美术馆等处展出。并应美国普林斯顿大学邀请，至该校演讲"中国艺术"。

1969年己酉　71岁

中国台湾故宫博物院举办"张大千临摹敦煌壁画特展"，以62幅临摹本捐赠该院，获"葆粹报国"匾。后美国洛杉矶美术馆、纽约文化中心、纽约圣约翰大学等单位亦先后展出其作品，并在纽约福兰克加卢美术馆、波士顿亚尔伯—兰敦美术馆巡回再展。

1970年庚戌　72岁

举家迁至美国加州，在卡米尔城购屋，题名"可以居"。是年夏，在西德科隆市举行画展，以青城山四幅大通景为代表作，后又展出于美国加州卡米尔拉奇美术馆。

1971年辛亥　73岁

在香港大会堂举办近作展。

1972年壬子　74岁

迁居美国卡米尔市郊新建宅院，题名"环筚庵"。在美国旧金山砥昂美术馆举办"张大千四十年作品回顾展"。展品为1929—1969年各时期的优秀代表作品共54幅。后该展又移至洛杉矶恩克伦画廊展出。撰写《张大千自序》。

1973年癸丑　75岁

在中国台北历史博物馆举办"张大千创作国画四十年回顾展"。在日本东京中央美术馆举办"张大千画展"。在纽约举办"张大千同次子张心一画展"。

1974年甲寅　76岁

元旦，中国香港大会堂举办"张大千书画展览"。印刷出版《张大千画集》。11月美国加州太平洋大学授予"人文博士"荣誉学位。

1975年乙卯　77岁

中国台北历史博物馆与韩国韩中艺术联合会在首尔现代美术馆举办"中国当代画展"，张大千60幅代表作品参加展出。中国台北历史博物馆举办"张大千早期作品展"。9月，以80幅精品参加中国台北历史博物馆举办的"中西名家画展"。

1976年丙辰　78岁

春，由美赴台。台湾"教育部"颁赠"艺坛宗师"匾额。台北历史博物馆举办"张大千书画展"，并由该馆编印出版《张大千书画集》第一集、《张大千作品选集》第二册、《张大千绘画艺术》、《张大千九歌图卷》。台北拍摄张大千国画艺术电影纪录片。

1977年丁巳　79岁

6月，应邀赴台中举办近作展览。为《清湘老人书画编年》撰写序言，送香港出版。整理我国金石名家陈巨来历年为他所刻的印章，编成《安持精舍印谱》，送日本印刷出版。

1978年戊午　80岁

8月，举家由美国迁居中国台湾台北市外双溪"摩耶精舍"。在台湾高雄举办画展。10月，赴台南主持"张大千画展"开幕式。11月，应邀飞抵韩国首尔，在世宗文化会馆举办画作特展。台北出版和再版《张大千画》、《大风堂藏画》。

1979年己未　81岁

1月，在香港参加中国文化协会举办的"中国现代画坛三杰作品展览"（另外两杰是溥心畬、黄君璧）。4月12日，请张群、王新衡、李祖莱、蔡六乘、唐英杰作见证人，亲笔立下遗嘱。中国台湾出版四册《张大千巴西荒废之八德园摄影集》。

1980年庚申　82岁

2月，在台北历史博物馆举办"张大千书画展"。3月，以25幅画参加新加坡国立博物馆举办的"中国现代画坛三杰作品展览"。与黄君璧等合作巨幅山水卷《宝岛长春图》。四川出版《张大千画集》第一、二辑，台北历史博物馆出版《张大千书画集》第二集。

1981年辛酉　83岁

2月，台北历史博物馆举办"张大千近作展"。3月，应邀参加法国巴黎东方博物馆举办的"中国国画新趋势展览",展出代表作品30幅。8月,应旅日华侨之请,开笔创作巨幅《庐山图》(图长36尺,宽6尺)。四川出版《张大千画集》第三、四辑。天津出版"张大千之画"挂历。

1982年壬戌　84岁

2月,宁夏回族自治区展览馆在银川举办关于张大千各个时期出版印制的部分作品展览。农历四月初一,83周岁诞辰时,蒋经国授予"中正勋章"。6月,由四川、甘肃、宁夏电视台联合摄制了电视纪录片《国画大师张大千》。为家乡内江书题"内江市志"、"内江县志",7月,在四川内江市举行交接仪式。为家乡修建烈士喻培伦大将军(黄花岗七十二烈士之一)纪念碑书写章太炎之《赠喻君培伦大将军传》。11月,应邀参加在马来西亚吉隆坡举办的"中华当代画展"。年底,台北出版《张大千书画集》第三集。四川出版《张大千画集》第五辑。

1983年癸亥　85岁

基本完成巨作《庐山图》。1月20日,参加由台北历史博物馆举办的"张大千书画展"开幕式。巨作《庐山图》参加展出。2月,台北出版《张大千书画集》第四集。3月9日,因心脏血管硬化,导致心力衰竭,住进台北市荣民总医院。经医治、抢救无效,于4月2日上午8时15分逝世,终年85岁。4月16日举行葬礼。骨灰安厝于"摩耶精舍"梅丘。

图书在版编目（ＣＩＰ）数据

看山还是故乡青：回忆张大千/徐悲鸿等著. —北京：中国文史
出版社，2018.6

（百年中国记忆·文化大家）

ISBN 978 - 7 - 5205 - 0348 - 8

Ⅰ.①看⋯　Ⅱ.①徐⋯　Ⅲ.①张大千（1899—1983）—回忆录
Ⅳ.①K825.72

中国版本图书馆 CIP 数据核字（2018）第 131635 号

责任编辑：卜伟欣

出版发行：**中国文史出版社**

社　　址：北京市西城区太平桥大街 23 号　　邮编：100811

电　　话：010 - 66173572　66168268　66192736（发行部）

传　　真：010 - 66192703

印　　装：北京新华印刷有限公司

经　　销：全国新华书店

开　　本：787 × 1092　1/16

印　　张：24.25　　　　　　　　　字数：313 千字

版　　次：2019 年 1 月北京第 1 版

印　　次：2019 年 1 月第 1 次印刷

定　　价：69.80 元